Report on the Development of Shanghai Youth 2014

改革路上的上海青年

2014上海青年发展报告

共青团上海市委员会 编

上海人民出版社

编委会名单

序 *Preface*

共青团上海市委书记　夏科家

党的十八届三中全会描绘了全面深化改革的新蓝图、新愿景、新目标，展现了中国特色社会主义事业更加广阔的发展前景。上海要继续当好改革开放排头兵和科学发展先行者，广大青年责无旁贷、重任在肩。而全面深化改革的新征程，也为当代青年成长成才提供了重要的机遇。为此，上海共青团先后举办"改革路上我们成长"、"青年看全会"等各类主题活动，推出了"上海百万青年成长计划"，努力为改革事业凝聚青年共识、汇聚青年力量、集聚青年智慧。

2014 年，由共青团上海市委组织专门力量，邀请有关专家学者，围绕"改革路上的上海青年"这一课题进行了深入研究。我们历时半年，选取全市 3 000 个青少年样本开展大型社会调查，取得了第一手的翔实数据资料。同时，结合本报告多年来的研究积累，聚焦经济、政治、文化、社会、生态五大领域，积极回应全面深化改革进程中的热点问题，力图完整展现改革路上的上海青年的时代面貌。为了使报告更加真实、生动和具有可读性，我们还深入上海自贸区、互联网企业等深化改革和经济转型的最前沿，了解创业青年、职业青年在奋斗过程中的艰辛与感悟；我们走访机关事业单位，了解青年公务员对法治建设、民主政治的真实看法；我们与"海漂青年"面对面，共同探讨这座城市的文化憧憬与未来；我们深入了解"小巷总理"关于创新社会治理、加强基层建设中的实践思考；我们倾听中小学生对于环保教育和生态政策的意见建议。这些都

第一章 总　论

2014年是贯彻落实党的十八大报告和十八届三中全会决定精神的开局之年。全面深化改革以促进社会公平正义、增进人民福祉为根本出发点和落脚点，深入教育、就业、创业、就医、户籍等民生领域，这些领域的改革触碰着青年敏感的神经，为其所思所念，也将会燃起青年对改革的期望与热情，深刻激发青年对改革的热情拥护和积极参与。当代青年作为最有生气、最富活力的改革中坚力量，在全面深化改革的伟大历史进程中，既是重要的未来力量，也是重要的现实力量。在他们身上，印刻着改革创新的鲜明时代印记，蕴藏着巨大的创造潜力，他们将是新一轮改革开放的见证者、受益者和实践者。为此，我们要“为青年实践创新搭建更广阔的舞台，为青年塑造人生提供更丰富的机会，为青年建功立业创造更有利的条件”，使广大青年为实现全面深化改革宏伟战略目标贡献青春力量！

在全面深化改革的时代背景下，本报告着重调查了解当代青年对于全面深化改革以及上海“创新驱动发展、经济转型升级”的态度和认知，分析各类青年群体在全面深化改革进程中成长成才、全面发展方面的多元需求和利益诉求。同时，就如何引导青年明确深化改革中的时代责任，争做改革的拥护者、参与者和推进者，始终站在经济、政治、文化、社会和生态文明建设等各改革领域的前沿，努力发挥好生力军作用，为建设社会主义现代化国际大都市、实现中华民族伟大复兴的“中国梦”作出新贡献提出相应的对策和建议。

第一节　报告的研究意义、研究内容与研究方法

一、研究的背景与意义

（一）全面深化改革是实现“中国梦”的根本途径

2012年11月，习近平总书记在参观大型展览《复兴之路》时发表重要讲

话，深情阐述中华民族伟大复兴"中国梦"。他指出，"国家富强、民族复兴、人民幸福"是中国梦的基本内涵，"实现中华民族伟大复兴是一项光荣而艰巨的事业，需要一代又一代中国人共同为之努力。"实现"中国梦"必须坚持改革开放，坚持走具有中国特色的社会主义道路，弘扬中国精神、凝聚中国力量。这是中国梦的实质所在。

党的十八大描绘了全面建成小康社会、加快推进社会主义现代化的宏伟蓝图，发出了"两个一百年"的时代号召。十八届三中全会《关于全面深化改革若干重大问题的决定》描绘了全面深化改革的新蓝图、新愿景、新目标，展现了中国特色社会主义事业更加广阔的发展前景，对全面深化改革进行了总部署、总动员。全面深化改革是解决当前我国经济社会发展中面临的一系列突出矛盾和问题的必由之路，是推进中国特色社会主义制度自我完善和发展的重要保证，是实现"两个一百年"奋斗目标和中华民族伟大复兴的中国梦的动力源泉。只有全面深化改革，才能解放和发展生产力、维护社会公平正义、实现共同富裕、促进和谐发展，才能与各国经济融为一体，互相借鉴、互相学习、和平共处，才能更好地改善和加强党的领导，实现中华民族伟大复兴的"中国梦"。

1. 全面深化改革有助于调结构、转方式，打造中国经济的升级版，为实现"中国梦"夯实更为雄厚的经济基础

1978年改革开放以来，我国经济以年均9.9%的增长率主导了人类历史上最耀眼的经济腾飞，改变了五分之一人类的生活状态和生活方式，GDP总量跃居世界第二，迈入中等收入国家行列，创造了世界经济发展史上的奇迹。纵观30多年中国经济的发展历程，我们可以看到，正是持续的改革推动着中国经济的飞升跃进。有研究表明，中国30年来全要素生产率增长对经济贡献度较高的时期分别是1984—1988年间、1991—1994年间以及2005—2007年间，这三个时期恰好对应于三轮关键性的改革：20世纪80年代的放权让利改革、90年代的市场经济体制改革、新世纪的"入世"与完善市场经济体制改革。由此可见，改革是中国30多年来最大的红利，改革是推动中国经济持续发展的动力源泉。

当前，世界经济深刻调整，中国经济增速趋缓，发展中不平衡、不协调、不可持续问题突出，中长期动力明显不足，各种潜在矛盾与风险前所未有。例如，资源和要素价格扭曲，未能充分反映其稀缺性和市场供求状况，减弱了对技术创新与产业升级的激励；社会性规制制度不完善、政策执行不到位，降低了企业的成本，增加了社会的成本，也制约着经济发展方式的转变；社会普遍存在权利与资源垄断，使企业、个人发展机会极不均等，导致逆淘汰与阶层固化问题日益严

重等。经济学的相关研究表明，现代社会中制度资本已逐步取代物质资本、金融资本、人力资本，成为经济发展的核心要素。只有那些能够有效保护私人产权、降低市场交易成本、促进个人发展机会均等的制度才能获得制度竞争的优胜。因此，在经济改革已步入“深水区”的今天，只有积极地进行制度创新，深入推进市场化改革，才能打破特殊利益集团对权力与资源的垄断，跨越“中等收入陷阱”，完成产业结构的调整、经济的转型发展，打造中国经济的升级版，确保到2020年实现全面建成小康社会宏伟目标，实现国内生产总值和城乡居民人均收入比2010年翻一番，为国民经济的可持续发展以及中国梦的实现奠定更为雄厚的经济实力。

2. 全面深化改革有助于实现社会公平正义，为“中国梦”的实现创造更加和谐的社会条件

全面深化改革的根本目的是让国家变得更加富强，让社会变得更加公正，让人民生活得更加美好，这也是“中国梦”的基本内涵。时至今日，经过30多年的改革开放，我国的改革取得了令世人瞩目的巨大成就。然而，随着改革的不断深入，改革的艰巨性、复杂性和风险性明显增强，贫富分化、社会事业建设严重滞后、发展方式粗放带来的恶性生态环境破坏以及权力腐败等顽疾日趋严重。要破解这些发展中面临的难题、化解来自各方面的风险挑战、推动经济社会持续健康发展，除了深化改革，别无他途。为此，必须以更大的勇气和智慧，破除一切制约科学发展的思想观念和体制机制弊端，化解改革阻力、凝聚改革共识、夯实改革主体，尤其要重视在改革中实现社会公平正义，才能为这新一轮改革提供强大的社会动力。

公平正义能为经济、政治、文化、生态文明建设构建良好的社会基础，是贯彻落实科学发展、促进社会和谐过程中进行价值判断的重要依据。它既是时代潮流和改革发展的必然要求，也是人民的心声和期待。全面深化改革不仅仅局限于经济领域，它还将涉及法治体制、政府行政管理体制、教育与科技管理体制、社会管理体制等一系列对于缓解社会矛盾、促进社会公平正义至关重要的领域。它将冲破陈旧观念的障碍、突破利益固化的藩篱，不断推进国家治理体系和治理能力现代化，在协调推进各领域各环节改革中，加快发展社会主义市场经济、民主政治、先进文化、和谐社会、生态文明，让一切劳动、知识、技术、管理、资本的活力竞相迸发，让一切创造社会财富的源泉充分涌流，让深化改革的发展成果更多更公平地惠及全体人民。它将全面推进党的领导、人民当家作主和依法治国的有机统一，不断积极、稳妥、有序推进政治体制改革，根治腐败、保障人民权利、实现共同富裕，以此减少消除各方分歧，达成最广泛的改革共识，

从而凝聚党心民心，汇聚起亿万人民的磅礴正能量，共赴改革、共克时艰，为实现“中国梦”创造更加和谐的社会条件。

（二）全面深化改革为青年成长成才释放红利

改革开放以来，包括青年在内的广大人民群众亲身感受到了经济生活、政治生活、工作方式、生活方式和精神状况的一系列深刻变化，感受到改革开放是一场波澜壮阔的思想革命，是一场宏伟壮观的体制革命，它极大地改善和提高了人们的物质文化生活水平，极大地推动了我国生产力的发展和综合国力的提升，是一场释放红利的根本性变革。而今，以实现“中国梦”为目标的全面深化改革，将在转型发展的关键历史时期，进一步革弊兴利，推陈出新，稳步推进各项契合民心的改革举措，以科学发展的精神，全面推进经济、政治、文化、社会、生态文明建设，致力于创造更加公平的社会环境，为老百姓带来实实在在的利益，使包括广大青年在内的全国人民“共同享有人生出彩的机会，共同享有梦想成真的机会，共同享有同祖国和时代一起成长与进步的机会”。我们有理由相信，全面深化改革红利的不断释放将为青年成长进步创造更加良好的条件，全面深化改革任务的持续推进将为青年大展身手提供广阔的舞台。

全面发展是亿万青年的基本权利和共同诉求。党的十八大明确把“促进人的全面发展”纳入中国特色社会主义道路的内涵之中，并且强调“不断在实现发展成果由人民共享、促进人的全面发展上取得新成效”，同时确定了让广大人民群众实现更高质量的就业、获得更加公平合理的收入、享有更加充分的社会保障，享有法律赋予的民主权利，享有丰富的精神文化生活和良好的生态环境，实现体面劳动、全面发展的目标任务。这些都将为广大青年的成长成才释放巨大红利，为青年的全面发展提供广泛的机遇，创造广阔的空间。当前，广大青年一方面切身感受着改革开放以来社会经济建设的巨大进步，同时也深刻体会贫富分化、阶层固化、贪污腐败、环境污染、食品安全、社会经济发展的不协调等问题对他们全面发展和社会转型进步的阻碍，他们对全面深化改革有着新期待、新要求。全面深化改革的推进，相关改革举措的贯彻落实，将满足他们的愿望和需求，同时使国家发展更加坚持以人为本，更加科学和全面。

经济改革中市场经济决定性地位的确立，将为青年的就业创业开辟更为宽广的道路，带来更多的便利，尤其中国（上海）自由贸易试验区的设立，将为青年经济创新和发展创造新的机遇；文化体制改革和文化产业的大发展，将会促进青年的文化创新，充实丰富青年的闲暇生活和文化消费；创新社会治理体制，提高社会治理水平，将为青年参与社会建设进一步拓展平台；生态文明建设的推进，将为青年的长远发展奠定基础。此外，一些具体的改革措施，比如统筹城乡义务教育资源均衡配置、推进考试招生制度改革、逐步推行综合评价、多元录取机制等，让青年接受教育的机会更加公平；建立集聚人才体制机制、完善人才顺畅流动的制度体系、增强人才政策开放度、促进以高校毕业生为重点的青年就业、激励高校毕业生自主创业等，让青年的发展空间更为广阔；有序开放中等城市落户限制、保障农民工同工同酬、健全困难儿童保障等举措，让青年的生存保障更加充分。

青年对美好生活的向往，是他们推进改革不断深化的不竭动力。一个尊奉文明、富强、民主、和谐、自由、平等核心价值观的国家社会，一场以促进社会公平正义、增进人民福祉为出发点和落脚点的改革，将对青年产生强大的吸引力和凝聚力，将有力地把青年吸纳到自觉参与全面深化改革、全面建成小康社会、实现中华民族伟大复兴的时代潮流之中。

（三）全面深化改革对青年提出新挑战新要求

全面深化改革、坚持中国特色社会主义道路、实现中华民族伟大复兴的“中国梦”，为广大青年的成长成才、全面发展提供了更好的机遇、创造了更好的条件，与此同时，也向广大青年提出新的要求和挑战。

作为全国改革开放排头兵和科学发展先行者，上海在创新驱动发展、经济转型升级的深化改革中，将全力推进经济结构调整，加快形成以服务经济为主体的经济结构，重点推进现代服务业和先进制造业发展。同时，大力推进中国（上海）自由贸易试验区的经济体制机制和制度的创新与升级，着力打造具有全球影响力的科技创新中心，为整个国家全面深化改革提供可资借鉴的宝贵经验。上海国际经济、金融、贸易、航运中心及社会主义现代化国际大都市的建设，全国全面深化改革先行者和示范区角色的定位，对广大青年的创新意识与创新能力提出了更高要求，对青年创新素质的培养带来了更大的考验和挑战。

面对创新驱动、转型升级的新要求新挑战，当代上海青年必须努力奋斗，不断提升自己的创新意识、创新精神和创新能力。

一是要有创新的意识。创新的意识，指勇于突破旧框框，创造新事物的思想观念和思维倾向。面对国际国内激烈的竞争形势，当代青年一定要有积极的创新动机，开拓创新的品质，敢于打破常规，想别人不敢想或没有想的事，能够提出独到的见解，努力探寻推进上海深化改革的新思路、新方法、新成果，为深化改革贡献具有首创性、前瞻性的思想观念，提供鲜活的实践经验。二是要有创新的能力。创新能力是运用知识和理论，在实践活动领域中能够不断创造新思想、新理论、新方法和新发明的能力。具体而言，青年要培养开阔的视野、多元的思维、丰富的想象力、卓越的创造力，积极提高发现问题、解决问题、自主创新的能力，善于把知识运用于实际，把科学技术转化为现实生产力，努力成为改革创新的推动者与主力军，从而为创新提供不竭的源泉。三是要有创新的实践。青年要把创新的思维落实到深化改革的具体行动中，在这个过程当中，要结合各自的岗位实际，找准契合点，大胆地发散思维，创新工作方式方法，既要紧盯科学、技术、产业、管理的前沿，努力在基础研究、重大项目、重点工程中刻苦攻关、施展才华；又要在日常生产生活中保持推陈出新的意识和干劲，善于捕捉创新创造的每一个机会与灵感，力争在本职岗位上有所发现、有所发明、有所创造。除此之外，青年要特别关注自身创新型人格的养成，不仅要有推陈出新、和而不同的智慧与才能，更要具备面对失败与困难永不言败的进取精神以及百折不挠的顽强意志。

改革催生巨变，创新带来生机。面对上海深化改革创新转型升级的挑战，最具活力、最具创造力的当代青年只有大胆探索、勇于创造，在思维模式、知识结构和业务创新等领域走在时代前列，才能成为提升创新驱动、推动经济转型发展的生力军，才能超越前人、超越自己，树立起当代青年自立、自主、创新的时代形象，才能担负改革重任，为全面深化改革贡献青春、智慧和力量。

二、研究的内容与方法

（一）研究的内容

本报告以“改革路上的上海青年”为核心议题，紧扣全面深化改革与当代青年的互动关系，围绕经济、政治、文化、社会、生态文明建设和改革发展五大维度，探讨分析了上海在上述领域的改革和发展给青年发展带来的希望和机遇，青年在推进深化改革进程中面临的困难和挑战，并对深化改革如何为青年的发展提供更多的机会，创造更为广阔的空间，青年如何充分发挥自身主观能动性和创造性，抓住机遇，迎接挑战，在投身和促进改革中更好地锻炼能力、增长才干，更好地全面发展、成就梦想提出了相应的对策和建议。整个研究报告共分六章，其中第一章总论为总报告，其他各章为分报告。各章的主要内容为：

第一章总论概述了本报告研究的意义、基本内容与方法，调查分析了当代上海青年对全面深化改革的关注度、对改革的信心以及对改革与青年之间关系的认知情况，同时对全面深化改革背景下当代青年的就业创业、身心健康、娱乐休闲等进行了分析思考。

第二章“经济的机遇与挑战”包括“自贸区建设为青年创造的时代机遇”、“互联网经济浪潮中的年轻一代”两个专题。前者主要调查分析了当代青年对中国(上海)自由贸易试验区的认知和看法,包括青年对自贸区的了解程度、对自贸区可能带来机会的认识、自贸区对青年就业创业以及生活方式、消费模式的影响,并提出了相应对策建议;后者对互联网经济迅猛发展条件下当代青年的网络消费、网络就业和网络理财情况进行了调查,分析了青年对网络消费的认识看法、青年网络创业的原因、面临的困难以及青年网络理财观等。

第三章"政治的自信与自觉"包括"青年的自信从何而来"和"青年政治参与的路径探讨"两个专题。第一个专题着重调查当代青年对中国特色社会主义道路自信、理论自信、制度自信的状况,研究分析了当代青年政治自信的原因以及影响青年政治自信的各种因素,并提出了坚定青年政治自信的途径与方法。第二个专题考察分析了对当代青年政治参与的趋势与特点,剖析了影响青年政治参与的主客观因素,并提出了未来青年政治参与中需要值得关注的趋势与问题。

第四章"文化的传承与创造"包括"从传统文化中汲取精神力量"和"文化海漂的追梦之旅"两个专题。前一个专题调查分析了当代青年对中华传统文化的认识和评价,当代青年参与体验中华传统文化的情况,分析了传承传统文化对于弘扬社会主义核心价值观的意义和作用。后一个专题主要以访谈调查的方法,调查了解"海漂"的生存发展现状,他们对上海文化的认知与看法,以及他们对于上海文化产业发展等的建议和期待。

第五章"社会的治理与感知"包括"社区治理中的青年力量"与"上海青年弱势感现状研究"两个专题。第一个专题对青年的社区治理参与进行界定分类,对青年参与社区治理的行动类别及其制约因素进行了分析,并对如何提高青年社区治理的参与度与有效性提出对策建议。后一个专题调查分析了当代青年的弱势身份认知与感受,对青年弱势感的原因及其可能会产生的后果进行了研究,同时指出了消解青年弱势感受的途径与措施。

第六章"生态的认知与体悟"包括"关于环保政策的青年态度"、"青少年生态文明观养成研究"两个专题。前者概述了国家和上海有关环境保护的政策法规,调查分析了当代青年对于环保政策的知晓度和认同度、青年对政府环保政策的评价以及他们参与环保意愿等。后者分析研究了生态文明教育的内涵,对上海开展青少年生态文明教育的情况进行了评析,对青少年生态文明观养成需要注意的问题提出了相应对策和建议。

(二) 研究的方法

1. 调查对象

本报告的研究方法采用定量研究与定性研究相结合的方法,以定量研究为主要方法。本次问卷调查对象为14—35周岁，具有上海户籍且在调查时居住在本地，或不具上海户籍但在调查时已在本地连续居住满6个月的青少年。共分为三类：在校学生(包括就读于本市各类全日制初中、高中、中专、中职、中技以及各大专院校的青少年)、在职青年、社区青少年。

2. 样本总量

样本容量估算公式(Austin, 1983)：其中，n为样本量，为总体标准差，为概率度，E为抽样误差。一般情况下，置信度设定为0.95，则=1.96。由于未进行过同类调查，总体标准差未知，故采取最"安全"的保守估计法，即取最大值=0.25。当抽样误差E=2%时，样本量取2 401人即可。在允许抽样误差控制在2%以内的前提下，考虑到部分问卷可能不符合调查的要求，实际抽取3 000位调查对象。根据第六次人口普查中各类青少年比例推算(7∶36∶7)，并考虑到研究需要，本次面向在校学生发放422份、面向在职青年发放2 164份，面向社区青少年发放414份。实际发放问卷3 000份，有效回收2 559份，有效回收率85.3%。

3. 抽样办法

本次问卷调查通过多阶段定比分层的方式进行抽样，以保证样本能够最大限度地反映研究总体的实际情况。综合考虑总人口、青少年人口数量等因素，我们抽取了30个单位(2个市级机关、8个区县、16家国企单位、6所高校)作为一级样本。调查样本基本结构如表1.1。

表1.1　问卷调查的样本结构

变　量	变量水平	人数	百分比
性　别	男	1 193	47.2
	女	1 330	52.6
	缺省	30	1.2
年龄组	90后	779	30.6
	85后	1 012	39.8
	80后	513	20.2
	缺省	17	0.7
独生子女	是	1 888	77.1
	否	557	22.7
	缺省	109	4.3

续表

变　量	变量水平	人数	百分比
婚姻状况	未婚，单身	1 186	47.0
	未婚，有恋人	338	13.4
	已婚，未育	398	15.8
	已婚，已育	584	23.1
	曾婚	18	0.7
	缺省	33	1.3
出生地	农村	559	22.1
	乡镇	280	11.1
	其他城市	286	11.3
	省会城市或副省级城市	103	4.1
	直辖市	1 294	51.2
	缺省	31	1.2
教育程度	初中及以下	207	8.1
	高中/职高/中专/技校	240	9.4
	大专/高职	565	22.2
	本科	1 280	50.3
	研究生	250	9.8
	缺省	16	0.6
政治面貌	中共党员	720	28.3
	共青团员	1 046	41.1
	民主党派	6	0.2
	群众	767	30.2
	缺省	16	0.6
户籍情况	上海户口	1 966	77.0
	上海居住证	195	6.8
	外省市城镇户口	186	10.5
	外省市农村户口	181	4.8
	缺省	30	1.2

续表

变　量	变量水平	人数	百分比
工作单位	国有、集体企业	714	28.3
	民营企业	359	14.2
	个体自由职业	75	3.0
	三资企业（中外合资经营企业、中外合作经营企业、外商独资经营企业）	210	8.3
	政府机关或事业单位	399	15.8
	在校学生	468	18.6
	其他	296	11.7
	缺省	38	1.5
家庭月收入	小于1 620元	100	4.4
	1 620—2 000元	119	5.3
	2 001—3 500元	332	14.7
	3 501—5 000元	515	22.8
	5 001—8 000元	434	19.3
	8 001—10 000元	342	15.2
	10 001—20 000元	312	13.8
	20 000元以上	100	4.4
	缺省	305	11.9
职业身份	领导层	23	0.9
	管理层（经理、厂长、总监等）	95	3.8
	技术人员	179	7.2
	专业人员（教师、医生、律师等）	288	11.5
	政府机构、国有企事业单位的普通工作人员或公务员	714	28.6
	私企、三资企业普通职员（包括业务员、基层主管）	407	16.3
	体力劳动者	71	2.8
	自雇佣者	36	1.4

续表

变 量	变量水平	人数	百分比
职业身份	在校学生	448	18.0
	家庭主妇	3	0.1
	未就业或无业	230	9.2
	缺省	65	2.5
家庭社会地位	上层	21	0.8
	中上层	155	6.1
	中层	1 064	42.1
	中下层	659	26.1
	下层	257	10.2
	缺省	30	1.2

第二节 当代青年对深化改革的态度、认知与参与

一、青年对全面深化改革的态度与认知

（一）青年对深化改革的关注

青年总体对于全面深化改革“非常关注”的占10.3％，“比较关注”的占28.1％，“一般关注”的占36.5％，“不怎么关注”的占18.6％，“完全不关注”的占6.5％。即有四分之三的青年关注深化改革，其中近四成的青年“非常和比较关注”深化改革。

男女青年相比，男青年非常关注、比较关注、一般关注、不怎么关注、完全不关注改革的比例分别为14.3％、28.8％、33.0％、15.5％、8.4％；女青年非常关注、比较关注、一般关注、不怎么关注、完全不关注改革的比例分别为6.8％、27.4％、39.4％、21.4％、5.0％。总体上看，男青年比女青年更为关注深化改革。从婚姻情况交叉分析来看，已婚青年与未婚青年相比，更加关注全面深化改革。已婚未育、已婚已育青年非常关注改革的比例分别为11.8％、13.0％，未婚单身、未婚有恋人青年的这一比例分别为8.9％、8.3％。已婚未育、已婚已育青年完全不关注改革的比例分别为2.8％、3.3％，明显低于未婚单身、未婚有恋人青年的9.1％、7.1％。（卡方检验P＝0.000＜0.01）（见表1.2）

表 1.2　不同婚姻状况青年对全面深化改革的关注程度(%)

	非常关注	比较关注	一般关注	不怎么关注	完全不关注
未婚,单身	8.9	24.0	38.2	19.7	8.9
未婚,有恋人	8.3	29.3	36.1	19.2	7.1
已婚、未育	11.8	32.7	37.0	15.6	2.8
已婚,已育	13.0	32.2	33.2	18.3	3.3

不同单位性质青年中,国有集体企业、政府机关或事业单位青年“非常关注全面深化改革”的分别占10.2%、16.5%,民营企业、三资企业、个体自由职业青年分别占9.2%、8.6%和9.3%。不同性质单位“完全不关注”改革的青年中,国有集体企业、政府机关或事业单位青年分别占5.3%、3.3%,民营企业、三资企业、个体自由职业青年分别占6.7%、5.2%和5.3%。(卡方检验P＝0.000＜0.01)(见表1.3)可见体制内单位青年,尤其机关事业单位青年对于深化改革更为关注,这与当前的这场改革以政府治理、国企管理改革等为着力点有关。此类改革与体制内青年有切身利益,因此尤为他们关注。上述单位不同职业青年中,领导层、管理层对深化改革的关注程度最高,其次是专业人员、技术人员以及机关国有企事业单位普通工作人员,第三是私企、三资企业普通职员、自雇佣者、体力劳动者。在非常关注全面深化改革的青年中,领导层、管理层非常关注改革的分别占34.8%、13.7%,专业人员、技术人员以及机关国有企事业单位普通工作人员分别占11.8%、12.8%、13.6%,私企、三资企业普通职员、自雇佣者、体力劳动者分别占6.6%、5.6%、1.4%。而在完全不关注全面深化改革的青年中领导层、管理层非常关注改革的分别占0.0%、1.1%,专业人员、技术人员以及机关国有企事业单位普通工作人员分别占6.3%、2.2%、4.3%,私企、三资企业普通职员、自雇佣者、体力劳动者分别占7.9%、5.6%、5.6%。(卡方检验P＝0.000＜0.01)

表 1.3　不同单位性质青年对全面深化改革的关注程度(%)

	非常关注	比较关注	一般关注	不怎么关注	完全不关注
国有集体企业	10.2	31.8	39.3	13.2	5.3
民营企业	9.2	24.8	38.2	21.2	6.7
个体职业者	9.3	16.0	38.7	30.7	5.3
三资企业	8.6	19.0	36.2	31.0	5.2
机关事业单位	16.5	41.1	29.3	9.8	3.3

不同家庭月收入青年中，家庭月收入 8 000 元以上的青年，对于全面深化改革的关注度相对最高。家庭月收入 8 001—10 000 元、10 001—20 000 元、20 000 元以上的青年对全面深化改革的非常关注的分别占 11.1%、11.5%、19.0%，高于青年总体 10.3%的比例，这些青年对全面深化改革不怎么关注的分别占 6.5%、3.8%、4.0%，基本低于青年总体 6.5%的比例。（卡方检验 P＝0.008＜0.01）而家庭月收入低于 3 500 元的低收入的青年，对于全面深化改革的关注呈现两极分化的现象，这些青年非常关注全面深化改革的比例相对较高，与此同时不怎么关注或完全不怎么关注改革的比例也相对较高。（见表 1.4）

表 1.4　不同家庭月收入青年对全面深化改革的关注程度(%)

	非常关注	比较关注	一般关注	不怎么关注	完全不关注
1 620 元以下	12.1	18.2	33.3	24.2	12.1
1 621—2 000 元	11.8	18.5	41.2	23.5	5.0
2 001—3 500 元	9.6	23.8	34.9	21.7	9.9
3 501—5 000 元	8.3	29.5	37.9	17.9	6.2
5 001—8 000 元	9.2	29.7	36.4	18.7	6.0
8 001—10 000 元	11.1	32.3	33.7	16.1	6.5
10 001—20 000 元	11.5	34.9	34.0	15.7	3.8
20 000 元以上	19.0	34.0	32.0	11.0	4.0

不同社会地位家庭青年中，自认为家庭社会地位处于中上层的青年更加关注全面深化改革。“非常关注和比较关注”全面深化改革的上层、中上层、中层、中下层、下层社会地位家庭青年的分别占 76.2%、45.5%、42.9%、36.6%、25.6%；“不怎么关注和完全不关注”全面深化改革的上层、中上层、中层、中下层、下层社会地位家庭青年分别占 4.8%、18.1%、18.6%、25.2%、36.3%。（卡方检验 P＝0.000＜0.01）可见随着家庭社会地位的下降，青年对全面深化改革的关注度逐渐下降。（见表 1.5）

表 1.5　不同社会地位家庭青年对全面深化改革的关注程度(%)

	非常关注	比较关注	一般关注	不怎么关注	完全不关注
上　层	28.6	47.6	19.0	0.0	4.8
中上层	14.3	31.2	36.4	11.0	7.1

续表

	非常关注	比较关注	一般关注	不怎么关注	完全不关注
中　层	10.2	32.7	38.6	14.8	3.8
中下层	9.0	27.6	38.1	19.3	5.9
下　层	12.8	12.8	28.0	32.3	14.0

从青年的年龄看,90后、85后、80后三个年龄组青年随着年龄的增加,关注全面深化改革的人越多,反之,不关注全面深化改革的人越少。其中,90后、85后、80后青年非常关注改革的分别占8.2%、9.9%、13.6%,完全不关注改革的分别占9.4%、5.2%、4.7%。(卡方检验P=0.000<0.01)数据基本上反映已经走上工作岗位的85后、80后青年要比以在校学生为主体的90后青年更加关注全面深化改革。(见表1.6)这可能一方面反映在校学生尚未经历社会历练,对于全面改革的必要性和迫切性还没有切身体会,另一方面可能也反映90后青年相对于其他年龄段青年更加个性自我,对事关国家社会全局发展变化的全面深化改革关注相对较少。

表1.6　不同年龄组青年对全面深化改革的关注程度(%)

	非常关注	比较关注	一般关注	不怎么关注	完全不关注
00后	10.0	31.2	32.5	16.2	10.0
90后	8.2	20.2	38.4	23.9	9.4
85后	9.9	30.3	38.0	16.4	5.2
80后	13.6	31.6	33.7	16.4	4.7
70后	13.9	39.2	27.8	15.8	3.2

此外,具有高等教育程度的青年中,随着学历层次的上升,对于全面深化改革的关注程度也相应上升。大专高职、本科、研究生学历青年中分别有32.1%、43.3%、50.4%的人"非常和比较关注"全面深化改革,"不怎么关注和完全不关注"全面深化改革的大专高职、本科、研究生学历青年分别占27.0%、20.9%、18.0%。(卡方检验P=0.000<0.01)不同政治面貌青年中,中共党员、共青团员非常关注全面深化改革的分别占15.4%、8.9%,高于群众青年的7.7%,完全不关注全面深化改革的青年中共党员、共青团员分别占2.9%、6.1%,低于群众青年的10.7%。(卡方检验P=0.000<0.01)反映党团员青年比群众青年更加关注全面深化改革。

由上可见,近八成青年关注全面深化改革,其中体制内青年、领导层管理层青年、党团员青年、高学历青年、高收入高阶层家庭青年以及男青年、已婚青年、80后青年对改革更为关注。

（二）青年对深化改革的信心

调查发现,对全面深化改革非常有信心的青年占8.3%,有信心的占37.1%,说不清的占44.9%,没有信心的占6.9%,非常没有信心的占2.7%。数据表明,除了对改革信心不明确者外,有近半的青年表示对改革有信心。

其中,男青年对全面深化改革非常有信心的、有信心、说不清、没有信心、非常没有信心的分别占10.9%、37.2%、39.9%、7.4%、4.6%;女青年对全面深化改革非常有信心的、有信心、说不清、没有信心、非常没有信心的分别占6.1%、37.3%、48.8%、6.6%、1.1%。(卡方检验P=0.000<0.01)显示相较于女青年,男青年对于全面深化改革的信心更呈现两极分化的状况。与婚姻状况交叉分析发现,对全面深化改革"非常有信心和信心"的未婚单身、未婚有恋人、已婚未育、已婚已育青年其所占比例分别为44.3%、43.0%、45.9%、46.9%,对全面深化改革"没有信心和非常没有信心"的未婚单身、未婚有恋人、已婚未育、已婚已育青年其所占比例分别为10.9%、8.6%、10.6%、6.9%。(卡方检验P=0.000<0.01)(见表1.7)可见,在不同婚姻状况青年中,已婚已育青年对全面改革的信心相对最大,未婚单身青年对全面深化改革的信心相对最小。

表1.7 不同婚姻状况青年对全面深化改革的信心程度(%)

	非常有信心	有信心	说不清	没有信心	非常没有信心
未婚,单身	8.6	36.7	43.7	7.5	3.4
未婚,有恋人	6.5	36.5	48.4	5.6	3.0
已婚、未育	9.5	36.4	43.5	7.8	2.8
已婚,已育	7.9	39.0	46.0	5.7	1.2

不同单位性质青年中,"非常有信心和有信心"的国有集体企业、政府机关事业单位等体制内单位青年分别占48.1%、54.6%,民营企业、三资企业、个体自由职业者青年分别占36.0%、36.4%、33.4%;"没有信心和非常没有信心"的国有集体企业、政府机关事业单位等体制内单位青年分别占9.6%、5.8%,民营企业、三资企业、个体自由职业者青年分别占12.0%、19.1%、12.0%。(卡方检验P=0.000<0.01)反映体制内单位青年对于全面深化改革更有信心。

不同职业青年中，对全面深化改革“非常有信心和有信心”的领导层、管理层、专业人员、技术人员、政府国有企事业单位普通工作人员、私企及三资企业普通职员以及体力劳动者、自雇佣者、未就业或无业者分别占 56.5%、60.0%、43.0%、45.2%、52.7%、36.2%、21.1%、32.4%、23.6%。对全面深化改革“没有信心和非常没有信心”的领导层、管理层、专业人员、技术人员、政府国有企事业单位普通工作人员、私企及三资企业普通职员以及体力劳动者、自雇佣者、未就业或无业者自雇佣者分别占 8.7%、6.4%、13.9%、11.2%、6.5%、12.3%、16.9%、16.6%、14.8%。(卡方检验 P=0.000<0.01)数据表明，不同职业身份青年中，管理层青年对全面深化改革信心最强，体力劳动者对改革的信心最弱。

与青年教育程度交叉分析发现，对改革“非常有信心和有信心”的初中及以下、高中、大专、本科、研究生教育程度青年分别占 50.9%、33.5%、40.4%、48.1%、49.4%，对改革“没有信心和非常没有信心”的初中及以下、高中、大专、本科、研究生教育程度青年分别占 11.2%、11.3%、10.5%、8.8%、9.6%。(卡方检验 P=0.000<0.01)可见教育程度义务教育阶段以上青年随着教育程度的增加，对全面深化改革的信心总体呈现增强的趋势。初中及以下教育程度青年对全面深化改革的信心相对更为两极分化。(见表 1.8)

表 1.8　不同教育程度青年对全面深化改革的信心程度(%)

	非常有信心	有信心	说不清	没有信心	非常没有信心
初中及以下	18.9	32.0	37.9	6.8	4.4
高中、职高、中专、技校	6.7	26.8	55.2	8.4	2.9
大专、高职	7.4	33.0	48.9	7.3	3.2
本科	7.7	40.4	43.0	6.5	2.3
研究生	6.0	43.4	41.0	7.2	2.4

不同社会地位家庭青年中，上层、中上层家庭青年对全面深化改革的信心明显高于中下层、下层家庭青年。其中，分别有 61.4%、62.6%的上层、中上层家庭青年表示对改革“非常有信心和有信心”远高于中下层、下层家庭青年的 42.8%、24.6%。而对改革表示“没有信心和非常没有信心”的上层、中上层家庭青年分别占 0.0%和 5.1%远低于中下层、下层家庭青年的 9.1%、26.5%。(见表 1.9)(卡方检验值 P=0.000<0.01)

表 1.9 不同社会地位家庭青年对全面深化改革的信心程度(%)

	非常有信心	有信心	说不清	没有信心	非常没有信心
上 层	33.3	38.1	28.6	0.0	0.0
中上层	12.9	49.7	32.3	3.2	1.9
中 层	9.1	41.9	42.3	4.8	1.8
中下层	6.4	36.4	48.1	6.7	2.4
下 层	8.2	16.4	48.0	19.5	7.0

不同政治面貌青年中,中共党员、共青团员青年对于全面深化改革的信心明显高于民主党派青年、群众青年,“非常有信心和有信心”的中共党员、共青团员青年分别占 54.7%、47.6%,高于民主党派青年、群众青年的 33.3%、33.9%;而对全面深化改革“没有信心和非常没有信心”的中共党员青年、共青团员青年分别占 6.6%、8.7%,低于民主党派青年、群众青年的 16.7%、13.7%。(见表 1.10)(卡方检验值 P=0.000<0.01)

表 1.10 不同政治面貌青年对全面深化改革的态度(%)

	非常有信心	有信心	说不清	没有信心	非常没有信心
中共党员	9.5	45.2	38.8	4.2	2.4
共青团员	9.0	38.6	43.5	6.6	2.1
民主党派	0.0	33.3	50.0	16.7	0.0
普通群众	6.3	27.6	52.4	9.8	3.9

总的来看,有近五成的青年对全面深化改革有信心,相较于其他青年群体,体制内青年、领导层管理层青年、党团员青年、高学历青年、高阶层家庭青年、已婚青年对改革更具信心。

(三)青年对深化改革与自身关系的认识

对于“全面深化给青年带来机遇大于挑战”的说法青年中表示“完全赞同”的占 19.3%,“比较赞同”的占 43.2%,“说不清”的占 31.8%,“不太赞同”的占 4.4%,“完全不赞同”的占 1.0%。“完全赞同”、“比较赞同”合计为赞同,青年中有 62.5%的人对全面深化改革给青年带来机遇大于挑战表示赞同。

不同单位性质青年中,对“全面深化改革给青年带来机遇大于挑战”表示“完全赞同和比较赞同”的国有集体企业、政府机关或职业单位、民营企业、三资企业、个体自由职业青年分别占 65.3%、71.0%、56.9%、55.4%、60.3%,对上述看法表示“不太赞同和完全不赞同”的分别占5.8%、2.6%、5.4%、10.2%、3.0%。结果显示，政府机关事业单位青年相对最赞同改革给青年带来更大机遇的说法，三资企业单位青年对此相对最不赞同。（卡方检验P=0.000<0.01）

不同职业身份青年中，领导层、管理层、技术人员、专业人员、政府机构国有企事业单位普通工作人员、私企三资企业普通职员、体力劳动者、自雇佣者“完全赞同和比较赞同”深化改革给青年带来的机遇大于挑战的分别占66.7%、71.4%、66.0%、66.8%、66.0%、58.0%、44.6%、48.6%，上述调查对象“不太赞同和完全不赞同”深化改革给青年带来的机遇大于挑战的分别占5.6%、1.2%、5.9%、4.8%、5.4%、4.3%、18.4%、2.9%。（卡方检验P=0.000<0.01）（见表1.11）数据表明，管理层对于“全面深化改革给青年带来的机遇大于挑战”表示赞同的比例最高，体力劳动者对此表示赞同的比例最低。全面深化改革要让市场力量在经济发展中起决定性作用，这自然为管理层青年带来了更多的发展机遇，使他们感到欢欣鼓舞，但与此同时，我们决不可忽视普通劳动者在改革中应享有的合法权益和发展机会。

表1.11　不同职业身份青年对“全面深化改革给青年带来的机遇大于挑战”的认识（%）

	完全赞同	比较赞同	说不清	不太赞同	完全不赞同
领导层	11.1	55.6	27.8	5.6	0.0
管理层（经理、厂长、总监等）	25.0	46.4	27.4	0.0	1.2
技术人员	18.3	47.7	28.1	5.2	0.7
专业人员（教师、医生、律师等）	21.2	45.6	27.4	3.3	1.5
政府机构、国有企事业单位的普通工作人员或公务员	22.0	44.0	28.3	5.0	0.4
私企、三资企业普通职员（包括业务员、基层主管）	16.2	41.8	37.8	4.3	0.0
体力劳动者	12.3	32.3	36.9	4.6	13.8
自雇佣者	20.0	28.6	48.6	2.9	0.0

不同教育程度青年中，“完全赞同和比较赞同”深化改革给青年带来机遇大于挑战的初中及以下、高中、大专、本科、研究生教育程度的青年分别占58.3%、

50.3%、60.9%、64.8%、68.4%;“不太赞同和完全不赞同”深化改革给青年带来机遇大于挑战的初中及以下、高中、大专、本科、研究生教育程度的青年分别占 8.5%、6.4%、6.4%、4.3%、5.2%。(卡方检验 P=0.000<0.01)数据反映的总体趋势是,青年对于全面深化改革给自身带来机遇大于挑战的赞同率与青年的教育程度成正向比例关系,学历层次越高对此表示赞同的越多,反之,对以上说法表示赞同的越少。与政治面貌交叉分析发现,“完全赞同和比较赞同”深化改革给青年带来的机遇大于挑战的中共党员、共青团员群众青年分别占 69.1%、63.3%、54.6%,“不太赞同和完全不赞同”深化改革给青年带来的机遇大于挑战的中共党员、共青团员、群众青年分别占 3.4%、5.2%、8.0%。(卡方检验 P=0.001<0.01)反映党团员青年相对于群众青年更加赞同深化改革给青年带来的机遇大于挑战。

不同家庭月收入青年中,小于 1 620 元、1 621—2 000 元、2 001—3 500 元、3 501—5 000 元、5 001—8 000 元、8 001—10 000 元、10 001—20 000 元、20 000 元以上青年“完全赞同和比较赞同”全面深化改革给青年带来机遇大于挑战的分别占 56.7%、56.6%、58.8%、58.9%、60.6%、68.5%、69.2%、69.8%;以上青年“不太赞同和完全不赞同”全面深化改革给青年带来机遇大于挑战的分别占 7.2%、5.7%、8.8%、6.1%、5.3%、3.7%、2.6%、6.2%。(卡方检验 P=0.005<0.01)如果以家庭月收入 5 000 元为界,那么数据反映中低收入家庭青年总体上赞同深化改革给青年带来机遇大于挑战的比例相对较低。如何使中低收入家庭青年等弱势青年群体共享改革的机遇是值得深入研究思考的问题。

不同出生地青年中,出生于农村、乡镇、其他城市、省会城市或副省级城市、直辖市的青年,表示“完全赞同和比较赞同”全面深化改革带给青年的机遇大于挑战的分别占 64.5%、62.8%、65.0%、63.5%、60.8%,表示“不太赞同和完全不赞同”的上述青年分别占 5.8%、8.8%、3.1%、3.1%、5.2%、5.1%。(卡方检验 P=0.004<0.01)(见表 1.12)可见,赞同深化改革给青年带来机遇大于挑战的以出生地中小城市、省会城市或副省级城市的青年相对最多,对此不赞同的以出生地乡镇、农村、直辖市的青年相对最多。这可能与出生地农村、乡镇的青年由于自身掌握资源有限,同时在上海能够获取的社会支持不足,因此感到改革带来的机遇未必大于挑战,而出生地直辖市的青年对深化改革给青年带来的机遇大于挑战的认同度相对较低,可能是因为随着深化改革的推进,将会有大批外来青年人才的涌入上海,使他们面临更多的压力,更激烈的竞争。

表 1.12　不同出生地青年对“全面深化改革给青年带来的机遇大于挑战”的认识(%)

	完全赞同	比较赞同	说不清	不太赞同	完全不赞同
农　村	22.3	42.2	28.9	3.4	2.4
乡　镇	13.0	49.8	27.6	8.0	0.8
其他城市	19.4	45.6	31.6	2.7	0.4
省会城市或副省级城市	26.0	37.5	31.2	2.1	3.1
直辖市	18.8	42.0	34.0	4.8	0.3

不同户籍青年中,“完全赞同和比较赞同”全面深化改革给青年带来机遇大于挑战的上海户口、上海居住证、外省市城镇、外省市农村青年分别占62.9%、63.3%、65.2%、55.9%,对上述说法“不太赞同和完全不赞同”的上海户口、上海居住证、外省市城镇、外省市农村青年分别占5.1%、4.9%、4.2%、8.8%。(卡方检验 P=0.000<0.01)显示上海户口青年、外省市农村青年与上海居住证青年、外省市城镇青年相比,对于全面深化改革将给青年带来更多发展机遇的赞同率相对较低。其背后的原因分析,对前述分析不同出生地青年对改革给青年带来的机遇大于挑战的态度差异大致相同。

总体而言,政府机关国有企事业单位青年、管理层青年、党团员青年、高学历高收入群体青年相对于其他青年群体更为赞同“全面深化改革带给青年的机遇大于挑战”。

除此之外,受访青年对“全面深化改革的出发点和落脚点应是民生保障和改善”表示“完全赞同”的占41.9%,“比较赞同”的占37.9%。两者合计有79.8%的青年赞同“全面深化改革的出发点和落脚点应试民生保障和改善”。对此表示“不太赞同”的占1.6%,“完全不赞同”的占0.9%,“说不清”的占17.8%。青年最期待出台的改革按照选择的比例依次排序为:养老、医疗、住房等社会制度改革(占77.7%)、收入分配制度改革(占56.0%)、教育制度改革(占53.1%)、垄断行业改革(占22.6%)、户籍制度改革(占20.8%)、国有企业改革(占20.4%)、社会管理体制改革(占20.2%)、财税体制改革(占18.2%)、土地制度改革(占16.4%)、行政体制改革(占14.0%)、司法体制改革(占14.0%)、立法制度改革(占13.9%)、金融体制改革(占11.9%)、其他(占1.1%)。反映全面深化改革的民生导向与青年对于改革的期待方向基本一致。

调查还表明,有63.9%的青年对于“既得利益集团是全面深化改革的最大障碍”的说法表示赞同，其中“完全赞同”的青年占25.4%、“比较赞同”的青年占38.5%、“说不清”的占32.0%、“不太赞同”的占3.7%、“完全不赞同”的占0.3%。与此同时，青年支持党和政府为全面深化改革扫清障碍，老虎苍蝇一起打，依法惩治既得利益集团贪腐行为的举措。大部分青年对党和政府未来的反贪污腐败工作表示充满信心。其中，完全赞同(19.0%)和比较赞同(37.7%)两者合计为“赞同”，即有56.7%的受访青年赞同“我对党和政府未来反贪污腐败工作充满信心”这一说法。不太赞同(7.5%)和“完全不赞同”(4.3%)两者合计为“不赞同”，仅有11.8%的青年“不赞同”上述说法。表示“说不清”的青年占30.6%。

大多数青年认为全面深化改革是一个渐进的过程，而非激进的过程。有19.3%、43.2%的青年“完全赞同”、“比较赞同”全面深化改革是一个渐进的过程，而不是激进的过程，对此表示“不太赞同”、“完全不赞同”的青年分别占4.4%、1.0%，“说不清”的青年占31.8%。对于全面深化改革是否可能导致社会的不稳定，青年对此的态度比较谨慎。“完全赞同”和“比较赞同”深化改革可能导致社会不稳定的青年分别占9.7%和27.3%，“不太赞同”和“完全不赞同”这一说法的青年分别占17.2%、5.3%，对此表示“说不清”的青年占40.5%。即有近40%的受访青年对深化改革是否可能导致社会不稳定表示迷茫，还没有明确的看法。但在总体上，认为深化改革不会影响社会稳定还是略占多数。在被问及“全面深化改革背景下上海转型发展面临的主要压力是什么?”时，受访青年列为前三位的分别是:各类利益矛盾带来的压力、多元文化带来的压力和外来人口压力。从某种意义上说，全面深化改革就是一场突破既得利益集团藩篱，重新进行利益再分配的改革，其风险难度丝毫不亚于30多年前的那场改革，因此，如何引导当代青年坚定拥护改革、支持改革是全面深化改革时代提出的新命题、新任务。

二、全面深化改革背景下青年成长发展状况

(一) 职业发展与创业意愿

青年就业创业问题是关系青年切身利益的最核心、最现实、最直接的问题。特别是就业市场的急剧紧缩，导致就业压力剧增，而青年就业问题更成为当下社会关注的热点问题。党的十八大报告明确提出:“推动实现更高质量的就业，促进创业带动就业，支持青年创业。”这表明，在我国目前的形势下，扩大就业的根本出路在于不断创造和促进创业的有利环境，大力培养劳动者的自我发展能力和造血机能，依靠劳动者的主观能动性，是实现国民充分就业的有效途径。因此，对青年创业的关注与研究，既具有一定的理论意义，也具有十分重要的现实意义。

总而言之，青年创业意愿受到众多因素的影响，只要找准促使创业的驱动力和创业的抑制因素，青年创业愿景的实现就会相对容易。调查中，我们想了解青年对于创业前景持何种态度。结果显示，总体上，上海青年对于创业前景的态度普遍较为理性。超过四成(43.9%)青年表示“一般”，近三成(29.3%)青年表示“比较乐观”，17.5%的青年表示“不太乐观”，6.5%的青年表示“非常乐观”，2.8%的青年表示“很不乐观”。

与性别的交互分析显示，女性对于青年创业前景的态度较男性而言稍显乐观。表示“比较乐观”的比例(32.6%)较男性高出7个百分点，而表示“不太乐观”的比例(14.4%)则较男性低近8个百分点。这可能与现实情况下，女性选择创业的比例较男性为低，因此对于实际创业过程中各种阻碍、艰辛等的估计略有不足，主观期望值较高等因素有一定关联。研究也表明，无论男女，受教育程度与积极的创业态度呈正比。接受的教育越多，积累的经验越丰富，他们对失败的恐惧就越低，相信自己能够成功创业的信念也越强。

从年龄段来看，90后较之80后与85后而言，对于创业前景显得更有信心。90后中对创业持“比较乐观”态度的为33.8%，而在80后与85后中则仅为26.6%和27.7%，同时，表示“非常乐观”的在90后为10.0%，而在80后与85后中仅为5.0%和4.1%。可见，对于创业，虽然90后在社会阅历等方面更显稚嫩，但这一群体更有一种“初生牛犊不怕虎”的精神，当然这也与近年来不断涌现的青年创业者典型的正面激励效应以及高校不断加强的大学生创业教育与培训等因素有着十分密切的联系。

表1.13　不同性别、年龄段青年对创业前景的态度对比表(%)

	性别		年龄段		
	男	女	80后	85后	90后
非常乐观	7.1	6	4.1	5.0	10.0
比较乐观	25.8	32.6	27.7	26.6	33.8
一　般	42.2	45.6	48.4	47.4	36.7
不太乐观	20.6	14.4	16.8	18.3	16.6
很不乐观	4.2	1.4	3.1	2.6	2.9

根据麦可思研究院出具的《2012年中国大学生就业报告》数据显示，2008—2011年我国大学生自主创业比例为1.6%、1.5%、1.2%和1%，实现了四年增长，并且高职高专的创业比例比本科生要高出2%—4%个百分点。从

数据上看，尽管近年来我国大学生创业率不断提高，但整体比率仍非常低，与欧美发达国家的10%—20%差距很大。低创业率的主要诱导因素有两点：一是我国20多年来创业基金虽然取得重大发展，但大多数创业公司的最终目的并非为了提升青年创业能力，而是为了规避经营风险和追求利益，造成人浮于事和创业支持能力薄弱；二是制度缺陷，政府在青年创业准入上要求过高，使得营业场所、注册资本等方面的硬杠过高，而这些标准都是不具备较强经济实力的大学生群体的软肋。正是因为这些创业支持能力的薄弱，在很大程度上降低了青年群体的创业意愿。同时，有研究显示，比较而言，在创业过程中，男性比女性更担心启动资金短缺、创业政策服务不好，女性比男性更担心创业没有社会保障、创业教育培训体系不健全。女性在遇到资金短缺时更多的是想到向亲朋好友借钱，这个比例大大高于男性。男性首选则是金融机构的抵押贷款，他们更善于寻求社会的支持。

在我们的调查中，总体看来，对于创业需要具备的主要条件，青年最为看重的前三项依次为："有一个很好的创业团队"(52.0%)、"资金充足"(47.8%)以及"拥有一个很好的创业计划或赢利模型"(45.0%)。可见，人力、财力以及创业方案是青年创业过程中最重要的三大支柱。与年龄段的交互分析表明，90后、85后的看法与上述相似，"有一个很好的创业团队"、"资金充足"占据前两位。在80后群体，"资金充足"(40.5%)却落到第四位，取而代之排列第三的则是"有良好的政府政策环境支持"(48.5%)。可见，对于80后而言，资金已不是创业的突出矛盾，对他们而言，拥有积极的创业环境和政策扶持恰恰成为成功创业的重要条件之一。与此同时，与教育程度的交互分析也显示，随着教育程度的升高，"资金"的位次逐渐后移，而"良好的政府政策环境支持"则更为青年所看重。相应地，在青年看来，阻碍其创业的主要原因依次为："资金充足"、"有一定的社会关系"以及"具备创业所需的各种能力"。

表1.14 青年认为创业需要具备的主要条件对比表(%)

	年龄段		
	80后	85后	90后
有一个很好的创业团队	53.2	49.7	54.2
拥有一个很好的创业计划或赢利模型	52.3	44.2	41.4
有良好的政府政策环境支持	48.5	44.4	35.7
具备创业所需的各种能力	30.0	31.4	34.7

续表

	年龄段		
	80后	85后	90后
社会、家庭的支持	15.0	16.7	20.8
资金充足	40.5	49.4	50.9
有专门创业指导机构	10.5	9.1	8.8
个人的创业激情	12.8	13.4	15.2
有一定的社会关系	23.3	28.4	24.9

此外，当被问及“如果你在职业发展过程中遇到困难，你通常向谁求助？”青年表示，他们首先求助的依次为：家人或朋友、领导和政府相关职能机构(27.4%)。事实上，在解决职业困难过程中对青年帮助最大的是：家人或朋友(72.9%)，而帮助最小的则是：同事(23.3%)。与性别的交互分析显示，在影响创业的社会关系中，父母亲戚、同学朋友、老师学校对男性的影响大于女性。这在一定程度上也是由男女社会关系网络决定的，一方面男性的社会关系网络的广度要大于女性，另一方面男性的社会关系网络的趋同性更低。个人社会关系网络的深度和广度影响着机会识别，这已是不争的事实。通常情况下，建立了大量社会联系网络的人，会比那些拥有少量网络的人容易得到更多机会。

表 1.15　青年认为阻碍创业的主要障碍打分排序

创业的主要障碍项目	打分
有一个很好的创业团队	3.95
拥有一个很好的创业计划或赢利模型	3.80
有良好的政府政策环境支持	3.56
具备创业所需的各种能力	3.54(3)
社会、家庭的支持	3.60
资金充足	2.59(1)
有专门创业指导机构	3.78
个人的创业激情	3.74
有一定的社会关系	3.24(2)

（二）身心健康与闲暇娱乐

青年的身心健康问题作为最基本的一项青年民生，也是本次调查中十分关心的内容之一。调查中，我们请上海青年对自己的健康状态进行打分“如果0分表示一点也不好，10分表示非常好”，结果显示：青年目前的健康状况均分为7.37分。女性打分较男性稍高，分别为7.40分与7.35分。从年龄段来看，青年的年龄与其健康状况呈反比。90后最高为7.62分，85后为7.31分，80后则仅为7.10分。这一结果的出现，也在我们的预期之中，90后部分为在校大学生群体以及初入职场青年，他们年轻气盛，更加富有朝气，而随着年龄的增长，来自工作、家庭、经济、儿女等各方压力的跟进，难免对他们的健康状况产生一定负面影响。

相应地，我们还同步考察了上海青年的幸福感指标。近年来，伴随着GDP等经济发展“硬指标”的提升，却并未大幅度地提升人们的幸福感，这种现象在当代都市青年群体中表现得尤为突出。包括就业、房价、物价、居民收入、医疗改革、食品安全、教育、贫富差距、官员腐败等在内的诸多因素均与个体主观幸福感的高低有着直接而微妙的关联。有研究表明，近5年来上海青年的总体幸福感基本稳定在7.07分左右，并呈“V”字型态势。“V”字型幸福感变化曲线在多类青年群体身上有明显体现，只有少数青年群体（如失业或无业青年、职业类别为企业管理层和从事体力劳动的青年、学历水平为高中和大专的青年）在这五年内的幸福感变化没有契合这一规律。

本次调查结果显示，上海青年的总体幸福感打分为6.92分，稍低于近五年来的平均水平。与健康状况打分相似，男性的幸福感打分（6.68分）低于女性（7.15分），90后的幸福感打分显著高于85后和80后。而与户籍状况的交互分析显示，总体而言，户籍青年的幸福感稍高于非户籍青年，而非户籍青年的健康状况则略好于户籍青年。

幸福感不能够离开主体的现实感受而孤立存在，与主体感受相联系的衣、食、住、行，都成为幸福感产生的直接来源。因此，主体物质欲望的满足理应成为幸福感形成的物质基础，并由此衍生出超越物质欲望的幸福感。然而，从现实层面来看，那些来自住房、医疗、教育、就业、物价上涨等方面的压力，使得当代都市青年几乎将全部的时间和精力投入生存境遇的改善之中，其精神信仰与理想空间正在被极度膨胀的物质欲望所“蚕食”，其结果就是，当代都市青年群体更容易将幸福感等同于物质欲望的满足。调查表明，影响青年幸福感的主要因素依次为：经济状况（55.6%）、工作情况（41.1%）以及健康状况（38.1%）。可见，对于高昂的生活成本，青年的感受最为真实，也已经成为影响青年主观幸福感的首要因素。当主体物质欲望的满足成为支撑幸福感的唯一支点时,幸福本身就走入了极度物化的状态,则追寻幸福就简单地与追求"物欲"画上了等号。幸福被极度物化的结果就是:幸福本身所应蕴含的价值追问与理想色彩被剔除,幸福被异化为带有实体性质的"商品"。当他们的物质欲望无法得到满足时,就会由于窘迫的生存境遇感到痛苦;而这种物质欲望一旦得到满足,其幸福感也会骤然消失。因此,从幸福感形成的现实维度来看,只有充分关注和改善都市青年群体的现实生存境遇,才能够避免其幸福感的极度物化。因此,从幸福感形成的现实维度来看,只有充分关注和改善都市青年群体的现实生存境遇,才能够避免其幸福感的极度物化。

同时,透过数据,我们还可以深刻地领悟到,都市青年最初都希望通过自己的奋斗追求个体的幸福,但缺乏将幸福"作为一种过程"去理解和感悟,最终导致无法产生个体的幸福感。其原因主要有以下两个方面:一是对"痛苦经历"与幸福过程之间的辩证关系缺乏反思,认为幸福本身不应包含"痛苦"的成分;二是当下中国社会出现所谓的"阶层固化"的趋势,特别是都市青年面对"一切从零开始"的境遇,青年人无法意识到个体的奋斗过程与幸福之间必然的因果关系,因此,都市青年希望能够通过"走捷径"的方式获取幸福。这都会导致都市青年的幸福感缺乏延续性,即希望瞬间获取幸福,而一旦产生幸福感,这种幸福感又会即刻消逝。

表 1.16 不同性别、年龄段青年健康状况和幸福感总体打分对比

	性　别		年龄段			户籍状况			
	男	女	80 后	85 后	90 后	上海户口	上海居住证	外省市城镇户口	外省市农村户口
健康状况	7.35	7.40	7.10	7.31	7.62	7.38	7.21	7.45	7.44
幸福指数	6.68	7.15	6.86	6.79	7.12	6.98	6.72	6.65	6.63

与此同时,与性别、年龄段、户籍状况、教育程度的交互分析显示,在众多影响幸福感的因素中,"经济状况"对男性以及 85 后的影响更大,而健康状况对女性以及 80 后的影响更大;同时,"经济状况"和"工作情况"是影响"外省市农村户口"青年幸福感的最重要因素;"研究生"对于"健康状况"最为看重,而"大专/高职"则更在意自己的"经济状况"和"工作情况"。

表 1.17 不同性别、年龄段、户籍状况教育程度青年幸福感的主要影响因素(%)

	性别		年龄段		
	男	女	90后	85后	80后
健康状况	36.4	39.9	32.2	39.5	43.8
经济状况	61.3	50.7	48.2	62.3	54.9
工作情况	42.2	40.2	32.2	46.8	43.6

	户籍状况				教育程度				
	上海户籍	上海居住证	外省市城镇户口	外省市农村户口	初中及以下	高中/职高/中专/技校	大专/高职	本科	研究生
健康状况	39.9	32.7	32.9	29.1	29.5	29.1	34.3	41.0	48.0
经济状况	54.4	60.1	58.2	61.9	34.3	56.1	61.1	57.8	50.0
工作情况	54.3	58.1	58.7	61.5	32.3	57.3	62.2	58.9	51.0

休闲娱乐活动是青年成长过程的实践载体之一，在愉悦青年身心、陶冶青年情操、改善青年教育、促进青年健康成长等方面具有重要的社会功能。青年作为一个社会群体，有着繁重的工作，但是在休闲及娱乐方面，也有着比其他年龄群体更为多元的需求。随着社会经济的发展，青年的这种对娱乐需求显得愈加强烈且越来越多元化。那么，青年在业余时间是怎样选择他们所需求的娱乐方式？这一问题同样值得我们探讨。

随着信息社会的发展，以数字技术应用、充分互动及海量信息处理为特征的新媒介的兴起和运用，迅速吸引着越来越多青年的注意，成为他们重要的休闲娱乐方式和充分展示个性的空间。调查显示，上海青年的休闲娱乐方式总体上显得十分单一，网络娱乐已经成为当前青年最主要的休闲娱乐内容。在闲暇时间上，超过七成(72.7%)的青年从事最多的活动主要是“上网”。其次为“听音乐”(40.2%)和“学习”(39.0%)。这些娱乐休闲的类型从新型的内容特色到新型的参与方式，都明显地突出了个性化和参与的特征，正是吸引广大青年的特点所在。以上数据表明，当下，网络化生存仍然是青年生活状态的真实写照，成为青年首选的休闲方式，且比其他各类休闲方式的选择比例均高出一倍之多。

在休闲娱乐方式总体趋同的态势下，也存在略微的性别与年龄段差异，男性依次为："上网"(70.5%)、"听音乐"(35.3%)和"运动健身"(35.0%)；女性则依次为："上网"(75.3%)、"听音乐"(45.0%)和"学习"(44.3%)。各年龄段青年首选的活动方式均为"上网"，位列第二、三的项目则各有不同，在90后为"听音乐"(53.5%)和"学习"(36.6%)，85后为"学习"(43.2%)和"看电视"(38.1%)、而80后则为"看电视"(35.8%)和"学习"(34.7%)。

表1.18　不同性别、年龄段青年的休息娱乐方式对比表(%)

	性　别		年　龄　段		
	男	女	90后	85后	80后
听音乐	35.3	45.0	53.5	35.2	29.7
上　网	70.5	75.3	77.3	69.4	71.8
看电视	34.9	39.2	36.5	38.1	35.8
打游戏	31.2	13.4	27.2	20.4	16.5
和同学或朋友一起聚餐	28.3	23.3	26.1	28.1	19.3
学　习	33.6	44.3	36.6	43.2	34.7
旅　游	19.4	26.3	18.2	24.2	28.4
运动健身(如打球、瑜伽等)	35.0	20.6	23.8	29.8	28.6
K　歌	9.3	10.7	12.7	10.4	4.3
睡　觉	28.8	35.7	34.6	31.5	30.2

以上关于青年休闲娱乐方式的数据结果也带给我们深刻的反思。因为，从一定意义上来说，青年的休闲娱乐方式是反映这一特定群体对于生活状况与生活态度的一种现实表征。现代性对工具理性的推崇与都市的繁华喧闹已将知识连同浮躁、功利一起深刻地影响着当代青年，它在培养青年现代意识的同时，也带走了青年生命中的浪漫与想象，对工具理性的过分强调已使当代青年很难有清静优雅的心境去体味休闲。

现代的高科技让生活流光溢彩，充满了声光色的生动造型，但也猛烈地冲刷着传统的历史记忆与文化积淀。以琴棋书画为代表的传统休闲方式被日益边缘化，对物质的占有欲使当代青年在课业之余，尽情享受着现代科技带来的冲击与震撼。但缺乏内涵的单纯玩乐，只是一种表象的休闲，并不能必然地带给当代青年深层次的生命幸福感与愉悦享受，让他们拥有自心灵深处涌流的欢欣。相反，由于在玩的过程中没有身体的休息与精神的完善，倒让人感觉到一种沉重的失落感与无意义感。注重感官享受的表象休闲使个体更加焦躁不安，对物的追逐游戏无法让人获得心灵的满足与安顿，自我反思能力与审美能力在匆忙高压的生活中日减。当代青年个人自由时间的增加并不必然获得自由的生命。

当代青年具有充分的自主选择权，但休闲生活的异化表明了休闲选择能力的衰弱。事实上，个体休闲的选择能力其实是建设美好生命、对善的追问能力，是获得高质量的休闲生活的前提与保证，是一种方向性的价值指导。缺乏这种能力会造成休闲失当或错误，即是南辕北辙，走向休闲的误区。罗素曾提出："明智地适用闲暇，是文明和教育的产物"。休闲本身就是生命成长的一部分，或者说它就是生命的一部分，休闲教育也就应该是生命教育的一部分。如果将休闲教育看作外在于生命、外在于生命教育的一部分，只重视所谓休闲技能的培养，那么，休闲只能走向生命的反动，背离休闲的真义。为了休闲而进行的休闲教育，必定是不完全的单向度的与偏颇的教育，休闲教育应具有更深厚的生命意蕴。要通过加强对青年开展生命维度上的休闲教育，提高当代青年的休闲选择能力，从而从本质意义上重构当代青年的休闲生活。

第二章　经济的机遇与挑战

第一节　自贸区与青年

中国(上海)自由贸易试验区作为国家新一轮改革开放的“试验田”,是中国未来改革的重要风向标。自贸区被中央政府赋予了贸易自由化、投资便利化、金融国际化及行政精简化的改革使命,其实质是以开放促进改革,倒逼改革。自贸区的建立作为重要的国家战略,经过一年来的实践,已经在上述四个领域围绕制度创新,取得了令人瞩目的阶段性成果,即以负面清单为核心的投资管理制度基本建立;以贸易便利化为目的的贸易监管制度有效运行;以资本项目可兑换和金融服务开放为目标的金融创新制度在有序推进;以政府职能转变为核心的事中事后监管基本制度业已形成。《东方早报》(2014 年 9 月 27 日)“数说自贸区一周年”对上述改革成果进行了初步统计:新增企业方面:截至 9 月 15 日,上海自贸区共新设企业 12 266 家,其中外资企业 1 677 家,占 13.7%。而在自贸区设立之初,外资企业的只占 5%左右;进出口贸易方面,2014 年 1—8 月,上海自贸区进出口额增长 11%,物流窗口成本降低 10%;通关时间减少三四天,大大降低了区内进出口企业的成本。从统计情况看,上海自贸区内新增企业中,有一半以上是物流和贸易企业;金融业方面,87 家有金融牌照的机构及一批金融服务企业已进入上海自贸区,上海国际能源交易中心、国际黄金交易中心已获批成立。目前上海国际能源交易中心正积极准备原油期货品种,具体上线时间“大约在冬季”;国际黄金交易中心已于 9 月 29 日自贸区成立一周年之际正式开业。此外,中国外汇交易中心、中国金融期货交易所、上海清算所和上海股权托管交易中心等也计划在上海自贸区内新设或增设交易场所,上海保险交易所也在积极筹划中;上海证券交易所拟在自贸区内设立国际金融资产交易平台。

上海自贸区的创建引发了青年的极大兴趣与关注，同时也为青年的成长发展、创新创业带来时代机遇。2014 年 12 月 19 日，上海团市委举办了以“改革与转型——自贸试验区政府服务创新与转型”的主题论坛。关于自贸区给青年带来的机遇，专家给出了各自的真知灼见。上海自贸试验区管委会党组副书记王辛翎认为，自贸试验区成立一年多来，取得的成绩是有目共睹的，但对青年人来说，更多的还是要谈未来、谈机遇。自贸区作为一个国家战略，任重道远，目前只是开始、是开局，青年人投身其中大有可为。市商委投资促进处处长罗志松认为，这一年多来，自己也在不断学习，特别是在金融领域，新东西太多了。对于想要在自贸区有所作为的青年来说，努力、主动、加强学习是至关重要的。检验检疫自贸区筹建办公室主任杨海军指出，自贸是一个“有梦想、风很大”的地方，在自贸区这个风口上，成就的不仅是政府的梦想、更是青年的梦想，所以就要求青年具备世界眼光、国际思维。市发改委综合改革处处长赵义怀认为，自贸区为年轻人提供了一个巨大的创业舞台，在自贸区这轮开发促改革的浪潮中，青年人拥有绝对的主动权。学习、了解自贸规则、制度，在自贸区成就自己的事业绝非空想。海关自贸区工作组副组长张炳政：时间在哪里，未来收获就在哪里。当年轻人花点时间关心自贸区、了解自贸区，做一些看似无用的事情，享受过程之美，便会在将来体会竞争的优势。

一、青年对自贸区的认知

青年作为思维最活跃、最容易接受新生事物和最具有创新活力的群体，对建立上海自贸试验区这一关系国家改革发展和上海经济转型升级能否顺利推进的“国家战略”，认知程度如何，对此是否关注，是否将自身的职业发展、个人生活与自贸区这一新生事物联系起来，对上述问题的研究、探讨一方面有助于厘清青年群体中对自贸区存在的一些模糊概念和印象，使青年人认识、了解什么是自贸区，自贸区将给年轻人的生活带来哪些影响，自贸区将给青年人提供哪些机会；另一方面也给政府、共青团组织、高等院校等有关部门和机构提供相关政策制定、人才培养计划实施等方面的参考依据，从而更好地引领青年、服务青年，使青年群体能够在自贸区建设的国家战略中贡献更大力量。

（一）青年对自贸区的了解程度

调查显示，10.8％的被调查者对自贸区完全不了解，比较了解的占 20.0％，有一定了解的占 69.2％，由此可以看出，近 90.0％的被调查者都认为自己对自贸区有所了解。将对自贸区的了解程度与政治面貌交叉分析(见表2.1)可以看出中共党员中仅有6.0%完全不了解,共青团员中有10.4%,而群众中这一比例为18.1%,明显高于前两类调查者。同时在均值上看三类调查者分别为2.70%、2.58%和2.43%,数据上有一定差异,经F检验,群众对自贸区的了解程度与其他两类调查者有显著性差异,说明党团员通过组织内部的各种学习,对自贸区比群众有着更高的关注度和了解程度。

表2.1 不同政治面貌青年对自贸区的了解程度(%)

政治面貌	完全不了解	比较了解	一定了解	均值	标准差
中共党员	6.0	17.9	76.0	2.70	0.576
共青团员	10.4	21.3	68.3	2.58	0.674
群　　众	18.1	20.8	61.1	2.43	0.780

将接受调查者的受教育程度与自贸区的了解程度作交叉分析,数据显示受教育程度较低的人群对自贸区的了解程度较低。例如完全不了解的比例,初中及以下为22.9%,远高于其他几类受访者,同时如表2.2所示,初中及以下了解自贸区的程度均值为2.24%,远低于其他各组,F检验也说明这种差异是显著的。

表2.2 不同教育程度青年对自贸区的了解程度(%)

教育程度	完全不了解	比较了解	一定了解	均值	标准差
初中及以下	22.9	30.3	46.8	2.24	0.804
高中/职高/中专/技校	10.8	19.4	69.9	2.59	0.679
大专/高职	14.6	19.6	2.51	2.51	0.738
本　科	7.8	19.3	72.9	2.65	0.620
研究生	9.0	16.8	74.2	2.65	0.641

将受访者所在单位性质与对自贸区的了解程度作交互分析,通过表2.3可以清楚地看到个体自由职业对自贸区的了解程度最低,其完全不了解的比例占到33.3%,远高于其他单位接受调查者,表2.3的数据也可以看出这一点。同时方差分析结果也说明个体自由职业人群对自贸区的了解程度与其他各组存在显著性差异,从中也可以看出体制内的人群对自贸区的了解程度相对较高。

表 2.3　不同性质单位青年对自贸区的了解程度(%)

单位性质	完全不了解	比较了解	一定了解	均值	标准差
国有、集体企业	7.5	15.3	77.2	2.70	0.602
民营企业	10.6	17.4	72.0	2.61	0.672
个体自由职业	33.3	23.1	43.6	2.10	0.882
三资企业	12.9	23.8	63.4	2.50	0.716
政府机关或事业单位	8.2	21.3	70.5	2.62	0.633
在校学生	11.7	24.7	63.6	2.52	0.697
其　他	17.8	23.8	58.4	2.41	0.777

通过受访者职业和对自贸区了解程度的交互分析(见表 2.4)可以看出,体力劳动者、自由雇佣者和未就业或无业人员对自贸区的了解程度最低,三组人群完全不了解的比例分别为:33.3%、28.6%和 20.7%,“政府机构、国有企事业单位的普通工作人员或公务员”、“私企、三资企业公司普通职员”、“专业人员”和“管理层”四组调查者对自贸区的了解程度(均值)最高分别为 2.69%、2.67%、2.60%和 2.60%。经 F 检验这种差异是显著的。

表 2.4　不同职业青年对自贸区的了解程度(%)

职　业	完全不了解	比较了解	一定了解	均值	标准差
管理层(经理、厂长、总监等)	11.7	16.7	71.7	2.60	0.694
技术人员	9.3	22.7	68.0	2.59	0.658
专业人员(教师、医生、律师等)	10.5	19.3	70.2	2.60	0.674
政府机构、国有企事业单位的普通工作人员或公务员	5.7	19.8	74.5	2.69	0.573
私企、三资企业普通职员	10.8	11.8	77.4	2.67	0.665
体力劳动者	33.3	19.0	47.6	2.14	0.910
自雇佣者	28.6	23.8	47.6	2.19	0.873
在校学生	13.3	29.5	57.1	2.44	0.720
在校大学生	11.8	21.3	66.9	2.55	0.698
未就业或无业	20.7	27.6	51.7	2.31	0.797

（二）对自贸区可能提供机会的认识

调查显示，在你认为自贸区会为你提供机会的选择中，选择比例最高的是购物的机会，占30.6%，其次为创业的机会，占23.4%，第三为职业发展机会，占21.5%。另外，选择投资理财的占19.2%，选择其他的占5.3%。将受教育程度与自贸区可能提供机会作交互分析，从表2.5中可以看出，受教育程度越高，选择职业发展机会和创业机会的比例越低，其中选择职业发展机会的比例，随着受教育程度由低到高依次为39.3%、34.4%、33.0%、28.9%和21.9%，究其原因可能是受教育程度较高的人群本身职业发展的机会比较多，而受教育程度较低的人群职业发展的机会较少，因此特别关注新生事物是否能够给自身带来更多的职业发展机会。

表2.5　不同教育程度青年对自贸区提供机会的认识（%）

教育程度	职业发展	创业	投资理财	购物	其他
初中及以下	39.3	44.9	19.6	37.4	6.5
高中/职高/中专/技校	34.4	34.4	23.7	31.2	11.8
大专/高职	33.0	42.4	18.5	38.8	6.2
本　科	28.9	28.6	29.5	45.7	7.0
研究生	21.9	24.5	37.4	48.4	9.7

将青年所在单位的性质与自贸区可能提供的机会作交互分析，从表2.6中可以看到，在校学生中选择职业发展机会和创业机会的比例最高，说明在校学生密切关注自贸区的发展，并将自贸区与自身职业发展和创业紧密联系，希望在自贸区实现自我价值。另外，政府机关或事业单位青年虽然对自贸区的了解程度较高，但在机会选择上却有51.0%的人选择了购物机会，选择职业发展机会的仅为23.2%，说明体制内青年对自贸区能够给自身发展带来机会的认识偏于保守。

表2.6　不同性质单位青年对自贸区提供机会的认识（%）

单位性质	职业发展	创业	投资理财	购物	其他
国有、集体企业	23.7	29.3	32.8	52.3	5.8
民营企业	33.8	36.8	25.9	31.8	6.5
个体自由职业	23.1	41.0	23.1	23.1	15.4
三资企业	31.6	31.6	23.5	33.7	11.2
政府机关或事业单位	23.2	22.0	29.5	51.0	8.7
在校学生	43.1	45.9	22.8	37.8	4.1
其　他	34.3	29.3	14.1	37.4	14.1

将受访者职业与自贸区可能提供的机会作交互分析，一方面可以看出所有职业青年在机会选择中都有很大比例选择了购物的机会，另一方面可以看出在校学生、在校大学生、未就业或无业青年群体，都将职业发展机会列在第一位，反映出这些青年人群，更关注自贸区能否给自己带来更好的职业发展机会。（见表2.7）

表2.7　不同职业青年对自贸区提供机会的认识(%)

职　　业	职业发展	创业	投资理财	购物	其他
管理层（经理、厂长、总监等）	27.6	25.9	34.5	43.1	10.3
技术人员	18.6	36.1	21.6	40.2	7.2
专业人员（教师、医生、律师等）	28.4	33.7	24.3	42.6	8.9
政府机构、国有企事业单位的普通工作人员或公务员	23.2	24.6	35.2	53.1	6.9
私企、三资企业普通职员	34.3	33.3	25.1	33.8	8.7
体力劳动者	33.3	19.0	9.5	42.9	19.0
自雇佣者	23.8	42.9	23.8	33.3	4.8
在校学生	42.3	47.1	20.2	40.4	4.8
在校大学生	44.9	44.1	26.0	37.8	3.1
未就业或无业	34.9	34.9	14.0	34.9	9.3

（三）自贸区就业选择

调查发现，有37.2%的人会选择在自贸区就业，25%的人不会选择在自贸区就业，37.8%的人选择了说不清楚。许多受访青年认为自贸区会带来新的机会，但为什么只有37.2%的人选择会在自贸区就业呢？不选择的理由又是什么呢？表2.8显示，不会选择在自贸区就业的原因排在首位的是“对自贸区还不够了解”，第二个原因是“前途不确定”，第三个原因是“自身技能不够”，第四个原因是“配套设施不足”，排在最后的原因是薪酬无吸引力。

表2.8　青年不选择在自贸区就业的原因

	样本数(人)	占比(%)
自身技能不够	86	20.0
配套设施不足	72	16.8
薪酬无吸引力	28	6.5

续表

	样本数(人)	占比(%)
前途不确定	93	21.7
对自贸区还不够了解	95	22.1
其　他	55	12.8
总　计	429	100.0

将受教育程度与不会选择在自贸区就业的原因作交叉分析,可以看到青年中高学历人群不会选择在自贸区就业的原因最主要的是因为“前途不确定”和“对自贸区还不够了解”,更多的低学历青年人群不选择在自贸区就业是因为“自身技能不够”。(见表2.9)

表2.9　不同教育程度青年不选择在自贸区就业的原因(%)

教育程度	自身技能不够	配套设施不足	薪酬无吸引力	前途不确定	对自贸区还不够了解	其他
初中及以下	33.3	16.7	20.8	16.7	54.2	4.2
高中/职高/中专/技校	44.4	22.2	5.6	38.9	11.1	11.1
大专/高职	27.1	25.4	6.8	28.8	28.8	16.9
本　科	25.7	23.5	9.5	30.2	29.1	21.2
研究生	26.7	23.3	3.3	36.7	36.7	13.3

(四)自贸区创业的选择

调查表明,受访青年中32.3%的人会选择在自贸区创业,35.8%的人不会选择在自贸区创业。表2.10显示青年选择在自贸区创业的原因:26.0%的人认为“自贸区提供的创业机会更多”,22.1%的人认为“自贸区金融开放程度更高,金融服务更为便利”,17.9%的人认为“自贸区创业成本更低”,17.7%的人认为“自贸区政策更加优惠”,15.6%的人认为“自贸区政府办事效率更高”。

表2.10　青年选择在自贸区创业的原因

	样本数(人)	占比(%)
自贸区提供的创业机会更多	226	26.0
自贸区创业成本更低	155	17.9
自贸区政府办事效率更高	135	15.6

续表

	样本数(人)	占比(%)
自贸区金融开放度更高,金融服务更为便利	192	22.1
自贸区政策更加优惠	154	17.7
其　　他	6	0.7
总　　计	868	100.0

二、自贸区给青年带来的机遇

(一)自贸区为开放型行业的青年才俊提供施展才华的舞台

1. 人才需求量大,就业岗位多

随着自贸区建设的深入推进,各项改革措施的实施到位,可以预计将来会有更多的内外资企业进驻自贸区。而这些伴随着自贸区建设生成和逐渐成长的企业,也将对企业发展所需的各类人才形成大量需求,从而为社会提供大量就业岗位。这将为众多有志于乘自贸区东风,在自贸区大展宏图的青年才俊提供机会。而自贸区能够提供大量就业岗位已经由其他国家的实践加以证明,例如在2012年,美国建设的数十个自贸区就为社会提供了32万个就业岗位,这对当时尚未完全走出经济萧条阴影的美国来说,其重要性是不言而喻的。

2. 人才需求结构偏向于高端,专业型复合人才抢手

自贸区具有的对内对外全面开放的特点,加之国家赋予上海自贸区改革"试验田"的历史使命使自贸区的改革主要集中于贸易自由化、投融资便利化等贸易、金融、政府监管制度的改革创新,受益于自贸区内上述领域的改革,落户于自贸区的企业也大多集中于贸易、航运、物流、IT及各类创新型金融行业。从企业类型上看,基本属于高端生产性服务行业。这些行业对人才的综合素质、专业技能及综合能力都有很高要求。由于自贸区对外开放程度高,大量新设企业除了需要精通外语和专业知识、掌握专业技能的专业人才外,还需要既懂专业又通管理的复合型人才。这是因为正在自贸区内进行的诸多经济和产业改革,将为众多企业带来前所未有的机遇与挑战,需要兼具专业知识和管理才能的新型企业管理者带领企业在激烈的市场竞争中披荆斩棘。对于新的开放领域如离岸金融、金融租赁等行业,国内企业之前鲜有涉足;而受改革冲击较大的行业如航运,传统的企业经营模式已经面临严酷的市场竞争,对于这些受改革冲击较大的传统行业,是否由经验丰富、能力出众的管理人员掌舵,对这些企业的生存发展至关重要。

3. 一般青年仍然具有在自贸区脱颖而出的机会

随着自贸区大量企业的落户和新企业的不断涌现，人员聚集的自贸区欠缺生活配套服务的问题日渐突出，如餐饮、房屋租赁等服务配套明显不足。这些属于"拾遗补缺"性质的行当与在自贸区集聚的金融、贸易、航运、物流等行业相比，似乎没有那么"高大上"，但这些行业所提供的服务又是自贸区的发展所必不可缺的。那些虽然没有高学历、高技能但拥有敏锐市场眼光的青年如果能够迅速填补市场空白点，完全有可能获得脱颖而出的机会。

[延伸阅读]

上海自贸区建设未来最缺三类人才：金融、管理、IT技术

日前，一项由共青团上海市委牵头发起并与专业咨询服务公司韬睿惠悦联合开展的上海自贸区人力资本研究已经完成，并发布《上海自贸区人力资本研究报告》。

《报告》对上海自贸区人才供求现状、人才综合竞争力以及发展趋势进行了深入的分析，并参照发达市场自贸区的人才引进经验，从政府、教育机构和企业三个维度提供了人才发展建议。

自贸释放需求　三类人才缺口大

上海自贸区建设，未来需要什么样的人才？这份最新出炉的《上海自贸区人力资本研究报告》给出了答案——金融人才、管理人才、IT技术人才。

在此次针对自贸区内企业的调研中，七成以上的企业表示其自贸区内业务需要更多的金融精算人才。事实上，在自贸区总方案中，涉及许多对金融行业进行大刀阔斧改革的条例，诸多金融企业摩拳擦掌，跃跃欲试。调研结果显示，对于企业期望在自贸区框架下经营的业务中，金融服务领域的业务排名前列。

对于一个企业而言，"管理"是决定其成功与否的关键。在调研中，八成以上企业都表示在自贸区内经营的业务需要更多高层管理人才的参与，对组织领导人才有需求的比例也超过了七成。并且超过半数的企业更倾向于雇佣本土的专业人士从事管理工作。这就意味着，上海能否为跨国公司提供高质量的管理人才，是其是否考虑在自贸区建设总部时一个重要的维度。

此外，自贸区内各个综合性大型平台的建立，离不开信息技术人员的参与。加拿大不列颠哥伦比亚省在其自贸区建设可行性报告中，把能否建立便捷严谨的信息化集成系统列为自贸区最终能否成功的关键。进出口贸易结算平台、衍生品交易平台、大宗商品资源配置平台。而这些平台信息系统的集成开发都需要众多信息技术人才。事实上，在对自贸区内的IT企业的调研过程中，所有企业均表示当下急需IT研发人员。

一方面是企业有迫切的揽才需求，但另一方面却是人才市场的供给不足。从行业角度看，相对高水平的薪酬在一定程度上凸显了自贸区相关行业的人才供求压力。

根据上海市2012年的统计年鉴，自贸区重点开放所涉及行业的劳动力成本略高于上海市的平均薪资标准。其中，与自贸区紧密相关的互联网、金融等行业薪酬增幅强劲，这在一定程度上反映出行业内相关专业人才的紧缺。而从离职率上看，与自贸区开放行业相关的互联网、高科技等行业都居于前列，一定程度上反映这些行业内激烈的人才竞争状况。

七成以上受访企业需海归人才

问卷结果显示，七成以上的受访企业表示需要海归人才，并且企业对海归人才的需求主要集中在与自贸相关的专业领域，如金融、市场营销、国际贸易和物流等新型开放领域。这一方面是因为，国内高校对这些专业背景的教育质量与国际相比有差距，另一方面的原因在于，与国内目前的经济领域相比，自贸区内涵盖的业务大部分为新兴业务，企业希望海归人才能够利用他们的专业和经验优势，弥补当前的市场空缺。

那么，上海对人才，尤其是海归人才是否有足够的吸引力？全国范围看，答案是肯定的。根据韬睿惠悦武汉研发中心《中国城市指数数据库及研究报告》所揭示的结果，在中国73个主要大中城市里，上海在区位竞争力和人才竞争力这两个层面，排名仅次于北京，均列于全国第二位。与全国一线城市相比，上海在经商容易程度和对外籍人员的吸引力方面都有相对优势。

但不可否认，虽然上海以其浓郁的国际化氛围、开放的经济体系和完备的基础建设体系吸引了许多的国内外优秀人才，但与国际成熟的自贸区城市相比，上海在城市体系建设和引进高素质人力资本层面还有待进一步发展。以新加坡和纽约为例，尽管上海的经济实力和物质资本与这两个城市非常接近，但是在公共服务效率、社会文化特征和人力资本等方面还存在着一定的差距。

在此次调研中，不少企业反映，在获取人才的过程中仍然会遇到困难，比如无法满足雇员家庭需求成为最大的障碍。在这种情况下，如何去吸引优秀人才，保留核心人才，从而提高企业员工的敬业度将会是企业面临的重要课题。

韬睿惠悦最近一次《全球劳动力调研》(Global Workforce Survey)揭示，与国际其他地区相比，中国员工选择加入一个企业的最重要因素是薪酬、职业发展机会和学习新技能的机会，而他们选择长期受雇于一家企业的最重要因素是职业发展机会、与管理者的关系和弹性福利等方面。这些独特的关注点是自贸区内企业在吸引与保留员工时需要着重注意的方面。

校企应加强合作培养紧缺人才

薪酬自然是企业吸引和保留人才的最为有效的因素之一，但非经济薪酬的作用越来越不能小觑。《报告》认为，企业吸引和保留人才的根本目的，不仅仅是使员工“保持敬业”(Engaged)，更为重要的是“赋能于人”(Enabled)和“使员工保持活力”(Energized)，最终实现企业绩效和员工个人发展的双赢结果。

在吸引和保留员工方面，企业需从更广泛的视角观察和审视员工的诉求，运用全面奖酬(Total Rewards)的框架和方法思考企业在人力资源管理方面的问题。在中国市场上，人才更看重的是富有竞争力的薪酬、长远的职业发展和学习成长的机会。企业需从这三方面审视和调整自身人力资源政策和实践。

《青年报》记者注意到，《报告》在最后部分也为企业提供一些建议，比如：为员工提供明确清晰地发展路径；给予员工更多来自管理层的指导。因为，对于80后、90后员工来说，拥有自我的个性、强调参与感和创新是这一代员工的典型诉求。他们会更加在意所在企业提供福利的贴心程度。

此外，在人才市场化的今天，如何培养符合产业导向、企业需求的人才是值得各方思考的问题。对此，《报告》在最后建议：高校完全可以更多地与走在市场前沿的企业合作共同制定培养方案，同时企业也可以提供相应的实习岗位实践，两者合作一同解决相关领域的专业人才短缺问题。

另一方面，在一些人才紧缺的领域，高校也可以尝试同企业一同制定培养方案，系统地招生培养特定专业人才。

而作为企业，也应该主动参与到人才培养的过程中，借助高校的科研优势，尝试设立企业大学，来设立针对企业员工的培训项目，从而解决企业内部人才短缺的问题。

［他山之石］
新加坡：政、企、校合作培养专项人才

面对经济发展带来的巨大人才缺口，新加坡形成了一个由政府引导沟通、企业为主体，成立多方合作的项目来培养市场所需要的专业化高素质专项人才。这种多方合作体现在：通过政府牵头，由高校和企业联合培养符合企业发展需求的高素质管理人才；企业与政府及研究机构合作设立研发中心，解决高新技术人才紧缺的问题；政府、学校、企业三方共同设立奖学金项目，有引导性的培养定向人才。

事实上，联合利华就是参与校企联合培养（LINK 生态系统项目）的企业之一。通过政府牵头，联合利华与商业院校和企业合伙人联手策划和实施管理人才发展及组织领导计划。为此，联合利华于 2011 年投资了 3 200 万美元兴建一个新的全球领导力发展中心——新加坡 Four Acres。该中心是联合利华具标志性的伦敦“Four Acres”之后的第二个世界级的培训和发展设施。而作为新加坡政府来说，通过为企业培养其所需的高端人才，壮大了自己作为企业地区总部与运营中心的竞争力，吸引了大型企业的高端与核心产业落户。

同时，在吸引人才方面，新加坡政府也作出了种种努力，其中成效最为显著的莫过于“联系新加坡”项目。“联系新加坡”是由新加坡经济发展局和人力部共同成立的联盟，致力于与海外新加坡人和国际人才建立联系，协助他们到新加坡工作、投资和生活。

据悉，“联系新加坡”网站分为毕业生、专业人士、投资者三个板块。从三个不同的角度囊括了海外新加坡人或者外籍人员到新加坡工作或者投资的种种信息。从签证、薪酬待遇、生活娱乐到行业概况、法律政策。帮助外籍专业人员和海归更加了解新加坡。其便捷之处还在于：提供英语、简体中文、繁体中文、日语、韩语等多种语言，方便不同国籍背景的人才了解新加坡的信息，吸引其来新加坡工作。同时，网站还为海外人才提

供多种评估与服务:包括个人生活成本计算器、个人职业路径分析工具,进入新加坡的8步准备等。帮助海外人才全面评估与了解新加坡。此外,借助这个平台,企业与外籍人士、海归人士之间可以进行双向交流沟通。求职者可以寻找职业机会,企业也可以发布人才需求信息。

团市委负责人解读

帮助在这座城市中奋斗的青年实现“成才梦”。

Q:之所以会做这份有关于“自贸区人力资本研究”的报告是基于何种考虑?

A:围绕中心、服务大局是团的工作主线,组织团员青年在经济社会发展中建功立业是服务大局,加强对改革发展中重点问题的调查研究,为党政部门和有关方面提供参考也是服务大局。设立中国(上海)自由贸易试验区是新形势下推进改革开放的重大举措,备受关注。

自贸区运行半年来,人们在关心政府职能转变、扩大投资领域开放、自贸红利释放的同时,也意识到,人才队伍状况对于顺利推进自贸区建设的重要性。市委书记韩正参加上海市纪念五四运动95周年主题团日活动时强调:“上海最重要的资源是人才,最缺乏的资源也是人才。人才在哪里?就在青年之中。”

自贸区需要什么样的人才?自贸区相关的行业、企业需要怎样的员工?相对应的,在自贸区相关行业工作的青年,他们的职业前景又将如何?我们作这个调研,正是想在自贸区建设的人才需求方面掌握一些第一手资料,希望对相关党政部门和相关行业、企业有所参考,对青年在未来选择专业和职业方面有所启发。

Q:这次我们也注意到,团市委选择了一家跨国咨询公司合作,是出于什么原因选择这家公司?

A:选择韬睿惠悦共同来做这份调研报告,主要是想利用这个跨国人力资源咨询公司的国际视野,他们掌握的其他国家和地区的相关数据资料,以及他们在企业人才队伍建设方面积累的经验,来审视、分析上海自贸区建设的人才需求,以期提供一个分析上海自贸区人才队伍建设的比较独特视角。

事实上,在这份报告中,大家也能看到有大量对新加坡、纽约等城市的数据分析对比,相信这些对上海自贸区建设是有借鉴价值的,同时,这份报告从自贸区企业人才需求的角度提出的建议,也应该是有借鉴意义的。

Q:此次调研工作是如何展开的?

A:此次调研历时10个月左右。团市委和韬锐惠悦组织了《2013年上海自贸区人力资本研究报告调研问卷》调研分析,利用相关数据对上海与新加坡和纽约等城市的人才状况进行了对比研究;对上海自贸区人才供求现状、人才综合竞争力以及发展趋势做出了判断;从政府、教育结构和企业三个维度提供了相关的建议。调研团队在调研中拜访了相关政府机构、企业,调研过程中也邀请相关机构专业人士提出了意见建议,经过几次修改,最终形成了目前的这份报告。

Q:这份报告的出台让我们对自贸区建设的人才需求有了更深入了解,相信很多青年了解了报告的内容后,对未来选择什么样的职业也会有更加清晰的认识,接下来,团市委在青年人才培养方面还会有什么举措?

A:培养中国特色社会主义事业建设者和接班人,是共青团的根本任务。市委书记韩正到团市委调研时也明确指出,要把青年人才工作作为上海共青团服务大局、服务青年的着力点和突破口。这份报告对于自贸区建设所带来的人才需求进行了梳理,对共青团来说更重要的是如何帮助在这座城市中奋斗的广大青年实现"成才梦"。

今年,团市委将推出"百万青年人才成长计划",尤其是要聚焦包括涉及上海自贸区建设等重点领域的青年人才,从加强岗位培养、提升职业素质,促进横向交流、丰富实践经历,推动纵向成长、拓展上升渠道等三个维度服务青年成长成才。

建议政府

- 搭建企业、研究机构、高等教育机构之间沟通桥梁
- 发挥企业作用以市场为中心培养人才
- 建立信息服务平台吸引服务海外人才
- 将更多企业纳入人才引入计划

建议企业

- 采用 Total Rewards 全面奖酬的视角
- 分析吸引和保留员工的要素
- 合理优化和搭配人力资源政策与实践,提高员工敬业度

《青年报》2014年5月12日

（二）自贸区是有志青年创业的沃土

随着自贸区商事登记、海关报关手续、政府监管体制改革等政策的落地，自贸区吸引了越来越多的海内外创业者在自贸区创业。自贸区作为中国改革开放的“试验田”，形象地说，是“种苗圃”，而不是“栽盆景”，也就是说自贸区的改革并不是通过培植“政策洼地”，而是通过打造“制度创新的高地”并将制度创新的成果复制、推广到国内其他地区而获得成功。在创业政策方面，自贸区与国内众多创业园区相比，并没有什么特殊优惠，但自贸区之所以能吸引许多“海归”和各国在华留学生及众多拥有创业梦想的年轻人在此创业，自贸区的优势在哪里，又给青年人提供了哪些机会，是值得深入探讨的。

1. 自贸区创业门槛低，为有志创业的青年提供了极大便利

自贸区推行的工商登记制度改革极大降低了创业者的门槛，此次改革将原先实行的工商注册资本实缴制改为注册资本认缴制，这对于以往经常受制于注册资金匮乏的青年创业者来说是一个非常大的利好；其次该项改革也大大提高了工商登记效率，据媒体报道，对于一般投资项目，最快 4 天企业就可以拿到营业执照、机构代码和税务登记等。这也大大降低了企业的创始成本，使创业者能及早投入企业经营和市场大潮中。

2. 自贸区推行的政府行政职能转变的改革将为青年创业者打造良好的营商环境

自贸区行政体制改革的目标是强化政府职能的转变，形成高效、透明、法治的行政管理体制，建立起服务型政府职能模式，真正做到政府的归政府，市场的归市场。服务型政府职能模式的核心是“简政放权”，要让“市场在资源配置中起决定性作用”，政府的职责是确保市场参与者在公开公平透明的法制环境下自主参与市场活动，政府扮演好提供公共服务的角色，减少行政审批权，政府职能从事前审批转向事中事后监管。

企业经营能否取得成功除了取决于企业自身的内因外，企业外部环境是否稳定、公正、透明也是决定企业成败的重要因素。目前自贸区的行政体制改革走在全国前列，一个法制化、服务型政府的运作机制正在形成，对在自贸区创业的青年来说，他们在创业的过程中，将更多地获益于这种政府的“改革红利”，增强了他们对创业未来的稳定预期。

3. 自贸区的金融开放和改革将为青年创业者的投融资需求提供更多便利

随着自贸区金融领域的进一步改革开放，沪上首家民营银行—上海华瑞银行已经获得银监会的批复获准筹建并已经注册在上海自贸区。相信在不久的将来，更多中小、民营金融机构将在自贸区内涌现，青年创业者将能够享受到更

多优质、便利、低价的金融服务，这无异于为青年创业者们插上了飞翔的翅膀，有助于他们飞得更高更远。

［延伸阅读］

金融学院毕业生携手非洲同学办电商网站去坦桑尼亚创业

梦想从自贸区起飞　在非洲落地

王风斋（右二）和他的伙伴们在自贸区留下梦想起飞合影。受访者供图

中国牵手非洲，让中国梦与非洲梦共同实现。在这两个宏大的梦之中，还有一个年轻人关于电子商务市场的梦。上海金融学院2013届毕业生王风斋正携手留学生借力自贸区赴非洲创业。昨晚7点，当《青年报》记者联系王风斋时，他还在办公室内做着网站的改版工作。

非洲电商　贫瘠而又富饶的土地

世界上人均电话占有率最低、计算机数量最少、通讯和上网费用最昂贵的地区，都在非洲大陆国家。当世界经济在电子商务中飞速发展时，非洲却似乎还是一块未开垦的处女地。

坦桑尼亚位于非洲东部，由于基础设施和理念的落后，电子商务和网络购物几乎是一片空白。王风斋，这个市场营销专业的毕业生，与上海金融学院来自坦桑尼亚的在读留学生Shafii和Justine一起，敏锐地捕捉到了这一点，将创业的脚步迈向了坦桑尼亚。

"创业的种子一直种在心里，可是此前一直没有寻思到特别中意的项目。在大三下学期的一天，我在校园图书馆遇到了我现在的合作伙伴。"

王风斋向《青年报》记者娓娓道来，他第一次真切地知道中非的差别这么大，然而这正是贸易的良机。

去年9月，上海自由贸易试验区成立，前期积淀已趋成熟，王风斋迅速将公司注册在了外高桥。由于是中非合资，自贸区提供了优惠的政策，注册非常便捷，12月公司注册成功。梦想借着上海自由贸易试验区的东风扬帆起航。

今年1月，王风斋和他的团队来到坦桑尼亚，在这里举行了环非国际贸易(上海)有限公司的宣讲会并开设了驻坦办事处。作为面向坦桑尼亚境内的首家电子商务网站，王风斋一手建造的“Chinaworldbuz 网络平台”，得到坦国上下的极大关注。坦桑尼亚警察局局长 Kova 亲自接见王风斋和投资人一行并承诺保护公司安全。坦桑尼亚最大的本土语言电视台做了20分钟的直播。经过18家媒体争相报道，办事处平均每4秒钟就会接到一个客户电话。

网络平台上线以来，已经有了40 000多次的访问量。这在基础设施极其落后的坦桑尼亚，已经相当不容易。坦桑尼亚上网费用昂贵，1 G 流量需要700多元人民币。普通人一般用手机上网，商人会用电脑，但由于网线太少，多数用无线网，网速很慢。

黑人小伙当左膀右臂　人脉很重要

当年图书馆认识的非洲留学生也是如今的创业拍档。目前，上海金融学院在读留学生 Shafii 担任环非国际坦桑尼亚分公司的 CEO，Justine 担任 CFO，这两个黑人小伙是王风斋的左膀右臂。

其间，学校也给予了王风斋许多支持，从专业知识到人脉分享，为这个志向高远的年轻人出谋划策。在许多老师和同学眼里，王风斋身上有一种创业者必备的精神，就是不怕挫折，坚持不懈。

《青年报》记者了解到，其实，严格说来，这并非王风斋的首次创业。大学中，他自学了网页制作，将公益热情和创业相融合，“虫洞公益网络平台”获得第一届“瞻远杯公益创业计划大赛”一等奖、2011年联想微公益大赛复赛的全国前五名。

关于电子商务，王风斋大三就开始谋划，大四上学期，王风斋就与伙伴在香港注册了离岸公司，虽然没有成功，但着实为如今的非洲创业打下了扎实基础。

经过对坦桑尼亚四大城市的市场调研，王风斋和他的团队发现，坦桑尼亚的很多商品来源于肯尼亚等国家，周边的商人通过从中国进货转手卖到坦桑尼亚，赚取差价，其中假货很多。“我们想打造一个诚信经营的品牌，提供货真价实的商品。目前 Chinaworldbuz 的主营业务是电子产品如手机、平板、移动电源，还有一些服装定制，如工作服、校服、足球服等等，比较符合坦桑尼亚人民的需求。”王风斋表示，由于非洲经济较为落后，消费者对商品的价位比较重视，所以，中国制造的商品物美价廉，比较受欢迎，电脑和手机、平板都卖得不错。

在异域创业　有烦恼有趣事

王风斋坦言，要做电子商务网站，在国内有无数的标杆可以学习，但是，由于非洲的很多国家都还没有开展网上的电子银行以及信用卡业务，网上支付只有 paypal 一种形式，手续费昂贵，普通消费者不愿接受，加上电脑拥有率低，网络设施差，电子商务开展步履维艰，这很让王风斋头痛。

“我想从 B2B 开始做，将来发展到 B2C。很多非洲朋友对我们的商品很感兴趣，但是由于他们不习惯网络购物，一定要看到实物才愿意购买。所以目前还是以线下购物为主。”据称，曾经有一位客户宁愿打着“飞的”，怀揣 30 万元现金，来到位于外高桥的王风斋办公室谈业务。“我们还以为他会回非洲以后汇款过来，谁知道他包里就带着 30 万元，而且合同还没有签就交钱了。”这份来自坦桑尼亚商人的信任让王风斋深为感动。

目前，环非国际的营业额已经达到 32 万元人民币。如何找到更合适的赢利点，是王风斋接下来面临的难题。“坦桑尼亚市场对小型农用机械非常渴望，他们希望通过我们能购买到物美价廉的商品，但团队目前对这一行还不太了解，所以还需要尝试。”

“我觉得我们整个创业的过程就像一个学走路的孩子，向往奔跑的自由，又受阻于年龄和实力，虽然不可能顺风顺水，但我相信，我们总会在跌跌撞撞中看到日出的美丽。”王风斋坚定地说道。

《青年报》2014 年 5 月 7 日

（三）自贸区的改革开放将深刻影响青年的消费行为和生活方式

青年乐于尝试、乐于接受新事物的心理特点决定了他们对自贸区建立后出现的新型消费方式、大量国外进口商品抱有浓厚兴趣并愿意为之付出时间和金钱。通过对调查问卷的分析也证明了这一点：不同教育程度、不同单位性质、不同职业的青年均有很高比例认为消费购物是自贸区给他们提供的一个机会。这说明青年群体普遍认同和期待自贸区能给他们的生活方式和消费购物带来新的体验和尝试。

1. 自贸区进口商品直销中心的销售模式成功契合了消费者“消费升级”的需求

经过媒体报道，地处偏僻的自贸区进口商品直销中心的销售在很短时间从冷清转为火爆的盛况令人记忆犹新。消费者在此可以购买到美、日、韩等多个国家的进口日用品，其中最受消费者欢迎和追捧的是多种质优价廉的进口海鲜和水果等农副产品。这说明随着经济发展，普通消费者的经济条件和消费水平有了很大提升，自贸区进口商品直销中心正是应因了这种需求变化，利用自贸区通关迅速等优势，通过减少商品流转中间环节，迅速完成从国外原产地采购到国内市场的直接销售，既降低了进口商品成本，又保证了商品的质量和新鲜度。在消费者日益注重“绿色、环保、健康”消费理念的今天，自贸区进口商品直销中心的销售模式能迅速俘获消费者的芳心也就在情理之中了。

2. 自贸区为消费者购买进口商品提供了更多的选择和便利

青年作为电子商务最活跃的参与群体，在网上“淘宝”已成为青年人日常生活中的寻常事。越来越富裕的中国消费者在日益开放的消费环境下，开始越来越频繁的跨境消费和网上“海淘”，这其中的主力军是青年。“跨境通”和“亚马逊”都是利用互联网进行电子商务交易的跨境电商平台。“跨境通”作为自贸区第一家经政府审批的海淘网站平台，“亚马逊”作为国际知名电商平台，两者在自贸区正式落户运营，将为“海淘”的主体——广大青年消费者购买进口商品带来更大的便利、更好的服务以及更多的选择；与此同时，作为电商交易平台，“亚马逊”在自贸区的运营不仅为消费者提供了方便，也为广大中小电商提供了走向国际市场的巨大机会。

3. 自贸区对外资电游、文化等产业的开放可能深刻影响青年人的生活方式

随着自贸区对外商电子游戏生产和销售的解禁，允许外商独资娱乐场所等政策的落地，对外资演艺经纪和外资娱乐等领域都有不同程度的开放。这些领域的对外开放，会开阔人们的眼界，对人们思想观念及生活方式的变化产生影响，同时又会丰富民众的精神文化生活，提高民众的生活质量和幸福感，而青年群体是这一开放最大的受益者，原因不言而喻。一方面，青年人是电游、文化产品主要的消费人群，这一领域的开放使青年人的文化消费、业余生活有了更多选择；另一方面因这一领域的开放，众多外资游戏、文化公司的入驻又会给 IT、

软件及文化产业人才提供大量就业机会。以微软 Xboxone 在上海自贸区成立一周年之际在华正式上市为例，此款产品受到游戏玩家们的热烈追捧，其盛况不亚于苹果发售 iphone 新品时情景。面对中国这个庞大市场的诱惑，索尼、倪德伦环球娱乐、盛大等一批跨国文化企业竞相入驻自贸区，对企业、消费者和该领域的青年人才来说，将是一个多赢的局面。

[延伸阅读]

去自贸区淘进口货成消费新习惯

这些“高大上”的进口货在直销中心里卖出的是便宜价。记者　吴恺　摄

对于普通百姓来说，和自贸区最紧密的联系莫过于在这里买进口商品。由于独特的品种供应和优惠的销售价格，一年来，到自贸区淘国际农产品和大牌奢侈品，成为不少市民的消费新习惯。而入驻其中的商户，也从中收获了大把的“红利”。

对老百姓

新习惯　每月去次农产品的“世博会”

越来越多的进口农产品品牌通过自贸区保税展示交易平台进入中国市场，带给市民们的最大实惠就是足不出“沪”就能买到地球另一端的好吃的，更重要的是，这些“高大上”的进口货在直销中心里卖出的是便宜价。自贸区进口商品直销中心，自从开业以来，这里成了“中国大妈”们一个大举“入侵”的新据点。在这里，可以找到斐济的矿泉水、日本的饼干、美国的车厘子以及南美洲的海鲜等，仿佛是一场各国农副食品的“世博会”，也总能看到像世博会一样“壮观”的排队抢购大潮。

来自莫桑比克的彩虹虾，生鲜网站的价格是118元800克，自贸区直销中心则是138元2 000克；来自乌拉圭的牛尾，自贸区的价格是48元400克，生鲜超市则要贵出两成；加拿大的猪肉，直销中心里只要36元/斤，而国内高端的接近100元/斤……虽然直销中心不是免税店，而是完税商品，但直销中心通过与厂商建立直接联系，减少中间流通成本，实现了降价。

顾客白女士告诉记者，她来自浦东新区，是听微信圈朋友介绍才慕名前来，“来这里不是图便宜，主要是觉得进口直销的东西新鲜，质量有保证。”白女士说，自己住在东方体育中心附近，开车过来不到半小时，感觉并不远。“自从来了第一次以后每个月都会来一到两次。后来，这里周末又增设了营业时间，就会和家里人一起来自贸区看看，买龙虾回去烧，请朋友们来吃，再配几瓶红酒和进口食品。就像逛大超市，现在来自贸区都成了一种习惯。”

新信任　一场奢侈大牌的靠谱“海淘会”

除了农产品的“世博会”，自贸区还能让消费者有实物又有实惠地买到各种奢侈大牌。市民刘小姐原本是“海淘”一族，有时也会在网上和微信朋友圈里找自认为靠谱的“代购”卖家。不过，“海淘”时出现的尺寸不对板，或是“代购”界传出的假货遍天下，常常让她觉得心烦。“后来，看到微信里说自贸区有家购物中心专门销售大牌奢侈品，就去看了看，没想到超乎我的预期。”

Bottga Veneta的牛皮编织包，原价22 000元，折后价17 600元；Celine购物袋自贸区售价5 600元，比国内专柜足足优惠了六折；Gucci女士皮带，自贸区售价2 000元，是国内专柜价格的三分之二……由于抛去了中间环节，刘小姐最直接的感受就是价格上的优惠，同款价格可以做到市中心商场的七折左右。在自贸区的这家森兰商都，刘小姐逛得惊喜不已。一口气买了一个大牌购物袋、一副太阳眼镜以及一条皮带。“这里的商品都是需要‘验明正身’之后才能进入保税展示交易平台进行展销，除了价格讨喜，品质更让我信任。”

对商户企业

入驻便利了

不仅仅是老百姓，直销中心里入驻的这些商户也享受到了不少“红利”，在自贸区里做买卖，带给他们更大的市场空间和更多的商业机会。

首先，注册成本降低是这些中下商户扎堆自贸区的动力之一。按照自贸区企业准入规定，除了银行、证券、基金、保险等行业以外，大部分企业注册时改实缴资本为认缴资本，并且取消最低出资规定，也就是说，企业可以自主决定注册资本的金额，以及在何时、以何种方式缴纳。这项规定在很多人眼里，等同于“零首付注册”。

初次创业的齐先生在自贸区注册了一家公司，并加盟了自贸区保税展示交易平台，销售美国农产品，他告诉记者，“注册资本由‘实缴’改为‘认缴’，意味着企业可以自主决定其注册资本的首次出资比例、出资期限等，这不仅大大降低了我们企业设立时的资金门槛，同时也有助于提高公司资金的运转效率。”他还表示，工商注册更加便利，也降低了公司设立的资金成本，大大减轻了自己作为初次创业者的负担。

风险降低了

与此同时，报关上的创新监管措施让不少公司感觉到，最大的受益是风险大大降低。自贸区内一家红酒专卖店的店主吴女士说，作为自贸试验区新型监管模式“先入区后报关”的试点企业，享受到了凭进口舱单信息将货物提运入区，再在规定时间内向海关办理手续的便捷，由此减少了近10%的物流成本。

另外，他们以前在保税区时，进口10万瓶红酒必须把所有关税交齐才能出关，现在只需要交1 000瓶的税就可以，剩下的可以后期补齐，极大缓解了资金压力。

吴女士说，作为一家中小企业，自己要完全独立建立销售渠道有一定难度，但通过加入进口商品保税展示交易平台，对他们来说就降低了进入中国市场的门槛。“对我们而言，如果某款红酒在平台上展示、销售不佳或未实现销售，在保税模式下，可灵活返回区内并转口境外重新做全球调拨，避免了中间销售环节和税收损失，大大降低了我们的风险成本。”

生意兴隆了

这家红酒店主吴女士还告诉记者，以前他们都是自己出门主动拉客户，现在因为自贸区的知名度，许多客户“慕名前来”，带来了很多生意。

不少企业还把自贸区当成宣传的重要招牌。“我们隔壁还有一家外地的上市公司，他们跑来自贸区注册了一家企业，回去宣传自贸区政策，结果股市大涨。”

来自浙江绍兴的何先生说，长三角的商人把上海自贸区的成立，看成和当年深圳特区成立一样的机遇，“我的父辈错过了那次机遇，而我不打算再错过”。

三、自贸区对青年的挑战

毋庸讳言，上海自贸区产业集聚的特点决定了其对人才的需求主要集中于金融、贸易、航运、物流、IT及文化产业等高端人才，从目前在自贸区内就业人员的年龄结构看，也是以青年人为主。而从目前上海青年人才的供给情况来看，与自贸区发展的要求存在不小差距。这既是青年的机遇，也对上海青年提出了挑战。

（一）知识技能：自贸区需要高端、专业复合型人才

上海自贸区产业结构集中于金融、贸易、航运、物流、IT及文化产业等高端服务业。这些行业对从业人员的素质要求普遍较高，不但要求员工精通专业知识，同时自贸区的对外开放度也要求员工具备较高的外语沟通能力；又由于自贸区还处于初创期，大量企业也是刚进入自贸区不久，企业急需的不仅有专业人才，还需要一批既通专业又懂管理的中高级复合型人才。从人才供给情况来看，目前市场能够提供的符合企业要求的专业人才和中高级复合型人才还是比较紧缺的。

（二）国际视野：自贸区需要既了解国情又熟悉国际商业规则的融合型人才

上海自贸区对内对外开放的性质决定了大量企业的经营要面对国内国际两个市场的竞争和挑战，这对企业员工特别是管理者提出了很高要求，需要既了解国内市场状况又熟悉国际通行商业规则和国际市场特点。而目前面临的问题是：国内教育背景的人才往往缺乏国际经验，海归人才的本土化程度又有所欠缺，引入高层次的国际人才又面临国际竞争激烈、国内个人所得税税率较高、缺乏政策吸引力和国内环境污染较严重等客观条件的限制。

(三) 创新能力：自贸区需要既熟悉常规业务又具有开拓精神的创新型人才

上海自贸区肩负着探索国家经济结构“转型升级”的重要任务，落户自贸区的企业是探索“转型升级”的主角。自贸区“转型升级”的任务能否完成很大程度上取决于企业在经营管理上的创新能力能否适应国际国内环境的变化，而企业的创新需要有一大批具有业务和管理创新能力的人才。这也是目前困扰着企业和政府的一大难题。

(四) 综合素质：自贸区需要心理素质好、抗挫折能力强的“高情商”型人才

入驻上海自贸区的企业大多还处于草创阶段，企业员工普遍面临工作任务重、工作压力大的问题。另外由于自贸区位于原外高桥保税区，地处较偏僻，通过访谈，我们了解到，由于大量企业进驻自贸区。上下班高峰期交通堵塞问题相当严重。如何缓解工作压力、乐观面对困难，是目前已经选择在自贸区发展和希望将来在自贸区发展的青年人必须认真思考的问题。只有具备良好心理素质、勇于面对问题克服困难的人才能够保持良好的工作状态，受到企业的欢迎。

个案访谈 1(自贸区某银行经理)

问：自贸区成立后，自贸区工行对人员需求量有什么变化？

答：我们属于工行下设的二级银行，所以我们的人才招揽需要得到上级银行的权限。就我们行里目前的情况来讲，我们业务发展非常快，在用人方面最大的感触是，我们对于人才的复合型要求还是蛮高的。尤其是现在这个状态下，大家都属于一个创业阶段，你平时那样一个萝卜一个坑的做事，不能满足发展需要。很多时候你需要兼顾其他的一些东西，所以对于复合型人才的要求还是比较高的。在这个状态下，我们觉得越全面的人才发展得也就越好。在目前这个阶段，这点还是蛮明显的。这种复合型人才在自贸区就会经常体现在一人多岗，需要跨领域。应届生方面，我们工商银行分行招聘会比较多，自贸区也会有人分配过来。我们今年有四个部门，都接收了应届生。我们招揽的人才都是管理培训为背景，然后再进行分配，还是和一般的企业有所差别的。

个案访谈案例 2(自贸区某银行客服经理)

问：在工作中会遇到哪些问题和困难？

答：我作为一个工行的青年员工，以前是市区一个分行的客服经理，

负责融资这一方面，自贸区分行成立之后需要一批青年员工，我通过行内应聘，到了自贸区分行工作。

在自贸区这个创新的地方，金融创新是一个亮点，我认为它也是一个难点。因为一切的经济活动肯定是离不开金融的，肯定离不开银行这个机构的参与。银行给予企业的融资，或者说是政府对于企业的一个监管也好，监控资金的反洗钱，反逃税，这方面的监管要求比较严格，落到我们基层员工身上的担子就很重。就像我们基本员工，本来柜员可能就是简单的开户和资金的划转，但是现在我们还得肩负起擦亮眼睛，去核查我们的一些客户是不是符合我们自贸区政策的一些要求。因为自贸区这样一个窗户一开，可能就会鱼龙混杂，好的坏的都会进来。可能有些顾客会不明就里，认为自贸区是不是就完全是一个自贸区，是不是我们的政策就不管啦，相当于境外的一个地方。是不是可以说外汇进出都是自由的啦，我做洗钱没关系，做房地产也没关系。其实肯定不是这样的，所以一方面我们要监控一些坏人，让他不能做坏事，另一方面我们还要起到一个引导作用。我们承担了很多政策解读方面的工作，告诉顾客我们自贸区是怎样的，我们的金融政策是怎样的。哪些是创新的？哪些事肯定不能做的？

我们对人才的要求也是很高的，要求复合型人才。这里我把它量化一点，我觉得就是说不管你做哪个方面，业务方面能力肯定是很重要的，所以说像我们第一批过来的人都是希望招一些熟手，就是原来做这一方面业务的人，不需要经过长时间的培训，就可以适应这个要求，因为自贸区一开放，企业注册的量就会特别的大，所以说企业对于这种金融服务的需求也是特别的多，希望这些人来了马上就能用。第二个就是我们自贸区的一个特殊性，它联通我们的境内和境外，不仅对能力，对于语言这方面也是有很高的要求的，所以在招聘启事上也有很大的体现，会有这么一条，就是语言能力很强的，能够用英语自如地进行邮件、面谈和电话的交流。还有一点就是对于人的文化的整合能力要求也很重要。境外的金融客户对于我们境内的金融政策不是很了解，对于一些术语啊行话啊，怎么对他们解释，他们都不是很懂，他们也不理解，包括他们的一些文件可能我们意思是明白的，但是真正要表达的意思还是不是很理解。以前没有碰到这么多的境外客户，所以说这一方面也是需要探索的。最后一个就是一个抗压能力，作为一个创新工作嘛，我们的加班会很多，包括一些客户的投诉，自己的工作量会一下子大起来。还有个困难就是港区这个地方要么不堵车，一堵车就是堵半天，很麻烦的。主要是交通问题。

四、思考和建议

(一) 对自贸区的宣传应更“接地气”,更具针对性

通过对调查问卷的分析,我们得知,不同政治面貌、不同教育程度、不同职业的青年群体大多对自贸区有一定了解,但了解程度及对自贸区能够给自己提供机会的认识则存在一定偏差。值得注意的是,表 2.11 表明受教育程度越高,选择自贸区能够提供职业发展机会和创业机会的比例越低;表 2.12 和表 2.13 均表明处于体制内的政府机关/事业单位工作人员及国有、集体企业员工在机会选择上有 50%以上选择了购物,选择职业发展机会及创业的均只超过二成;在校大学生及三资企业员工选择职业发展机会及创业的比例相对较高。

自贸区是高端生产性服务行业如金融、航运、物流及国际经贸等产业的聚集之地,对高端人才的需求量大面广。但恰恰是高端人才较集中的受教育程度较高的群体(政府机关/事业单位及国有企业亦是高端人才较集中单位)对自贸区提供的职业发展机遇认同度较低。这一方面说明享受较稳定生活福利待遇的体制内人员在面对自贸区提供的职业机会时表现较为保守,另一方面也说明由于人们对自贸区的了解主要来源于主流新闻媒体的宣传,而这些宣传更多集中于自贸区“高大上”的一面,如“负面清单”的意义,政府职能改革取得了多少成果等;对自贸区与普通人的关系、对普通人的影响,媒体除对自贸区购物有过较密集的报道外,在其他方面着墨不多。我们认为,应当选择青年人更容易接受、更接地气的角度宣传推广自贸区,使青年群体更多了解自贸区能够给自身带来哪些机会,可能给自己的生活带来哪些影响和变化,从而使青年个体根据自身实际情况更准确地判断和评估自贸区这一改革新生事物对自身的影响。

(二) 将自贸区人才培养与高等教育改革有机结合起来,促使高校加快专业和课程设置改革

从问卷调查分析结果看,在校大学生对自贸区有着较高的了解程度并且对在自贸区就业或创业均有着较高的期望值。而目前国内高等教育质量与自贸区发展的要求还存在较大差距,建议高校的教育改革要走出“象牙塔”,在深入研究符合自贸区需要人才特点的基础上,积极开展与政府及企业的合作,有针对性地培养自贸区需要的人才:

1. 建议搭建制度化、规范化的高校与企业等用人单位的沟通平台

通过该平台,在政府部门的引导沟通下,用人单位和高校可以互通信息,充分发挥高校优势,尽快建立起以满足用人单位需求为导向、企业为主体、多方合作的人才培训项目来培养自贸区所需要的专业化高素质人才,以弥补正规学历

教育在满足自贸区人才需要上时效性的不足。

2. 改善专业和课程设置结构，培养合格的自贸区所需人才

当前高校尤其是一些应用型专业课程普遍存在内容过时、理论与实践脱节的问题。在与自贸区发展关联度较高的一些专业及课程设置上，如经贸、物流、金融等专业，应理论与实践并重，适当提高实践类课程比重和课时。从专业设置和制定培养方案开始，高校应积极与企业开展密切合作，深入了解企业的用人需求，以便对专业和课程设置做到有的放矢，真正符合市场和企业的需要；对学生的评价，应成绩与能力并重，不仅仅拘泥于学生的学习成绩，还应加强对学生参与社团活动、公益活动、社会实践及实习的考核，通过制度因素激励学生综合能力的提高。高校还应鼓励学生创新思维，挑战权威，培养学生的创新能力和创新精神，以满足自贸区作为"创新高地"对创新型人才的需求。

3. 完善学生实习实训环节，使学生实习实训真正成为培养自贸区人才的蓄水池

当前高校应届生的实习实训环节普遍存在学生应付、教师放羊、学校放任的局面，造成资源的极大浪费。高校应重视对学生实习实训基地的建设，积极与自贸区企事业单位、社会组织等机构开展合作，组建长期化、规范化的实习实训基地，并健全学生实习实训的管理和监督机制，使学生通过实习实训的锻炼，既完成书本知识与社会实践的融合，又为即将步入社会迈入职场生涯做好准备。而自贸区用人单位亦可通过学生实习为自身的人才储备做好准备。

（三）政府、学校、社会形成合力，营造鼓励创新、创业的环境和氛围

中国虽然已经成为GDP位居世界第二的经济大国，但创新能力低下、创业率不高确是不争的事实，缺乏创新已经成为阻碍中国经济"转型升级"的主要障碍。上海自贸区作为国家新一轮改革开放的创新制度安排，要继续取得成功，需要政府、社会各界的大力支持。上海自贸区作为"创新高地"，需要大批创新型人才。如何获得创新型人才，对以培养高端人才为己任的高等院校提出了很高要求；如何吸引创新型人才，有关政府部门应合力打造有利于吸引人才的土壤环境，增加自贸区对国际性高端人才的吸引力；同时还应强调的是，政府、社会、学校应共同努力，营造鼓励创新与创业、宽容失败的环境和氛围。只有在一个宽松宽容的环境氛围中，人们才敢于创新和创业，因为只有在这样的环境里，创新、创业者才有可能付出较低的机会成本从而敢于轻装上阵，即使遭遇失败，也可以轻松地告别过去再出发。

如何营造一个理想的创新、创业的环境，既是全社会面临的共同任务，也是自贸区最终能否成功的试金石。建议从以下几方面入手：(1)政府应在政策、制

度安排上作出努力：如对自贸区创新型企业、创业者的制度性扶持，包括税收、融资等方面的支持；对创新、创业失败者的兜底性的制度性补贴或救济措施等；(2)高等院校在开展 MBA、EMBA 等教育项目的过程中，应注重经济效益与社会效益并举，支持自贸区创新、创业者接受 MBA、EMBA 教育并考虑给予学费的减免等；(3)行业协会等社会性组织应发挥自身优势，将市场动态等有价值的信息定期向自贸区创新企业及创业者进行通报，并将企业在创新、创业过程中碰到的具有普遍性的问题汇总整理给有关政府部门。

第二节　互联网经济浪潮中的年轻一代

在中国经济经历 30 多年高速发展，世界经济走出金融危机阴影的背景下，我国经济增长方式面临转型发展。在此之际，提出深化经济体制改革，鼓励各领域的创新与探索。2013 年，我国网络经济整体规模达到 6 004.1 亿元①，成为国家经济增量的一大亮点。互联网经济是指基于互联网所产生的经济活动的总和，在当今发展阶段主要包括电子商务、即时通讯、搜索引擎和网络游戏四大类型。

互联网经济是信息网络化时代产生的一种崭新的经济现象。在互联网经济时代，经济主体的生产、交换、分配、消费等经济活动，以及金融机构和政府职能部门等主体的经济行为，都越来越多地依赖信息网络，互联网应用俨然成为生活中不可或缺的一部分。我们不仅可以从网络上获取大量经济信息，依靠网络进行预测和决策，同时还能在信息网络上进行交易等行为。

说到中国互联网，接触过网络的人脑海中便会浮现两个字，无人不知无人不晓的万能“淘宝”。淘宝作为阿里巴巴集团旗下专业网站，主营 B2C、C2C 业务，属于互联网经济的一部分——电子商务。令人兴奋的是，在 2014 年 9 月 19 日晚，阿里巴巴登陆纽交所，证券代码为“BABA”，发行价格为每股 68 美元。这项交易成为全球范围规模最大的 IPO 交易之一。

阿里巴巴的成功，不仅因为中国有大量的工厂、供应商和客户，被称为“世界工厂”。还倚仗一个很重要的因素：中国的消费者是全球最活跃的网购群体，特别是年轻的一代。中国网民平均每月在线购物 8.4 次，而美国消费者平均每月购物是 5.2 次。阿里巴巴 2013 年商品交易总额达到 2 400 亿美元，超过美国

① 见新华网：http://news.xinhuanet.com/fortune/2014-05/15/c_1110707690.htm，2014-05-15。

知名购物网站亚马逊与 eBay 的商品交易额的总和。

多数青年和互联网同时代而生，成长中伴随着互联网的应用。今日中国阿里巴巴成功上市，正在崛起中的中国互联网企业已开始吸引全球的目光。风起云涌的中国互联网新贵们，正在改写硅谷统领的互联网帝国版图。阿里巴巴的庞大上市规模已经证明，中国技术创新已不容忽视。阿里巴巴将西方已有的商业模式本地化后建立了庞大的电商帝国，推翻了人们关于“中国不能创新”的迷思。

青年在互联网经济蓬勃扩张的背景中，他们的行为特征为经济发展所关注、他们的创新意识为经济机遇所关注、他们的安全态度为经济挑战所关注。互联网成功的今天离不开青年人的消费贡献，互联网成功的明天更需要青年人的聪慧才智。在互联网经济浪潮中游弋的年轻一代，机遇与挑战并存，把握时代的脉搏，乘风破浪追逐年轻的梦想，为实现“中国梦”而努力。

一、青少年网络行为特征

互联网已经渗透到社会生活的方方面面，成为社会、经济、文化活动和个人生活的重要平台。互联网在青少年群体中的不断渗透，改变着青少年的生活方式甚至思维意识。青少年接触网络的时间越来越长，网络对青少年的影响也越来越深。

根据 CNNIC 第 33 次中国互联网发展状况调查显示，2013 年中国 6.18 亿网民中，25 周岁以下的青少年网民规模为 2.56 亿，占网民总体的 41.5%。青少年群体的网络使用行为对网络娱乐的发展、网络文化的走向，以及手机上网的推广都有着重要的影响。同时，由于青少年网民具有较高的网络使用普及率和活跃的网络娱乐应用水平，也是最可能受到互联网不良信息影响的群体。因此，对青少年群体上网行为的研究也变得更加重要。

通过 CNNIC 第 33 次中国互联网发展状况调查内容，分析当下青少年使用网络的行为特征。分别从上网时长、上网设备、上网地点来作细分研究，能够为政府管理部门制定政策措施、社会各界加强舆论监督、业界制定发展战略等提供支持。

其一，青少年网民上网时间长。青少年每天平均上网时长为 3.0 小时，平均每周上网时间为 20.7 小时。各个群体上网时长各有不同，其中，小学生网民每周上网时长为 10.7 小时；中学生网民每周上网时长为 19.4 小时；大学生网民周上网时长增加至 25.1 小时；非学生群体是上网时长最长的群体，每周平均上网 25.6 小时。

其二，青少年使用手机上网多。青少年手机网民规模达到2.21亿，较2013年同期增长了12.8个百分点，增长率高于2012年。青少年网民中手机上网比例为86.3%，高出整体网民81%的手机上网比例5.3个百分点。移动互联网的发展将促使手机上网比例继续扩大。

其三，青少年多爱在家中上网。截至2013年12月，青少年网民在家里和网吧通过电脑接入互联网的网民比例均有所下降，其中家里上网的比例下降了2.3个百分点，网吧上网比例下降了近7个百分点。互联网快速渗透，使网吧在青少年上网地点中比例越来越低。大学生网民中网吧上网的比例从2012年的33.2%降至24%，而中学生和小学生网民在网吧上网的比例有所增长，其中中学生网民网吧上网比例增加了近4个百分点，小学生网民增加了2.6个百分点。

综上情况，我们可以发现，青少年使用网络的频率和时间在不断增加，这正说明了互联网在青少年群体中的不断渗透，甚至改变着青少年的生活方式和思维意识。除此之外，少年接触网络的时间越来越长，网络对青少年的影响也越来越深。这同时提醒我们需要努力为青少年营造积极向上的文化氛围，打造健康良好的网络环境，使他们得到健康成长的环境。与此同时，随着移动互联技术的高度发展、电子商务力推移动商务以及移动APP项目高速发展，青少年随时随地可以使用手机进行互联互通，完成各项学习或是工作任务，体现了互联网即时、海量、互动的特性，真正实现科技以人为本，科技改变生活的理念。

[延伸阅读]

“NFC手机钱包”打造跨界消费新时尚

在GSMA亚洲通信博览会上，中国移动推出的NFC手机钱包吸引参观者的目光。这种新技术为用户提供“刷手机”跨界消费的新时尚，未来出门不带钱包或许很快成为现实。

中国移动透露，2013年将把NFC手机钱包作为重点业务，加快在全网范围内的规模推广，全年计划销售NFC终端超过千万台。

NFC手机钱包可以将日常生活中使用的银行卡、交通卡、地铁票、门禁卡、会员卡等各种电子卡片应用装载在具有NFC功能的手机中，出门忘带钱包无须再发愁，只要揣着这个特别的“手机钱包”，一切问题都可迎刃而解。

记者在展台看到，中国移动用户只需持有浦发银行、招商银行、中国银行、中信银行、光大银行、上海银行等近10家银行的银行卡，使用符合中国移动规范的NFC手机，通过中国移动手机钱包客户端下载银行卡后就可在星巴克、全家等商家标有银联"闪付"(QuickPass)标识的POS收银机上进行"刷"手机付款，轻松消费。

据记者了解，中国移动将联合中国银联、浦发银行、申通地铁、杉德巍康公司等移动支付产业的积极倡导者与主要推动力量，陆续推出"刷"NFC手机钱包坐出租、乘地铁的服务，并将进一步继续聚焦在金融、市政公交、商户和政企校园四大领域，加快推进NFC手机钱包业务的成熟与规模化发展，助力"智慧城市"的建设。

校车安全牵人心，"行翼通"全方位保障

校车安全是全国关注的热点问题，移动互联网的新技术，将为莘莘学子开启一张"保护伞"。

在展会上展出的"行翼通"，是中国电信为了提高校车安全，与上海汽车商用车有限公司合作研发出的全球首款全网智能价值解决方案。

通过装置在车辆中的各种传感器、高清摄像头、天翼3G通讯模块，能将车辆行进时的状况及时准确地显示在远程监控平台上。

在展台上，观众可以通过监控平台，实时看到校车的行驶速度、位置、车内学生人数等信息，还能看到车内外的视频图像。

在校车"行翼通"的设计方案中，安全始终贯穿始终。除了对车辆本身的安全性监控外，孩子们的人身安全也是设计人员最为看重的关键因素。

据了解，目前上海一些学校试点"电子校徽"，如果这个新应用和"行翼通"结合，学生佩戴的"校徽"上装有RFID芯片，而校车内也装有RFID识别终端，每次上下车，终端都会自动识别学生信息，并将信息通过短信发送给学校和家长，这样家长们可以了解孩子的出行情况，司机也可以判断是否所有学生都已安全下车，从而避免安全事故。

除了简单的上下车信息，家长们还可以通过拨打客服电话，自动输入车牌号码查询或选中孩子所乘车辆进行实时跟踪，了解校车的动态运行轨迹，并显示车辆的速度、行驶方向、行驶里程等信息，甚至校车预计多久到达下车地点，也可以做个预估。

摘自新华网，2013年6月26日

二、青年网络消费

2014年5月15日，由中国互联网协会、中国互联网络信息中心(CNNIC)联合组织编撰的《中国互联网发展报告》(2014)在京发布。

《报告》称，网民接近总人口一半，突破6亿。2013年新增网民5 358万人，普及率为45.8%。截至2013年底，我国网民规模达6.18亿，手机网民规模达5.006亿，2013年新增8 009万人，同比增长19%。

从上网设备来看，网民使用手机上网的比例上升至81%，使用台式电脑和笔记本电脑上网的比例略有下降。受上网设备多样性和网络接入便利性的影响，各场所使用电脑上网的比例进一步下降。家庭成为网民首选上网场合。中国网民的人均每周上网时长达25小时。

值得注意的是，电商用户规模突破3亿，移动商务现巨大市场潜力。2013年，消费者的网络消费意识提升，社会化网购因素为网络购物市场注入新的活力。截至2013年底，我国网络购物用户规模达到3.02亿，较上年增加5 987万人，增长24.7%，使用率从42.9%提升至48.9%。

《报告》还说道，2013年移动互联网技术和应用的迅猛发展，促进移动商务市场爆发出巨大的市场潜力。手机网络购物在移动端商务市场发展迅速，用户规模达到1.44亿，手机网购的使用率由13.2%提升到28.9%。手机购物正成为PC端购物的渠道补充。2013年46.1%的网购用户有过手机购物行为。“双十一”淘宝总交易额达350.19亿元，其中53.5亿元来自手机淘宝。①

信息时代，互联网触及人们生活的各个角落。民众使用网络已成为生活习惯，中国网民人数在不断扩大。青少年作为中国网民的重要组成部分，占到将近一半的人数规模，他们在网络上的行为方式将会影响未来互联网的走势与发展，他们所表现出的行为特征值得我们去关注。

通过一系列的数据，我们可以发现，互联网发展至今，走过了PC到移动手机的转变。电子商务等互联网经济更加关注移动商务市场的发展，青少年已从过往台式电脑、笔记本电脑上网购物走向可以随时随地上网的移动客户端。通过手机客户端进行网络购物消费已成为一种时尚、便捷的网络购物消费方式。

---

① 见《科技日报》，http://finance.chinanews.com/it/2014/05-20/6189102.shtml，2014-05-20。

表 2.11　青年网购月均消费统计

网购金额	频率(次)	占比(%)
500 元以下	1 123	48.3
501—1 000 元	736	31.6
1 001—3 000 元	376	16.2
3 001—5 000 元	63	2.7
5 001 元以上	28	1.2

在对青少年网购月均消费的统计中，我们可以看到，每月在网购上花费"500 元以下"的青年人群占多数，占总体调查样本的 48.3%；每月网购花费"501—1 000 元"的占 31.6%，每月花费"1 001—3 000 元"的占 16.2%；每月网购花费"3 001—5 000 元"的占 2.7%；每月网购花费"5 001 元以上"的仅为 1.2%，青少年网购月均消费在 3 000 元以内占到了绝大多数。

青少年每月日常消费中，网络购物金额占到总消费支出相当大的比例，青少年热衷于网络购物这种消费形式。其优点在于：

一是可以随时随地"逛商场"，购买商品不受时间和空间的限制。对于现代职场的青年男女，周中工作繁忙，没有更多的时间去逛商场，所以网上购物成为了首选。可以在网上尽情的挑选，不受时间的限制。

二是获得较大量的商品信息，可以买到当地没有的商品。在现实中，青年群体收入较少，喜欢货比三家选择性价比较高的商品。但在网上，可以慢慢地挑选，同时可以买到当地没有的商品。

三是网上支付较传统现金支付更加安全，可避免现金丢失或无法退款的尴尬。通过网上银行支付既方便又安全，保障资金安全，在退货时能及时收到相应款项。

四是足不出户，快递送货上门，享受便捷，既省时又省力。特别是酷暑严寒，在家舒舒服服就能收到快递，不满意就可退货及时发还卖家，省去在实体店逛街的劳累。

综上可以看出，网上购物突破了传统商务模式的障碍，无论对市场、商家还是消费者都有着巨大的吸引力和影响力，在新的市场经济时期无疑是吸引青年积极参与消费的良好途径。

在对青年网购消费因素分析中，我们发现，选择看中"产品质量"的占 42%；选择看中"商品评价"的占 22.8%；选择看中"便捷性"的占 21.2%；以上三项位列前三位，其次分别是看中"售后服务"的占 9.5%；看中"品牌"的占 2.8%；

表 2.12　影响网购消费的因素

影响因素	频率(次)	占比(%)
商品评价	501	22.8
售后服务	208	9.5
便捷性	467	21.2
产品质量	925	42.0
品　牌	61	2.8
客服服务	9	0.4
其　他	29	1.3

看中“客服服务”的仅占 0.4%；“其他”项的占 1.3%，考虑因素有价格等。

青年在网络购物时最在意的是商品质量，产品质量是商品销售的生命线，只有保证产品质量为前提，才有更好的销路和口碑。网络购物不同于实体店销售，商品无法触及，主要以图片、视频等方式展示商品内容，这时候良好的口碑无疑可以增加消费者的购买信心。网络商品评价是基于过往消费者对该商品的描述情况，卖家服务态度、产品质量、售后服务、快递服务等多方面作出的价值判断。有了前人的经验，后者购买时就有了参考。在之前的网络购物优势中讲到，快递服务便捷，使消费者无需出户便可轻松买到心仪的商品。面对具有明显优势的网络购物消费模式，使得追逐便捷、舒适化的年轻一代趋之若鹜。

三、互联网经济机遇与青年创业

在中国政府大力推进创新驱动发展战略、重点支持扶助中小微企业发展的背景下，阿里巴巴的上市无疑具有非常典型的示范效应。马云创业之时身无分文，经过 19 年到身价千亿，并且阿里巴巴推动的是中小企业的成长，这让马云成为创业市场的典型代表，带来中国新的一轮创业浪潮，网络创业正在实现千万青年人的梦想。

（一）互联网经济创造就业机会

有关互联网经济新闻梳理：

2013 年 8 月 15 日，国务院发布《关于促进信息消费扩大内需的若干意见》，意见提出，到 2015 年，信息消费规模超过 3.2 万亿元，年均增长 20%以上，带动相关行业新增产出超过 1.2 万亿元，其中基于互联网的新型信息消费规模达到 2.4 万亿元，年均增长 30%以上。

8 月 17 日，国务院发布《关于印发“宽带中国”战略及实施方案的通知》，到 2015 年，固定宽带用户超过 2.7 亿户，城市和农村家庭固定宽带普及率分别达到65%和30%。3G/LTE用户超过4.5亿户，用户普及率达到32.5%。

10月25日，国务院总理李克强主持召开国务院常务会议，部署推进公司注册资本登记制度改革，降低创业成本，激发社会投资活力。取消有限责任公司最低注册资本的限制。

10月28日，百度金融产品“百发”上线。据称年化收益率将高达8%，但随后遭市场质疑，11月2日证券会辟谣百度未涉足基金销售不违规。

10月31日，李克强总理在中南海主持召开的经济形势座谈会上为马云“点赞”。这次会议邀请了阿里巴巴的马云。李克强说，新经济不仅仅解放了老的生产力，更主要是创造了新的生产力。中国经济要“爬坡过坎”，必须加快结构调整，大力培育新兴增长点，这样才能使中国经济提质增效、行稳致远。

11月1日至6日三中全会前一周，习近平、李克强等中央政治局常委先后外出考察调研，释放出一系列深化改革信号。在调研中以“高频率”谈到的转变经济发展方式、创新驱动、重视民生等问题。

11月3日，央视新闻联播头条报道互联网思维正在改造中国的制造业。节目中对小米、海尔两家公司如何研发和改进产品进行了报道。

11月7日，“三马”(马云、马化腾、马明哲)聚首复旦大学，参加众安在线财产保险有限公司的启动仪式，互联网金融再掀涟漪。

2014年9月19日晚，阿里巴巴登陆纽交所，证券代码为“BABA”，价格确定为每股68美元。这项交易成为全球范围内规模最大的IPO交易之一。

……

这些新闻如果割裂开来看并没有多大的关联，但如果连起来看就会发现背后的关联性。为什么高层会对互联网经济如此开放包容，互联网经济到底会对中国经济产生哪些重大而深远的影响呢?

互联网经济被重视，最大的影响莫过于互联网经济是解决就业难题的重要支柱产业。就业率是衡量一国经济发展水平与政府执政能力的重要标尺，关系经济发展和社会政治稳定的大局，既是经济指标，又是社会指标。李克强总理曾多次表示，“经济发展稳增长的目的就是为了保就业。政府要简政放权，激发市场活力，也是为了增加就业”。

马云在李克强总理主持的经济形势座谈会上提到，阿里巴巴创造了1 200万直接或间接的就业机会，如果未来到10万亿元的销售额，还能再创造850万人物流行业就业。而马云所指的1 200万就业机会并没有将围绕互联网经济而产生的生产流通环节就业机会计算在内。而据测算，2013年开始劳动力新增需求稳定在每年1 000万以上，1 200万就业机会意味着容纳了一年新增的就业人口。而这仅仅是阿里系,如果放眼至整个互联网经济,互联网经济对于就业的贡献度保守估计在20%以上。

中国互联网巨头阿里巴巴在纽交所上市,成为史上最大IPO(首次公开募股)并催生许多行业新贵,再一次引发了公众对择业观的讨论。有人青睐体制外的工作,认为虽然辛苦但空间大,也有人认为还是体制内的工作踏实稳定。

中国青年报社会调查中心通过手机腾讯网对4 710人的一项调查显示,36.7%的受访者表示阿里巴巴成功上市对自己的择业观有一定影响,其中20.1%的人直言影响"非常大"。①

阿里巴巴成功上市,不仅使中国企业站上世界舞台,中国互联网企业的成功,更使千千万万创业者的梦想实现。阿里巴巴旗下淘宝,走过十余年的里程,连接了无数青年的心,淘宝为富有梦想、敢于创新的青年人搭建了创业平台,实现了青年的创业梦想,并为广大青年提供了大量就业岗位机会。互联网经济快速推进,打破成规挑战传统行业,正改变着每一个人的生活,这是一种挑战又是一种机遇。在互联网经济浪潮中的年轻一代,面对经济的机遇与挑战,青年人该何去何从?

(二)网络创业实现青年人的梦想

阿里巴巴在美国上市,以及此前关于在香港还是在美国上市的争论,已带来诸多连锁反应,其中之一就是创业投资市场的热情重燃。清科研究中心10月发布的数据显示,2014年第三季度,中国创业投资市场已明显进入快速回升期,投资活跃度接近历史最高点,投资金额创下季度新高。

阿里巴巴上市,让众人的目光投向了互联网产业,关注互联网经济的发展。阿里巴巴成功的背后是创新创业的成功,让世人重视创新创业的力量,只有不断推进新兴生产力的发展,才能保持国家经济活力,实现未来经济的快速发展。互联网经济是个宽广的舞台,有很多机遇可以去挖掘,从中走出的年轻亿万富翁不在少数,例如Facebook的创始人马克·扎克伯格,据《福布斯》杂志保守估计,扎克伯格拥有135亿美元身家,是2008年全球最年轻的巨富,也是历来全球最年轻的自行创业的亿万富豪。他们的成功让更多的青年人看到了机遇,怀揣着梦想走上了创新创业的道路,同时激发了经济发展活力,通过网络创业将梦想化为现实。

---

① 引自《中国青年报》,http://zqb.cyol.com/html/2014-10/14/nw.D110000zgqnb_20141014_1-07.htm,2014-10-14。

表 2.13　青年人创业意向调查

创业意向	频率(次)	占比(%)
是	326	14.6
否	1 891	84.5

在对青年人创业意向调查中发现,选择"愿意创业"的人数占总调查人数的14.6%,而选择"不愿意创业"的人数却高达84.5%,这样的结果出乎我们意料。通过进一步的调查访谈了解到,之所以这么多青年不愿意创业主要受到以下几种因素的影响。比如家庭观念,父母对于子女工作求稳的心态导致在择业时优先考虑公务员、国企等单位,而放弃了创业理想。此外资金条件、政策扶持力度不够也是制约青年人跨出第一步去尝试创业的重要因素;同时,身边人创业的失败、缺乏良好的创业平台和创业项目或是找不到志同道合的伙伴等原因而放弃了创业的选择。

表 2.14　选择网络创业的因素分析

影响因素	频率(次)	占比(%)
高收益	144	6.8
低门槛	1 102	51.7
市场前景好	333	15.6
创业风险低	413	19.4
其　他	137	6.4

在对青年人网络创业意向的调查中,我们发现,对于网络创业青年人充满着较高的热情,对于"新鲜事物"青年人总有好奇大胆尝鲜的心态。在对选择网络创业人群的调查中,我们看到,他们之所以选择网络创业这种创业方式,主要取决于网络创业的"低门槛",选择这一项的人数比例达到51.7%;其次是"创业风险低",占19.4%;第三是"市场前景好",占15.6%;看中"高收益"的占6.8%,位列其后。这组调查数据,充分反映互联网经济下网络产业破解传统创业模式的瓶颈,突破以往青年人敢想不敢做的困局,为青年人实现梦想搭建低门槛的平台。

在对网络创业项目的调查中,可以看到,选择"开设网店"占66.7%,占绝对多数;接下来依次是"网络代购"占11.2%;"开班网站"占8.8%;"网络写手"7.5%;"APP程序开发员"占2.8%;"网络歌手"仅占1.6%。开设网店、网络代购均属于"淘宝"模式下的网络创业,两者相加比例达到77.9%,这也充分印证

表 2.15　网络创业项目调查

创业方式	频率(次)	占比(%)
开办网站	189	8.8
开设网店	1 437	66.7
网络写手	162	7.5
网络歌手	35	1.6
网络代购	242	11.2
APP 程序开发员	60	2.8
其　他	30	1.4

了阿里巴巴、中国电子商务、互联网经济发展的成功。但与此同时,互联网经济下的网络创业不再单调,例如网络游戏开发、APP 程序编写、网络写手、网络歌手、私人订制等项目正如雨后春笋遍地生根发芽,茁壮成长。

表 2.16　网络创业需要支持类型统计

支持类型	频率(次)	占比(%)
技术支持	391	18.6
政策支持	351	16.7
资金支持	665	31.6
平台支持	667	31.7
其　他	27	1.3

在进一步对网络创业者的调查中,我们了解到,对于网络创业最需要的支持有"平台支持"、"资金支持"、"技术支持"、"政策支持",占比分别是 31.7%、31.6%、18.6%和 16.7%。平台支持和资金支持成为了关键,看来年轻的"网创"人更需要环境和资金的支持。这从一个侧面反映"网创"一族需要政府在鼓励创业方面给予网络创业者更多的资金支持。除此之外,构建网络创业大环境,创设更多类似"淘宝"这样的优秀平台是互联网创业成功的关键所在。

2014 年 9 月 11 日,李克强总理在第八届夏季达沃斯论坛致辞中倡导:"掀起大众创业、万众创新的新浪潮。"①9 月 17 日上午,李克强主持召开国务院常务会议,部署进一步扶持小微企业发展、推动大众创业万众创新,决定全面建立临时救助制度、为困难群众兜底线、救急难。在中国政府大力推进创新驱动发展战略、重点支持扶助中小微企业发展的背景下,阿里巴巴的上市无疑具有非

① 引自新华网,http://news.xinhuanet.com/politics/2014-09/11/c_1112430855.htm。

常典型的示范效应。互联网新经济已成为引领消费、扩大内需、提振经济的新引擎。

四、互联网经济创新与青年理财

在过去的2013年，以余额宝为代表的以互联网为平台进行的金融行业异军突起，因其具有门槛低、便捷度高等特点很快吸引民众参与，互联网金融投资进展火热。同时，此种现象的出现也引起各界关注，新型投资方式和年轻一代有着何种关联，我们试着去探寻。

（一）互联网金融挑战传统金融业

近几年，随着移动支付的快速发展，带动了第三方支付业务的发展。这种互联网支付技术的成熟，使余额宝等互联网理财产品、P2P网贷、众筹等投融资方式得以快速发展。截至3月底，余额宝规模突破5 400亿元。而余额宝在2013年6月才刚刚推出上线，短短不到一年的时间里，余额宝规模就已经跻身全球十大基金的行列。

一直以来，由于我国股票市场连年下跌，其对普通投资者的吸引力已经不大。而由于普通居民从其他投资渠道获得收益的机会又相对较少，银行理财产品门槛相对较高，这就造成我国大多数居民只能将手里的钱以定期存款的形式放在银行。而由于存款利率还没有市场化，居民的储蓄回报率还都相对较低，有的时候甚至低于通货膨胀率。

当余额宝等基于互联网的金融产品出现以后，受到大量资金极为有限的散户投资者的追捧。而一些需要融资的小微企业和个人由于客观原因，融资较为困难，P2P、众筹等新的融资模式的出现也满足了这一受众的需求。美联储前主席格林斯潘对我国互联网的快速发展这样表示：中国把存款利率控制在3%左右，但观察金融市场的利率定价结构不难发现——银行间市场利率在6%左右，如果普通投资者能参与这个市场，而不是把钱存在只有3%利息的银行，投资回报率显然更高。相比之下，人们当然更欢迎6%的回报。

互联网金融的发展，使大量银行活期存款和一部分短期的定期存款转到投资互联网金融产品。这也从一定程度上给以银行为代表的传统金融机构很大冲击，因为目前我国的银行业还是以存贷息差为主要的利润来源。不管是余额宝将大量零散的资金集中起来，再以同业存款的形式回到银行，还是P2P网贷直接通过互联网为平台进行投资，都会给银行带来影响。

传统金融机构面临更多的竞争，最好的应对措施还是主动适应市场，提高自身效率，这对我国金融业的发展是有利的。正像格林斯潘所说："阿里巴巴所做的事情，实际是利用银行间市场与普通存款利率之间的利差来创造收益。这对中国来说是好事，余额宝将是中国金融体系正常化的第一步。”

（二）互联网金融改变青年理财观

2013年，以余额宝为代表的以互联网为平台进行的金融行业异军突起，因其具有门槛低、便捷度高等特点很快吸引民众参与，互联网金融投资进展火热。同时，此种现象的出现也引起各界关注，新型投资方式和年轻一代又有着何种联系呢？

表2.17　理财投资类别统计

投资类别	频率(次)	占比(%)
股　票	192	9.0
保　险	129	6.1
储　蓄	1 047	49.2
基　金	280	13.2
“宝宝”类网络理财产品	325	15.3
其　他	152	7.1

在对青年理财投资类别统计当中我们发现，青年选择最多的理财方式依然以“储蓄”高居榜首，占调查人数的49.2%；其他依次是投资“宝宝”类网络理财产品，占15.3%；投资“基金”，占13.2%；投资“股票”，占9.0%；投资“其他”的占7.1%，最后一项是投资“保险”，占6.1%。对于新型理财方式，以“余额宝”为首的理财产品、借贷、投融资方式异军突起，成为年轻人参与理财管理的一种新途径。当新型互联网金融不断创新和推广，越来越多的青年人参与理财，学会理财，成为掌握财富的主人，让“钱生钱”成为可能。

表2.18　年均理财投资额度调查

金　额	频率(次)	占比(%)
5 000元以下	984	44.6
5 001—10 000元	389	17.6
10 001—50 000元	534	24.2
50 001—100 000元	155	7.0
100 001元以上	141	6.4

以前说年轻一代会花钱，不会存钱，是实实在在的“月光族”。如今丰富多样的理财产品充斥市场，对于刚刚毕业踏入社会工作的年轻人来说，他们在消费的同时又有多少是用于投资了呢。通过对青年年均理财投资额度的调查，我

们可以看到，年均投资额度在“5 000 元以下”的占到 44.6%；选择投资额度在“5 001—10 000 元”之间的有 17.6%；选择投资额度在“10 001—50 000 元”之间的有 24.2%；选择投资额度在“50 001—100 000 元”之间的有 7.0%；最后选择额度在“100 001 元以上”的有 6.4%，把较多个人资产用于投资理财的人数并不少。从投资理财额度对比人均年收入来看，青年人用于投资理财的比例不高，主要是因为：年轻人刚刚毕业踏入职场，所要承担的社会压力、生活开销非常大。工作在外，离开父母的支持，全靠自己收入养活自己。工作的前几年，工作的稳定性、薪资水平较低严重制约了生活开销。此外城市较高的生活水平让更多的青年人选择了离开，面对这些，年轻一代能用于理财的资金并不宽裕。但想到未来的发展，想必投资理财的金额将会不断加大。

在上海上大学的学生小蔡正在使用微信理财通。他说，不仅是因为收益率高于银行储蓄，流动性强、稳定等特色也是吸引他和周围朋友投资互联网金融的原因。“只要投入 4 000 元一天就可以拿到将近五角钱的收益，动一动手指，每天钱生钱都能看得见。”

与传统理财产品的目标客户不同，互联网金融吸引的多为 20 多岁的年轻人。支付宝年对账单项目负责人詹永胜介绍说：“23 岁是使用余额宝最多的群体。23 岁的人一般大学刚刚毕业。按照以往来说，他们根本谈不上理财，更多的可能是省钱，找一份更高薪的工作，让自己过得更好些。对他们来说是整个人生阶段很多经历还没有开始，这样的产品在以前是不可想象的。”

互联网经济的迅猛发展，影响着社会的经济生活，而且猛烈地冲击着传统的思想观念和思维方式，改变着人们的工作方式和生活方式。在改革创新的脚步下，互联网金融产品应运而生，它正改变着年轻人参与投资理财，学会管理财富。相信未来，互联网将是我们生活中不可或缺的一部分。

五、对策建议

通过本次调查，我们清晰地发现互联网正深刻改变着年轻人的生活。身处互联网经济浪潮之中，面对变革的挑战，把握时代机遇是每个青年的愿望。

第一，面向普通青年，要积极引导他们在互联网大形势下树立正面积极的价值观、消费观、理财观。网络时代的一大特点即信息量繁多复杂，互联网经济的崛起在为青年日常生活带来便捷的同时，也为消费和理财带来了更多的可能和选择。同时，80 后、90 后群体是参与互联网经济的主要人群，极易在互联网经济急速发展的这一巨大冲击下形成不理性的消费、理财等习惯。因此，要通过社会宣传、学校教育等途径帮助青年树立正确的价值观，以青年人聚集的微信、微博等网络平台为切入口，切实了解自身真正的需求和购买产品服务的消费能力，积极践行理性消费。

第二，面向从业青年，要重视与互联网经济相关的专业教育和职业教育。政府相关部门、共青团组织要充分调动高校研究人员、行业资深专家等人力资源，为青年进入互联网经济相关行业提供更高质的专业教育和职业教育。有条件的高校可开设相关课程。通过联络举办专题讲座、多渠道进行行业最新动态宣传、加大专题人才市场招聘频度等方式，推动行业内的人才流动，帮助从业青年获得更多就业创业机会。

第三，面向业界领袖，要大力推动行业间及行业与学界的互动交流。一方面，由于互联网金融议题不仅涉及互联网和金融两个极为重要的行业形态，也关系到许多其他行业，因此要努力为不同行业之间开展交流创造条件。这方面，无论是政府部门还是共青团组织都可以根据自身实际发挥作用。其次，要积极推动行业与学界交流。互联网金融虽然是一个商业实践领域的“新生儿”，今后的发展会朝着什么方向，究竟多大程度能够承担起改变世界、改变人类社会的使命还是一个未知数。因此，必须在学术层面加以研究，一方面更好地推动这个领域向前发展，另一方面，也要警惕其对社会的负面作用，及时为政府监管、社会监督提供思路。

第三章　政治的自信与自觉

历史和中外发展的实践证明，无论是资本主义道路还是民主社会主义道路，都不符合中国国情，只有中国特色社会主义才能发展中国。在社会政治生活发生深刻转变，各种政治观点相互激烈碰撞的时代，面对强势的西方价值话语霸权，增强中国特色社会主义自信的重要性日益彰显，政治自信问题比以往任何时候都显得更加紧迫。

我们曾研究过青年的“政治冷漠”、“政治认同”、“政治参与”等问题，“政治冷漠”主要关注于青年的政治不参与，即他们对政治活动不感兴趣，不愿花时间和精力参与某项政治活动，对政治活动的“心理卷入”程度较低；“政治认同”关注到青年对政治系统及其运作的同向性的情感、态度和行为；“政治参与”则是指广大青年作为政治参与的主体，基于对国家的政治、社会生活现状的了解和认识，通过各种具体行为参与国家的政治生活，它包括政治参与意识和政治参与行为两个相互联系的方面。

党的十八大让我们对青年与政治之间的关系有了全新的视角，即青年的政治自信。有人说，有信心或许不会成功，但是没有信心一定会失败。自信，必须建立在实事求是的基础上，是作出客观认知后和科学评价后所产生的优越感。那么，我们的青年对中国特色的道路、理论、制度是否自信呢？我们凭什么自信？如果这个问题没有解决好，就会迷失方向，难以确保党的事业始终在马克思主义指导下，沿着正确道路继续前进，也谈不上坚持和发展中国特色社会主义。

第一节　青年的自信从何而来

一、什么是“自信”？

“自信”是一个心理学概念，表达的是一种对自己身份、能力、成就及价值的信心。从字源上看，“自”即“自己，己身”，“信”即“信从、信任”；“自信”即“自己相信自己”。早在春秋时期，我国古代著名思想家孔子就有“吾心信其成，则无坚不摧；吾心信其不成，则反掌折枝之易亦不能”的论述，指出了自信的重要性。《墨子·亲士》中有“虽杂庸民，终无怨心，彼有自信者也”的记载；《旧唐书·卢承庆传》中亦有“朕今信卿，卿何不自信也”的出处，足见“自信”一词的渊源与由来。英语中的“confidence”一词源于拉丁文的“confidentia”，是指“信赖、相信”，“感到有把握的状态”，“self-confidence”则是“个体信赖自己或自己处境的一种情绪或自觉”。

自信（self-confidence）的定义很多，不同研究者对自信的理解不同，对其所下的定义也各异。学者从各种不同的取向和方位认识、研究自信，根据各自研究所需，对自信概念加以界定。综合各家所言，自信可被视作一个多维整合复杂的系统，包含自我认知与评价、情感体验等成分，属于性格特征中个体对自己的态度范畴，与自我效能感、自尊等密切相关，并和自我概念中的能力、价值判断相关联。一般来说，自信包含能力（competence）和自我接纳（self-acceptance）两个主要维度，能力是指掌握和控制自我及环境的感觉，自我接纳意味着“包含个人承认自身缺点的自我尊重”。

本章要谈论的自信并不局限于个体对自己的信心，而是从政治的视角，探讨当代青年对自身政治信仰、政治理想、政治方向、政治价值所持的积极态度及其表现出的坚定的政治信念，这种坚定的政治信念必然转化为对自身政治信仰的自觉认同和对政治理想的不懈追求。党的十八大提出：“在改革开放三十多年一以贯之的接力探索中，我们坚定不移高举中国特色社会主义伟大旗帜，既不走封闭僵化的老路，也不走改旗易帜的邪路。中国特色社会主义道路，中国特色社会主义理论体系，中国特色社会主义制度，是党和人民九十多年奋斗、创造、积累的根本成就，必须倍加珍惜、始终坚持、不断发展”；“全党要坚定这样的道路自信、理论自信、制度自信！”这种自信，实际上说的就是政治自信。当前，面对前所未有的复杂形势和严峻考验，坚定中国特色社会主义政治自信，无疑具有重大现实意义。

从可操作性层面看，青年的政治自信指的是青年在历史比较与国际比较的前提下，基于个体自身的认知和感受，对我国当前遵循的中国特色社会主义理论、制度和道路的客观评价和主观信心，这种信心既体现为青年对我国政治和社会现状的满意程度及中国未来的看好程度，也体现为青年对自己当前状态的社会定位及自身前景的积极期许。本书正是站在这样的角度，研究了当代青年的政治自信。

二、"自信"在青年身上如何体现?

当前的中国，面临着很多严峻的问题：环境污染、食药安全、物价飙升、贪污腐败、贫富差距、政治民主、社会稳定、社会公正、社会保障、个人隐私泄露……，在上海的青年看来，目前这些社会问题都比较严重。上海青年对以上十个方面的问题就其严重程度进行了评分，1 分代表十分严重，5 分代表十分轻微，结果表明(见表 3.1)，这十个方面的平均分都介于 1.52—2.62 之间。从青年的评分排序来看，他们认为当前中国问题最严重的当属食药安全问题(1.52 分)，其次为贪污腐败问题(1.54 分)和贫富差距问题(1.55 分)，其余依次为个人隐私泄露问题(1.69 分)、物价飙升问题(1.84 分)、社会公正问题(1.96 分)、环境污染问题(2.06 分)、社会保障问题(2.19 分)、政治民主问题(2.50 分)以及社会稳定问题(2.62 分)。

表 3.1　青年对当前社会问题严重程度和对政府在未来 10 年内改善 10 个问题的信心程度的评分

项　目	严重程度(平均分)	改善信心(平均分)
(1) 环境污染问题	2.06	3.30
(2) 食药安全问题	1.52	2.93
(3) 物价飙升问题	1.84	2.80
(4) 贪污腐败问题	1.54	3.41
(5) 社会稳定问题	2.62	3.78
(6) 政治民主问题	2.50	3.43
(7) 社会公正问题	1.96	2.96
(8) 社会保障问题	2.19	3.46
(9) 贫富差距问题	1.55	2.58
(10) 个人隐私泄露问题	1.69	2.75

对承担公共事务管理职能的政府而言，它从来都没有无视、忽视或轻视这

些社会发展进程中的问题，多年来政府不遗余力地投入人力、物力减轻这些城市化、市场化、民主化进程产生的消极副产品。然而，青年作为社会群体中批判性力量的代表，他们对社会问题的质疑从来都是单刀直入、不留情面，这样的直截了当给予我们警醒、鞭策，提示我们的公共管理部门还有很大的进步空间。调查表明，青年确实能够更敏锐地感知、察觉到当前社会运行过程中的问题，表面上看来，他们对自己所处的社会不够满意，但是，当被问及他们对政府改善上述问题的信心时，多数青年却表现出另一种态度。

调查中，青年对"政府在未来10年内改善10个问题的信心"进行了评分，1代表毫无信心，5代表非常有信心，从表3.2来看，大部分青年对问题的改善抱有一定的信心，具体而言，他们对政府改善社会稳定问题的信心最高(3.78分)，其次为社会保障(3.46分)和政治民主(3.43分)，值得关注的是，青年对政府改善贪污腐败问题也拥有较高的信心(3.41分)。此外，青年对政府十年内改善其他问题的信心程度依次为：环境污染问题(3.30分)、社会公正问题(2.96分)、食药安全问题(2.93分)、物价飙升问题(2.80分)、社会稳定问题(2.78分)和个人隐私泄露问题(2.75分)。

以上两组数据中，现状评价代表"现在"，未来信心着眼"将来"。通过对两者的分析和比较，可以获得如下几个有意义的发现：首先，青年对国内当前的社会问题有着清醒的认识，情感上不持乐观态度；其次，青年对政府改善这些严峻的社会问题抱有一定的信心，尽管信心程度仍趋于保守；第三，从两组数据的反差来看，青年对以下几个方面的改善最有信心：贪污腐败、食药安全、社会保障、环境污染、社会稳定。这可能与当前政府的反腐决心、食品安全监管、社会保障建设、环保意识加强，以及媒体宣传、舆论监督等众多因素有关。总而言之，青年在心底也渐渐地构建了一个自己的"中国梦"。

社会的历史发展不能没有社会理想的引导，用哲学人类学家米切尔·兰德曼的话说，人的生命活动"需要一个指引方向的榜样或理想以供参照"。黑格尔也强调对民族的认同感以及在此基础上的"民族精神"，决定着一个国家的独特的历史演进历程。在当代中国，我们需要建构一个既"合目的性"，又"合规律性"的社会理想，用以凝聚人们的民族共识、民族精神和民族自信，促进中国特色社会主义制度的完善和进步。这样一种社会理想，被称为"中国梦"。调查发现，上海青年对于中国梦的解读与这几个词密切相关："幸福"(63.5%)、"富强"(63%)、"有尊严"(44.3%)、"有希望"(42.6%)。青年对中国未来变好的期待和信心从侧面反映出他们对国家发展的自信，自信是助力民族复兴、梦想成真的力量源泉，中国梦的实现过程也是坚定民族自信心的过程。如果将这种自信进行分解,从“三个自信”,即道路自信、理论自信、制度自信三个方面去考察青年的政治自信,会有怎样的发现?

谈及“三个自信”,首先有一个前提性问题,即“三个自信”的科学内涵问题。只有弄清楚这个问题,才能明确我们的自信是否科学,是否值得坚定不移。对此党的十八大报告作出明确的回答:“中国特色社会主义道路是实现途径,中国特色社会主义理论体系是行动指南,中国特色社会主义制度是根本保障,三者统一于中国特色社会主义伟大实践,这是党领导人民在建设社会主义长期实践中形成的最鲜明特色。”党的十八大报告不仅指出了中国特色社会主义道路、理论、制度是紧密结合而不可分割的统一整体,还对三者在统一体中的不同视角、内涵、功能、形态作了区分和界定。道路自信、理论自信、制度自信是三个相互联系但又相互独立的概念:中国特色社会主义道路是从实践的视角去考察的,回答的是实现路径,即走什么路的问题;中国特色社会主义理论体系是从理论的视角去考察的,回答的是以什么理论作行动指南的问题;中国特色社会主义制度是从社会成员共同遵守的办事程序或行动准则角度去考察的,解决的是用什么样的制度坚持和发展中国特色社会主义问题。[①]我们立足于这三个方面,侧面考察了上海青年的政治自信。

在问卷中,我们借鉴了其他学者的问卷设计方式,通过正向和反向两种题型来了解青年的真实看法,如针对“道路自信”,我们在问卷中设计了诸如“宪政民主是中国未来的唯一出路”、“社会主义道路是误入歧途,还不如回到 50 年代”等问题,以获取上海青年对社会主义道路的认同程度和自信程度;针对“理论自信”,我们在问卷中设计了诸如“中国梦属于政治口号,与个人关系不大”、“中国特色社会主义与马克思笔下的社会主义截然不同”等题目,以了解上海青年对社会主义理论的认同程度和自信程度;针对“制度自信”,我们也在问卷中设计了“基于‘一国两制’的制度,中国在‘香港公投’的事件上给予了香港最大的自主权”、“政治体制不改变,中国的前途始终令人担忧”等题项,以反映青年对我国现行制度的认同程度和自信程度。我们让青年对这些表述的认同度进行打分,1 分代表非常不认同,5 分代表非常认同,得分越高,代表青年越赞同这个观点。在“三个自信”的计分方式上,所有的正向题从“非常不认同”到“非常认同”,按照 1—5 方式计分,所有的反向题则从“非常不认同”到“非常认同”,按照 5—1 方式计分,“三个自信”的得分等于该维度所有项目的平均分。结果如表 3.2。

---

① 荣开明:《论“三个自信”的内涵、依据和前景》,《学习与实践》2013 年第 3 期。

表 3.2　青年对社会主义道路、理论、制度的自信程度(满分 5 分)

项　　　　　目	认同程度	自信程度
(1) 宪政民主是中国未来的唯一出路。(—)	3.11	道路自信＝3.42 分
(2) 中国只有接受西方的普世价值才有前途。(—)	2.39	
(3) 社会主义道路是误入歧路,还不如回到 50 年代。(—)	2.22	
(4) 目前改革开放过了头,背离了社会主义方向。(—)	2.60	
(5) 中国梦属于政治口号,与个人关系不大。(—)	2.56	理论自信＝3.27 分
(6) 中国特色社会主义与马克思笔下的社会主义截然不同。(—)	3.10	
(7) 与父辈相比,我们的物质生活有了很大提升。(＋)	3.44	
(8) 与父辈相比,我们的精神生活有了很大提升。(＋)	3.27	
(9) 和父辈的生活反差间接体现了社会主义理论的优越性。(＋)	3.32	
(10) 基于“一国两制”的制度,中国在“香港公投”的事件上给予了香港最大的自主权。(＋)	3.27	制度自信＝3.30 分
(11) 政治体制不改变,中国的前途始终令人担忧。(—)	3.14	
(12) 中国的政治决策在大方向上都是正确的。(＋)	3.37	
(13) 中国的经济决策在大方向上都是正确的。(＋)	3.20	
(14) 宁做国外二等公民,不做中国一等公民。(—)	2.19	

注:(＋)代表正向计分,(—)代表反向计分,“三个自信”的得分等于该维度所有项目的平均分。

可以看到,青年在道路自信、理论自信、制度自信三个方面的得分分别为 3.42 分、3.27 分和 3.30 分,得分介于“一般”和“比较有信心”之间,青年对这三方面的自信程度总体趋向积极,然而,从青年对某些观点的认识来看,应该清醒地认识到在这三个方面一些青年还有需要厘清的观念。

在道路自信方面,有些青年对西方的宪政民主给予了较高的认同。在社会主义民主和资本主义民主的比较中,一些人往往专注于资本主义发达国家,却无意或有意忽略一个基本事实,即西方民主模式在资本主义发展中国家鲜有成功的例子。在当今世界,一些发展中国家全盘接受西方民主模式,结果不仅没有带来政治稳定和经济发展,反而经济危机不断、社会动荡不安、人民饱受痛苦。而中国坚持走中国特色社会主义政治发展道路,经济繁荣、政治稳定、社会和谐、民族团结,与一些照搬西方民主模式的国家形成了鲜明对比。

在理论自信方面,有些青年认为中国特色社会主义与马克思笔下的社会主义大相径庭,中国特色社会主义理论体系与西方马克思主义作为马克思主义在

20世纪世界化和民族化进程中形成的两种理论形态，虽然都具有民族性、时代性、开放性、反思性等某些理论特征上的相似性，但两者之间确实存在着本质的区别。实践与事实证明，西方马克思主义对于西方人的自由与解放道路的探索是一种不成功的理论探索，其理论中充满着浓厚的个人主义和浪漫主义的乌托邦色彩，缺乏现实性。而中国特色社会主义理论体系它立足人民，以辩证唯物主义和历史唯物主义为指导，始终站在时代的前沿，反映时代提出的矛盾和问题，揭示时代发展的规律，因此，中国特色社会主义理论是马克思主义理论的扩展和升华。

在制度自信方面，有些青年认为中国的政治体制不改变，中国的前途始终令人担忧。事实上，几十年来，我国一直在深化政治体制改革，使其既要同经济体制改革深化和经济社会发展相适应，又要同大众政治参与积极性不断增强相适应，同时还要同中国特色社会主义政治发展的本质特征和科学内涵相吻合。青年在这个问题上的担忧主要仍源于党内的贪污腐败问题，调查表明，43.3%的青年表示本人或亲友遇到过“选拔任用干部工作中任人唯亲”的现象；51.5%的青年表示本人或亲友遇到过“人事调配、人员安置工作中托关系走后门”的现象；29.8%的青年表示本人或亲友遇到过“领导干部利用职权为配偶、子女经商谋利”的现象；18.7%的青年表示本人或亲友遇到过“工作人员贪污、挪用公款”的现象；26.1%的青年表示本人或亲友遇到过“党员干部违反规定接受礼金、有价证券等”的现象；18.7%的青年表示本人或亲友遇到过“大宗物资设备、物品采购工作中违规操作”的现象；20.2%的青年表示本人或亲友遇到过“领导干部利用婚丧嫁娶借机敛财”的现象；26.7%的青年表示本人或亲友遇到过“公务人员用公款互相宴请、大吃大喝”的现象……在此所呈现的数据都特意强调了“本人或亲友实际遇到过”而非“媒体宣传”或“听他人提及”，这一系列的数据在排干了水分之后，基本代表了贪腐问题的真实性和现实形势的严峻性，可见，青年所感知到的贪污腐败问题比我们想象中更为严重，因此，深化政治体制改革的问题也显得尤为时不我待。

30多年前，邓小平在党的十二大开幕词中指出：“把马克思主义的普遍真理同我国的具体实际结合起来，走自己的路，建设有中国特色的社会主义，这就是我们总结长期历史经验得出的基本结论。”通过总结历史经验，邓小平对建设中国特色社会主义表示出极大的自信，正是这一自信，30多年来我们坚持中国特色社会主义道路、理论、制度从来没有动摇过。而这30多年来，改革开放的丰硕成果也令青年对中国特色的社会主义道路、理论、制度心存一定的信心。当然，青年在“三个自信”方面的坚定尚需要落脚于建设中国特色社会主义的伟大实践，唯有通过对社会主义优越性的真实体验，才能继续加强青年的政治自信。

三、青年的"自信"从何而来?

从自信的发生机制上说，自信并非与生俱来，而是在个体不断的社会实践中逐步形成的。随着个体的成长，青少年价值观体系逐渐形成，他们会以自我价值观体系为基准，筛选出与自身价值观一致的东西作为评价标准，对自我进行评价。个体将现在自我与过去自我加以比较，将自己的追求与成就加以比较，将自己与他人加以比较，并根据自身行为对自己作出客观判断，在现实生活体验中发现自身的长处和短处，从而选择对自己有利的自我实现方向。通过这种长期的生活体验意义整合，个体逐渐累积内化起较为稳固的自信。可以说，自信是通过对人与环境互动过程中呈现的大量信息的认知加工逐步形成的，而这种自信主要来源于纵向比较（与自己的过去比）和横向比较（与自己的同伴比）。

由此推论，青年的政治自信也同样源自社会比较机制，他们的"道路自信"、"理论自信"、"制度自信"必然来自他们在我们当前的社会环境中所体验到的"优越性"和"先进性"上，具体而言，这种自信来源于：跟历史上的中国相比，当前的中国能让我们感觉到更富强、更民主、更自由；与其他的国家相比，面对中华文明与其他文明的相互碰撞时，我们的人民会感觉更有尊严、更幸福、更有存在感。我们设置了若干个问题——如"如果有机会和条件移民其他国家，您会选择移民吗?"、"您认为今后我国社会群体之间的利益冲突会激化吗"——来间接反映上海青年对中国的信心。调查表明，9.7%的青年表示"肯定会"，19.4%的青年表示"有可能会"，17.2%的青年表示"说不清"，有39.6%的青年表示"不太可能会"，9.7%的表示"肯定不会"。30多年改革开放，使中国迅速成长为当今世界最具活力的地区之一，此间中国青年大规模的社会流动（城市与城市之间、中国与外国之间），是中国社会深刻变革的巨大动力。人才自由流动，是实现社会资源有效配置的重要手段，也是所有发展中国家都会遇到的普遍现象。从数据结果上看，中国青年虽然具有一定的外流倾向，但是仍有近半数的青年表示不太可能会或肯定不会移民，从侧面说明他们对中国的未来尚存较大信心。对于那些肯定会或有可能会移民的青年群体，我们也应当思考，是什么原因让他们倾向于离开故土，选择他国作为自己新的起点？从青年的移民意愿来看，他们最愿意移民的国家或地区依次为：加拿大、大洋洲（36.5%）、欧洲国家（29.1%）、美国（20.9%）、港澳台（5.2%）、日韩（3.1%）及其他（5.2%）。可见，追求健康的自然环境、优越的福利制度、良好的教育资源、较小的贫富差距等可能是青年移民的最主要动力。

(一) 青年的自信源于对个人未来发展前景的信心

从社会稳定角度来看,多数青年认为,我国社会群体之间的利益冲突不太可能激化(46.3%),26.1%表示说不清,17.9%的青年认为可能会激化,只有9.7%的青年认为绝对会激化,这也反映了中国的稳定仍存在较高的民心基础。在这样的前提下,多数青年对自己的未来发展也有着较高的信心。

调查中让青年对自己当前的社会经济地位(social economic status, SES)现状作了评价,同时,请其对自己未来5年内和10年后家庭生活状况的变化分别进行预测。(见表3.3)结果表明,就当前来说,没有青年认为自己的家庭社会经济地位处于社会上层,只有3.73%的青年认为自己目前的社会经济地位处于中上层,认为自己处于社会中层的占20.15%, 41.79%的青年认为自己处于社会中下层,另有25.37%的青年认为自己处于社会底层,8.87%的青年表示说不清。可见,青年对自己的现状总体上并不满意,他们中的大多数将自己定位为处于社会较低层的群体。

但是,当青年对10年后的家庭社会经济地位进行预测时,他们又普遍呈现较高的信心,具体来说,2.99%的青年认为自己10年后会进入社会上层,23.88%的青年认为自己10年后会处于社会中上层,43.29%的青年有信心成为中层,认为自己10年后仍处于社会中下层或下层的仅占15.67%和6.72%,7.46%的青年表示说不清。这种预测与青年对5年内生活状况发生变化的预估是相协调的:12.69%的青年认为未来5年,自己的家庭生活状况会“提高很多”,50.0%的青年认为会“提高一些”,30.60%的青年认为“差不多”,5.22%的青年认为可能会“降低一些”,只有1.49%的青年认为可能会“降低很多”。简而言之,青年普遍看好自己的生活前景。

表3.3 上海青年对自己当前社会经济地位的自评及10年后社会经济地位的预测

家庭社会经济地位(SES)	当前自评(%)	十年后预测(%)
上　层	0.00	2.99
中上层	3.73	23.88
中　层	20.15	43.29
中下层	41.79	15.67
下　层	25.37	6.72
说不清	8.87	7.46

（二）青年的自信源于对个体在群体内部的比较定位

在调研中，我们同样让青年对自己在人群中的水平进行了定位，表3.4呈现了青年对“与同龄人相比，您认为自己当前的经济收入、工作能力、职业地位等方面处于什么水平？”的认识和评价。总体而言，青年对自己工资收入及可支配收入的评价都比较保守，尤其在工资收入这一项，只有10.4%的青年认为自己的收入水平高于平均水平，超过半数（58.3%）的青年都觉得自己的收入是低于平均数的，这样的收入水平与青年的受教育程度并不匹配。但是，从工作能力的自评，对自己发展前景的看好程度以及对自己社会价值的认可程度来看，青年又显示出较高的自信：近半数（47.7%）的青年认为自己的工作能力高于其他同龄人，51.4%的青年认为自己的职业发展前景比同龄人更好。此外，四成（40.9%）青年觉得自己这份职业比其他同龄人的职业更具社会价值。

表3.4　青年对自己当前经济收入、工作能力、职业地位等在同龄人群体中的定位（%）

	上层水平	中上水平	中间水平	中下水平	下层水平
（1）您的工资收入	1.4	9.0	31.3	35.9	22.4
（2）您的可支配收入（含副业或兼职收入、家庭其他成员的收入或投资所得等）	3.0	26.9	25.3	26.9	17.9
（3）您的受教育程度	3.0	30.6	52.2	9.0	5.2
（4）您的工作能力	6.7	41.0	42.5	4.5	5.2
（5）您的职业地位	4.5	17.2	56.7	11.9	9.7
（6）您的发展前景	11.9	39.5	33.5	9.0	6.1
（7）您的社会价值	8.2	32.7	43.3	11.2	6.0

青年群体内部是一个存在巨大差异和分化的群体。改革开放以来，青年中的一部分文化知识高、能力强、人际关系资源丰富的人通过毕业分配或职业流动而进入社会地位较高的行业或职业，从而步入社会分层结构的中、上层。当青年将自己与其他年龄群体作比较的时候，他的弱势感仍占据主导地位，但是，当青年将自己与青年群体与其他同龄人作比较的时候，他的优势感才会在一定程度上被激发出来。现代社会中，很多年轻人的物质条件尚比较贫乏，但他们大多能够忍受暂时的生活艰苦，自强自立，不作啃老族，期望通过自己的努力打拼，赢得一个生存空间和一种基本体面的生活。此外，他们还想着用自己的劳动所得来回报父母。当青年看到自己的努力可以变成工作能力的积累、发展前

景的拓宽、社会价值的实现，那么，他们的政治自信也能在现实的尘埃中开出花朵。

五四时期的青年导师李大钊曾说："青年的命运，就是中华民族的命运；青年的未来，就是国家的未来"，如果青年对自己的未来都没有信心，那么这个民族的明天会好吗？所幸，现实中的问题和困难虽然引发了上海青年的诸多不满，但他们在内心深处仍对自我发展心存信心，这种信心的孕生土壤必然是中国的发展、社会的进步，从这个意义上说，青年对10年后家庭经济地位的预测，青年对现实收入和发展前景的自评，反映的恰恰都是一种对中国稳定发展的信心。

四、青年的"自信"何以坚定？

有学者指出，在当前社会发展的关键期，政治体制改革滞后于经济体制改革的问题更为突出，整个社会陷入了一种广泛的"政治焦虑"。马克思主义值不值得信仰？"中国梦"值不值得追寻？中国的明天值不值得期待？……所有的问题，都引导人们寻思：青年的"政治自信"何以坚定？

（一）提高党员的政治觉悟，增强党员的示范效应

政治自信的培养可以通过榜样示范得以形成。青年通过观察他人行为而获得间接经验，这些间接经验会对其政治自信产生影响：当个体看到与自己水平差不多的示范者获得成功，就会增强自信，认为自己也能完成同样的任务；看到与自己能力相似的示范者遭到失败，就会降低自信，觉得自己成功的希望也不大。对普通青年而言，政治信仰和政治自信往往受到党员青年的感染，因而，党员青年的政治信仰坚定与否，政治自信强烈与否，影响往往比他们自己想象中更为深远。

研究结果表明，与其他青年相比，党员青年在三个自信的评分上呈现统计学意义上的显著差异（见表3.5），这表明，党员青年对中国特色社会主义道路、理论和制度都有较高的认可和信心。但是，党员青年的政治自信尚不坚定，如在对我国现实问题的评分与政府改善信心的评分方面，党员青年与普通青年无异，

表3.5　不同青年对社会主义道路、理论、制度的自信程度（满分5分）

自信程度	党员青年评分	其他青年评分	平均分
道路自信	4.03	3.23	3.42
理论自信	3.91	3.07	3.27
制度自信	4.11	3.05	3.30

这些数据都提示我们，党员青年的政治自信，仍处于意识与行动脱离的层面。思想(认知)上的自信，并不意味着党员青年行为上的政治自信也会高于其他青年。因此，若想坚定青年的政治信心，必须从坚定党员青年的政治自信抓起。

党的十八大政治报告所阐述的不仅仅是对中国特色社会主义道路、理论体系和制度的一种慎重评价，更是对中国特色社会主义伟大实践的一项庄严承诺，体现了我们党对国情的清醒把握、对民族命运的理性思考、对人民福祉的责任担当。中国特色社会主义是面向未来的事业，需要党团结人民不断地努力。目前，我国发展仍处于可以大有作为的重要战略机遇期。十八大对此作出了明确的判断，并提出建设中国特色社会主义的新要求和新目标。在新的征程上，党员青年以什么样的精神状态迎接各种风险挑战、继续推进现代化建设，完成祖国统一、维护世界和平与促进共同发展这三大历史任务，实现中华民族的伟大复兴，这对于中国特色社会主义事业的发展无疑具有重要的现实价值与意义。倘若在这样一个时期，党员青年的信仰出现动摇，价值取向出现偏差，党员青年的先进性变成负面指引，那么青年群众就更加无法在政治方面表现出坚定的信念。

中国正在发生的广泛而深刻的变革，青年在社会实践中难免遇到思想困惑和现实问题，当现有的政治信仰无法解决其生活难题时，青年就可能去寻找一种更具解释力和问题解决能力的渠道——例如，当国内无法获取优秀教育资源的时候，当中国无法保障健康的空气的时候，当市场无法提供令人安心的食品的时候……总之，当社会主义的优越性无法体现的时候，青年就可能产生“用脚投票”的现实选择，而无论他的政治面貌是党员还是群众。因此，我们通过教育让青年拥有了共产主义的信仰，但我们可能需要终身的努力让青年坚定其对中国特色社会主义的政治自信。

在实际操作层面，我们必须加快完善社会主义市场经济体制；完善公有制为主体、多种所有制经济共同发展的基本经济制度；完善按劳分配为主体、多种分配方式并存的分配制度；更大程度更大范围发挥市场在资源配置中的基础性作用，完善宏观调控体系；完善开放经济体系，推动经济更有效率、更加公平、更可持续发展。加快推进社会主义民主政治制度化、规范化、程序化，从各层次各领域扩大公民有序政治参与，实现国家各项工作法治化。唯有国家强大、社会公正、市场有活力、生活有盼头，才能切实增强青年的政治自信，真正地留住青年。

(二) 加强青年的政治参与，增强青年的参政效能

自信的培养源于青年的正确归因和成功体验。一般说来，人们将失败归因于能力、运气、任务难度及努力程度四大因素。自信的人往往将失败归于自己

努力不足或运气不佳而非任务难度及努力程度不够，因此经得起挫折和失败，愿意不断尝试，最终取得成功。相反，不自信的人则将失败归因于自身能力不足或任务难度太大，容易自暴自弃、一蹶不振。因此，对个体正确归因的引导也是培养自信的重要方面。一个具有强烈的政治自信的人，他看待问题时注重系统性和全面性，不会因为在社会主义环境中遭遇一两次的不公正待遇或暂时的碰壁失意就全盘否定社会主义的体制优势。

此外，个体活动的结果直接影响自信的建立和发展。成功的经验有助于增强自信，失败的结果则会使自信削弱或丧失。所以，鼓励青年进行政治参与，在实践中增强他们的参政效能也是增强青年政治自信的有效方式。

历史和现实都表明，青年在任何时候都是积极的政治参与主体。从个体看，青年中的绝大多数都具有政治参与的意识和热情，适当的机会与条件，将促使他们走上政治参与的舞台；从群体看，社会政治生活中的每一次变革和抵御外辱的斗争，青年总是走在最前面。[①]调查表明，上海青年在政治参与方面是有意愿有动机的，但与此同时，又对自己的政治影响力心存怀疑。这种认知与情感的矛盾主要体现为：一方面，大多数青年倾向于赞同每个人都应该积极行动，指出社会不和谐的地方，让政府的行为更加透明，减少贪污腐败行为，他们也倾向认为选举是自己的一种政治权利，认同中国的未来总体光明；而另一方面，他们又自我怀疑地认为政府不会在意青年的声音，也没有提供更多的社会参与的机会，而人大又没有很好地行使他/她的权利和义务，而这些又被合理化为“自己不是国家领导人，政治与己无关”。（见表3.6）

表3.6　上海青年对自己和政府关系的认知与评价

具　体　描　述	认同程度
(1) 每个人都积极行动起来就可以减少贪污腐败现象。	3.33
(2) 每个人都贡献一份力量就能使政府行为更加透明。	3.48
(3) 作为一名中国公民，就应该敢于指出社会不和谐的地方。	3.52
(4) 选举是自己的一种政治权利。	3.56
(5) 从当前的发展态势来看，中国的未来是光明的。	3.30
(6) 我想政府不会很在意像我这样的普通老百姓的意见。	3.39
(7) 总体上说，人大代表较好地行使了他/她的权利和义务。	2.63
(8) 政府在制定相关政策的时候会慎重考虑民众的意见。	2.67
(9) 反正我又不当国家领导人，政治与我无关。	2.22
(10) 政府给像我这样的人提供更多的社会参与的机会。	2.76

① 金国兴：《试论青年的政治参与问题》，《云南财贸学院学报》2001年第2期。

事实上，这样的结果早有其他实证佐证：已有研究表明，当前相当数量的青年对于政治参与兴趣不大，认为即使自己参与了，也不一定能对国家的政治发展产生多大的影响。[①]另一方面，青年一直在试图积极地参加到国家政治生活中来，从"公务员热"、"村官热"等现象到网络微博上的建言献策，关心政治事务的评论等，都能看出青年参政议政的热情。[②]

在调研中，我们也以多选题的形式征询了青年政治参与的想法"未来，您是否愿意参与以下社会活动?"，结果表明，所有青年都有政治参与的愿望，他们倾向通过参加"政府听证会"(50.0%)、参与人民代表选举(47.0%)、民意代表竞选(44.8%)、网上评论/转发(38.8%)、向政府监督机构检举(37.3%)、参与抵制行动(29.9%)、在请愿书上签名(28.4%)、参加集体游行(20.9%)以及上访(14.2%)、人肉搜索(8.2%)等各类方式来实现政治参与。在被市场经济规律和追求文明富裕的梦想所推动的当代，青年内心深处也在追寻某些长期的和必须加以捍卫的根本信念。站在民族利益的高度，实现中华民族伟大复兴，即实现"中国梦"，是所有青年近代以来最大的理想。没有理想，就不会有动力；同样，找不到实现理想的途径方式，就不会有自信。鉴于此，青年的参政热情不应被打击、被消解，相反，应当保护青年的参政行为，让他们在政治领域有机会发言，让他们的有价值的声音有机会被官方听到。

(三) 畅通青年的发展空间，促进青年的向上流动

科恩认为，自卑的人感到自身价值不充分，并会对其心理及行为产生否定影响；而自信的人自主性强，较少受暗示，对自己的生活表示满意。所以说，为青年提供通畅的发展空间，为其向上流动提供可能，为其健全人格提供基础，为其收获成功创造条件，对于稳固青年的政治自信十分重要。

研究表明，79.9%的上海青年感觉压力大(压力很大为 31.3%，压力比较大为 48.6%)，甚至有 58.2%的青年认为自己是弱势群体。2010 年，在由教育部和清华大学联合举办的首届中国国际积极心理学大会"成就幸福人生"分论坛上发布的中国城市压力调查结果显示，近半数人对生活满意度不高，购房、养育、家庭负担等带来的经济压力都让青年背负了极大的压力。随着现代化进程加快，大量外来人口涌向城市，虽然有手机、互联网等交流工具，但是人与人之间心理上的距离越来越大。90%的人有孤独感，46.9%的受访者对生活满意度不太高，19.1%的人甚至表示对生活非常不满意。北京、上

---

① 李伟：《青年"政治冷漠症"陷阱——当代大学生政治心态三大纠结》，《人民论坛》2012 年第 8 期。

② 杨爱丽：《我国公民政治参与的现状、问题与路径》，《前沿》2013 年第 12 期。

海、深圳是压力最大的城市。时至今日，生存与发展的压力仍在青年群体中不断蔓延。

改善上海青年担负生活压力和迷茫矛盾的生存境况，需要为青年创造更加公平、宽容的制度环境，调查表明，青年所期待的社会主义民主主要体现为：公众言论自由(72.0%)；公共事务的管理“公平、公开”(70.9%)；民众可通过信访、舆论等方式进行举报、监督(56.9%)；选举过程公开透明(55.6%)；消除特权阶级(52.9%)；决策前充分调研，决策时民主集中(46.4%)；一定级别以上的官员财产公开(41.5%)……清华大学社会学教授孙立平说，当今社会正经历一个空前的财富分配过程，如何保护和扩展社会流动的渠道，特别是给普通人向上流动的机制，是优化社会结构的一个重要内容。我们也期待，一个民主政府可以为青年提供平等参与竞争的机会，为青年弱势群体提供向“上”流动的合理空间，让青年“通过奋斗就能实现愿望”。

对于公共管理部门而言，青年期待有更多优秀的公务员为他们提供公共服务产品。在青年眼里，比起懂人心(38.0%)、懂政策(29.2%)、懂社会(22.4%)、懂管理(20.3%)、懂经济(18.5%)等各种素质，一名优秀的公务员必须具备的三项业务为：有正气(50.7%)、懂法律(49.4%)、懂业务(48.7%)。这三点说明了青年对政府公职人员的期待是：公正清廉、依法办公、专业高效，在我们的干部选拔、任免、考核中，这三个方面应当被予以充分重视。

最后，坚定自信也需要青年自身的努力。正如习近平强调的，青年最富有朝气、最富有梦想。青年兴则国家兴，青年强则国家强。当大学学历不再保证工作机会，当薪酬增长被上升的物价侵蚀，当“安居”的梦想在飙升的房价中成为奢望，当越来越多的独生子女除了育儿压力还必须肩负起养老责任……在这样一个“矛盾重生”、“压力山大”的社会转型时期，青年在面对无法消解的压力、焦虑、不确定时，仍要坚信，艰苦奋斗是实现梦想的最重要路径。只有将个人的梦想融入国家的梦想，将个人的发展计划纳入国家的发展规划中，才能最大限度地实现自我价值。

第二节　上海青年政治参与现状及趋势

政治参与是现代政治学中的一个重要概念和研究领域，也是民主政治的核心问题，亦即“民主政治的核心问题是人民的政治参与，人民的参与过程是实现民主的根本途径。……民主政治最为重要的是保证公民对政府决策过程和议事日程的最终控制，没有这种控制就没有真正的民主。"[①]关于政治参与的定义，最受学界认可与采用的来源于美国的政治学家塞缪尔·亨廷顿，他指出："一般而言，政治参与是指普通公民通过一定的方式直接或间接地影响政治的决定或从事与政治活动相关的公共政治生活的政治行为。"[②]据此，青年政治参与应该指青年人参与公共政治生活和公共事务的过程，其目的在于直接或间接地影响公共政策和实现利益诉求。

当前中国青年群体的政治参与生态面临以下几种发展态势：首先，市场经济的发展、社会环境的开放和多元文化的熏陶逐渐形成相对独立的市民社会空间，现实生活中的群体性事件、日益拓展的信息流变和转型的大众媒体、网络生态与集聚行为等，都促使着当代青年自主、自立、自我心理与行为的形成，青年的社会参与和政治参与预期不断提高。[③]其次，青年的参与程度和技能状况与参与热情和需求状况呈反比，尤其是网络参与的活跃彰显了青年的意见表达和参与诉求，但是，由于体制等诸多方面的原因，青年群体大多政治参与技能水平较低，在政治活动涉入程度、政治参与经验以及参与理性策略等方面都较为弱势，尤其是诉诸体制外甚至暴力、非理性、发泄性、非道德、非法的参与行为令人担忧。第三，当前中国青年社会组织的发展状况呈现哑铃型的结构，即共青团缺乏足够强大的社会整合与组织中介功能，而社会青年组织迅猛发展，青年因内在需要又呈现出再组织化甚而专业化的发展趋势。

青年人躁动、感性、理想化的生活态度与利益分配中弱势地位的现实状况决定了任何国家和地区，无论经济发展水平高低和政治体制同异，都更要关注和引导青年群体的利益诉求与民生问题。他们的生活态度，就是这个国家的发展未来，他们的政治素养，就是这个国家未来的政治文明程度，他们政治参与的有效程度和成本高低就是国家政治体系开放、科学、成熟程度的有力彰显。吉登斯认为，全球化的压力使用新的民主形式来取代传统的投票变得非常必要，政府行政可以同协商性的公民参与结合起来，强调对话式民主的重要意义。[④]这就要求，一方面，提升参与主体的参与知识、能力和技术，塑造正确的参与观念和政治态度，另一方面，提供开放、透明、有回应性和公正性的政治权力体系，在国家与社会之间建立政治参与这一有效的权力平衡杠杆机制，这是当前合理引导和促进青年政治参与过程中必须重点关注和解决的议题，对中国政治民主

---

① 俞可平：《增量民主与善治》，社会科学文献出版社 2005 年版，第 127 页。

② ［美］塞缪尔·亨廷顿：《变化社会中的政治秩序》，王冠华译，三联书店 1989 年版，第 18—20 页。

③ 任园：《当前中国青年自组织的意识状况和行动能力》，《青年探索》2012 年第 2 期。

④ 吉登斯：《第三条道路：社会民主主义的复兴》，北京大学出版社 2000 年版。

化的良性发展意义深远。

那么,当前青年的政治参与状况到底如何?在现象背后,隐藏着哪些深层次的政治、经济、社会和文化原因?青年的政治参与会呈现什么样的发展态势?如何解读这些演变和趋势?关于未来,我们该做哪些准备和思考?本节试图基于上海青年政治发展的现状和趋势作出分析解答。

一、上海青年政治参与的现状

(一)青年政治认同感与政治参与意识较为强烈,部分青年表现出迷思状态

青年是充满激情,富有远大抱负的新生力量,自古就有"先天下之忧而忧,后天下之乐而乐"的涉世情怀。本次调查数据显示,当代青年群体的政治认同感与政治参与意识也同样较为强烈。本次调查发现,在问及"青年是推动全面深化改革的中坚力量"和"青年应该成为社区治理的主体"说法时,大多数青年都持赞成同意,当然他们务实的认为自己更应该成为社区治理的主体。另一方面,48.5%的受访者认为"青年有学习中国特色社会主义理论的必要",仅有不到15%的受访者不同意"中国特色社会主义制度比西方民主制度更加优越,更适合中国国情"的说法,13.8%的受访者不同意"只有走中国特色社会主义道路才能实现中国繁荣富强",这些数据都表明了当前青年对国家、政体、政党的认同感比较强,有较强的忠诚感和爱国热情,但同时也表现出一定程度的多元化倾向和西方自由化影响,有相当部分的青年持"说不清"的态度,如有31.9%的受访者在对中西方政治制度的比较中选择"说不清",这和当前社会出现的腐败现象及短期矛盾性状态的现实政治有关,亟待引起政府与社会的关注。

表3.7 青年政治认同与政治参与意识程度(%)

项目	非常同意	比较同意	说不清	不太同意	非常不同意
青年是推动全面深化改革的中坚力量	19.2	41.4	15.2	14.8	9.4
青年应该成为社区治理的主体	32.9	35.2	10.7	11.8	9.4
青年有学习中国特色社会主义理论的必要	14.7	33.8	24.4	9.7	4.4
中国特色社会主义制度比西方民主制度更加优越,更适合中国国情	11.4	29.1	31.9	10.0	4.6
只有走中国特色社会主义道路才能实现中国繁荣富强	15.2	30.1	28.7	8.9	4.9

（二）青年政治参与心态较为复杂

在调查中，关于“参与网上社会热点讨论的原因”中，在占76%的热衷参与网上社会热点讨论的青年中，“国家兴亡，匹夫有责”选择意向最为突出的，近20%，这表明当前青年对国家命运，对社会改革的关注，体现出较强的社会责任感和政治理想情怀。这种参与心态在“对全面改革的关注度”中得以进一步证实，选择“关注全面改革”的比例最高(38.4%)。青年认为国家转型与改革发展与自身发展密切相关，强烈的社会责任感之下对自身发展的关切折射出该群体利己性与功利性并存的政治参与心态，这也正匹配了有10.7%的青年选择“事关个人利益才发言”，同时这与改革以来整个社会心态上呈现目的化、功利化倾向相契合，即青年更加关注与自身发生关联的现实利益，从某种程度上说，这也是青年理性政治参与心态的一种表现方式。

进一步分析还可以发现，8.2%的受访青年选择“凑个热闹”、6.8%的人觉得“有话要说，一吐为快”，1.1%选择“心情不好，借机发泄”，这些具体的数据表明在政治参与过程中存在政治参与心态多样化、参与动机随意化的倾向，同时也说明在青年政治参与过程中存在一定的非理性因素，可见，青年政治参与心态有待合理引导。总而言之，青年对参与社会热点讨论的原因呈现多元化选择，选项越复杂，一定程度上越能说明政治参与背后的复杂心态和逻辑。

表3.8 青年对社会热点关注度的频率分析(%)

参与讨论原因	事关个人利益才发言	国家兴亡，匹夫有责	凑个热闹	有话要说，一吐为快	无奈之举，其他渠道太少	心情不好，借机发泄	不讨论	其他
	10.7	19.7	8.2	6.8	8.1	1.1	24.0	2.9

（三）青年直接政治参与行为相对不足

2011年《中国政治参与蓝皮书》显示，中国公民的政治参与呈现参与意愿较高，但实践水平较低的特点，该调查结果同样反映在本次调查中，即上海青年政治参与意识较高但直接政治参与行为不足。政治参与行为在调查问卷中具体操作化为青年“参与选举的态度”和“参与社会治理具体实践态度”两个问题。首先选取青年对三种生活场域选举的态度，即对“所住小区业主委员会改选”，“所在学校或公司选举”，“所在区县人大代表选举”的态度，结果显示无论哪种场域，“关心但不参与”的反应最为突出(见表3.9)。这从整体上体现了当前上海青年政治参与意愿与政治实践之间的差距，青年政治参与行动呈现冷漠化倾向。其中，上海青年对“所住小区业主委员会改选”的消极态度最为明显，持“关

表 3.9　青年对选举的态度(%)

项　　目	关心并积极参与	关心但不参与	一点也不关心	无所谓
对所住小区业主委员会改选的态度	19.2	41.4	15.2	14.8
对所在学校或公司选举的态度	32.9	35.2	10.7	11.8
对所在区县人大代表选举的态度	21.6	38.1	16.2	14.8

心并积极参与”的态度仅为 19.2%，远低于“参与学校或公司选举”，并且“一点不关心”和“无所谓”的态度也比较显著。由此可见当代青年对参与城市社区公共政治的热情趋向逐渐冷淡，青年对社区政治的疏离感有所加强，这同样是当下中国社会普遍存在政治冷漠行为的一个缩影。对政治实践的冷漠不仅表现在选举上，同样反映在具体的社区实践中，在过去一年里，仅仅 18.7%的青年“向一个或多个社区治理主体提过意见或建议”，而从未提过意见的多达 61%(见表 3.10)，这两组数据的显著差距一定程度上反映出上海青年对社区政治生活的参与度不高；但另一方面，47.8%的青年主张“希望为社区治理献策出力”(见表 3.11)，数据之间的不一致凸显了政治参与意识与政治参与行为之间存在显著矛盾。

表 3.10　青年参与社区意见表达的状况(%)

项　　目	提过且被采纳	提过未被采纳	没提过	记不清
是否向社区提过意见	4.0	14.7	61	6.3

表 3.11　青年对社区参与的态度(%)

项　　目	非常同意	比较同意	说不清	不太同意	很不同意
愿意参加社区各项活动	8.9	32.4	28.4	14.1	4.1
希望为社区治理献策出力	9.2	36	26.7	12	4.1

(四) 青年政治参与方式呈现理性、多元化与网络化特征

政治参与方式包括政治选举投票、政治结社、政治表达和政治接触。通过对“通过何种方式进行参政议政”这一问题的考察(见表 3.12)，从总体上来看，这些参与方式呈现一定弥散化趋势，即通过社会组织结社、网络参与平台等非制度化的参与方式与通过民主选举等制度化的政治参与渠道都体现在青年的政治参与行为中，逐渐改变了传统以制度化参与为主的渠道，政治参与方式呈现多元化趋势。2011 年《政治参与蓝皮书》中曾经指出公民“单位内部解决”的

表 3.12 青年参政议政方式的频率分析(%)

项 目	合法的社会团体和青年组织	公开的新闻媒介	网络论坛	给领导人或政府部门写信	参加学生会或工会等群众组织选举	参加人大选举	网络翻墙追踪时政新闻	其他
参政议政方式	23.5	19.2	21.6	11.4	11.0	6.5	4.5	2.3

接触性参与是最为直接的政治参与方式,并且提出接触人大代表、参加社会组织、依靠法律途径、依靠熟人网络、上访等比例均未达到10%。①

然而本次调查结果显示,首先,比例最高的即23.5%的青年更加愿意选择参加合法的社会团体和青年组织,和上述调查的结果差异显示了社会组织的发展已成为一种重要的具有较强号召力、凝聚力的组织方式,青年政治参与的组织化趋势凸显,当然也从侧面反映了上海青年社会组织化发育程度比较高。

其次,被访者选择"网络论坛"参与方式(21.6%)和"公开的新闻媒介"(19.2%)等方式也有一定的代表性。而选择"网络翻墙追踪时政新闻"者只占总数的4.5%,这充分说明上海青年参议议政方式的理性成分。

最后,在微观层面,借助新媒体表达诉求的方式崭露头角,成为政治参与的重要平台。在问及"对社区治理有想法或建议时,你的表达诉求渠道是什么"一题中(见表3.13),从"直接找社区党政干部"、"居民代表大会提案"到"到上级党政部门",数据没有呈现较大差异,这表明上海青年政治参与渠道的多样化和扁平化。而另一方面"社区论坛/QQ群/微信群等网络平台"的选择比例(16.9%)居于最高水平,进一步证实网络已经发展成为重要的政治参与路径,在政治生活中愈发具有影响力度。

表 3.13 青年在社区治理中表达诉求的渠道(%)

项目	直接找社区党政干部	居民代表大会提案	社区论坛/QQ群/微信群等网络平台	社区团组织	业委会	物业管理公司	青年社会组织	社区人大代表或政协委员	新闻媒体	上级党政部门	其他
诉求渠道	12.7	12.8	16.9	6.7	16.5	15.7	6.6	2.3	6.7	2.7	0.4

① 娜迪亚:《中国公民政治参与意识强参与实践行为少》,《南方都市报》2011年6月11日。

（五）青年对政治参与的定义与内涵出现转变与深化的趋势

据表3.14，青年对“中国梦”的理解集中在“幸福”、“富强”、“希望”和“有尊严”等选项上，上述关注点表明了他们对自身幸福和社会地位的关注度最高，同时一定程度上也表现出逐渐摆脱对经济利益的唯一诉求以及对党、国家利益绝对盲目服从。应当说，这些理解方式将显著增强对个人利益和价值的重视度，当下政治情境之下的青年在努力寻找国家和社会整体利益与个人利益的汇合点、平衡点，对自身利益的关注也不再局限于物质方面，更多地提出了对精神文明的诉求，因而政治参与内容的丰富性得以增强。在对“民主的理解”一题中我们发现青年认为“民众可通过信访、舆论等方式举报和监督的制度”最为重要，这表明青年从关注政策执行阶段扩展到了对政策全过程的关注。

表3.14　青年对中国梦的理解

项　　目	复兴	富强	有尊严	幸福	希望	信心	力量	其他
对中国梦的理解	9.4	21.5	14.9	21.8	14.6	10.9	6.8	0.1

二、青年政治参与的影响因素

青年政治参与是我国民主政治发展进程中的重要环节，对推动我国政治现代化发展具有重大意义，但是当前我国青年政治参与仍然存在诸多问题，制约着政治活动的有序进行。本文主要从主观和客观两个方面对影响青年政治参与的主要因素进行探讨。

（一）主观因素

对于青年政治参与主体来说，主观影响因素是核心。研究发现，青年政治参与的主观因素主要有：个人素养、职业类型和阶层认同感。

1. 个人素养与政治参与的相关性

（1）经济收入水平越高，政治参与意愿越强。

政治参与是公民的一项重要政治权利，是实现更好生活方式的重要手段。根据马斯洛的需求层次理论，只有在基本生存需求满足的情境下，才可能去寻求更高层次的需求，因此政治参与必然建立在一定的经济基础上。本次调查的结果显示，经济收入与政治参与意愿之间存在相关关系，收入水平越高，政治参与的意愿就越强烈。此外，公民政治参与的前提就是要对政治事务比较关心，将收入因素与“民众对全面改革关注度”及“改革信心度”进行单因素方差检验发现其显著性为0.00（$p<0.05$），即说明经济收入水平与“改革关注度”、“改革

信心度”之间存在相关关系。根据图 3.1 的均值可以很清晰地发现，随着收入水平的提高，对改革的关注度和改革的信心分值均在下降(“非常关注”到“完全不关注”分别为“1”到“5”分，其他均按此方法，不再赘述)；这就意味着青年经济水平越高，越倾向关注改革，对改革的信心就越充分，因此就更愿意参与到影响改革的政治事务中，即经济条件处于优势的青年更愿意参与政治事务。正如有关学者所言，“如果其他一切平等，处于较高社会经济层次的公民较之较低层次公民在政治上更为积极”。①

表 3.15　收入与“对全面改革关注度”、“家庭地位”、“改革信心”的方差分析

	平方和	df	均方	F	显著性
全面改革关注度	38.394	5	7.679	5.454	0.000
家庭地位	92.307	7	13.187	10.148	0.000
全面改革的信心	8.557	5	1.711	2.356	0.00

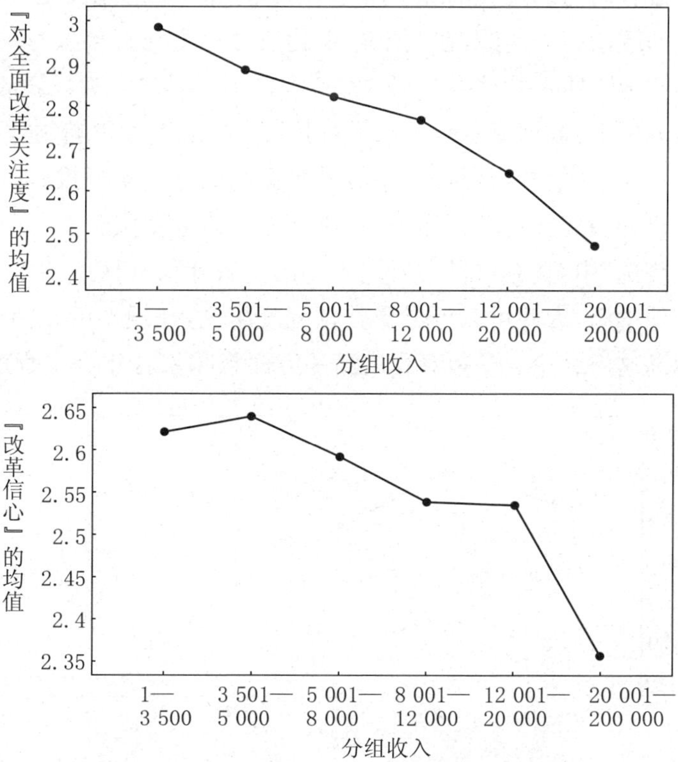

图 3.1　收入水平与改革关注度的相关性分析

① 魏星河:《当代中国公民有有序政治参与研究》,人民出版社 2007 年版,第 85 页。

(2) 受教育程度越高,政治参与度越高。

根据法国国家青少年和民众教育中心 2008 年的调查显示,受教育水平与青年人的政治兴趣呈正相关关系。沃尔雷蒙德和罗森斯通通过研究发现,教育是选举参与率的唯一重要的有效预测指标,人们受教育程度与其参加选举的概率成正比。[①]因此可以说教育是影响公民政治参与的重要指标之一。这一结论在本次调查中也得到充分证实。

表 3.16　青年受教育程度与政治态度的方差分析

		平方和	df	均方	F	显著性
所住小区业主委员会的改选	组间	39.899	5	7.980	8.448	0.000
所在学校或公司的选举	组间	32.592	5	6.518	6.559	0.000
所在县区人大代表的选举	组间	32.538	5	6.508	6.561	0.000

青年是最有活力的社会治理主体之一,他们自身的思想文化素质水平极大地影响个人的政治行为实践,在关于青年受教育程度与青年参与“所住小区业主委员会的改选”“所在学校或公司的选举”及“所在县区人大代表的选举”单因素相关关系分析中,数据显示教育水平对其均产生显著性影响(显著性为 0.00,小于 0.05);同时受教育水平越高,相对具有更高的政治敏感度,对政治事务更为关心并投以积极实践行动。如图 3.2 所示,尤其是在关于参与“所住小区业主委员会的改选”中,具有本科和研究生学历的青年对社区政治事务的参与度明显高于其他学历,因此可以得出受教育程度越高,在现实的生活中政治参与热情就会越高这一结论。受教育程度高一方面意味着青年一定程度上具有更

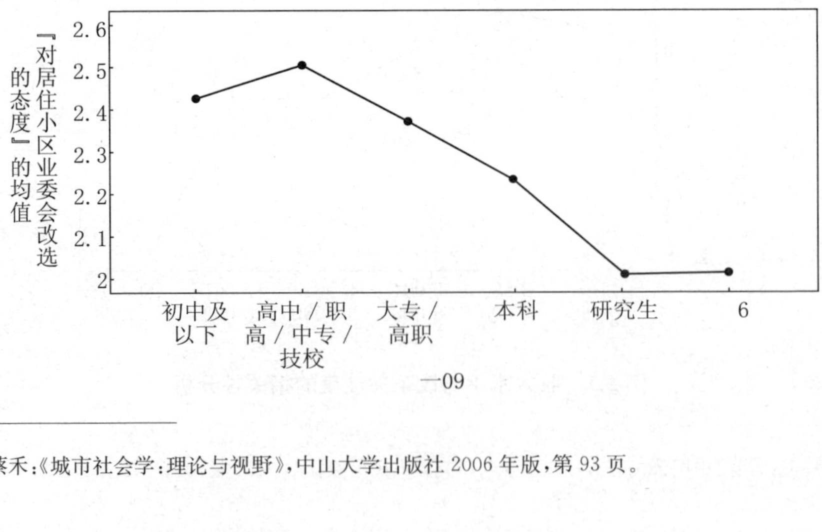

① 蔡禾:《城市社会学:理论与视野》,中山大学出版社 2006 年版,第 93 页。

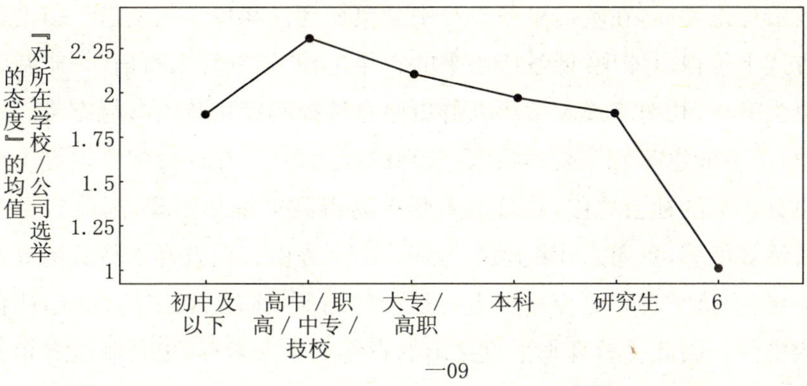

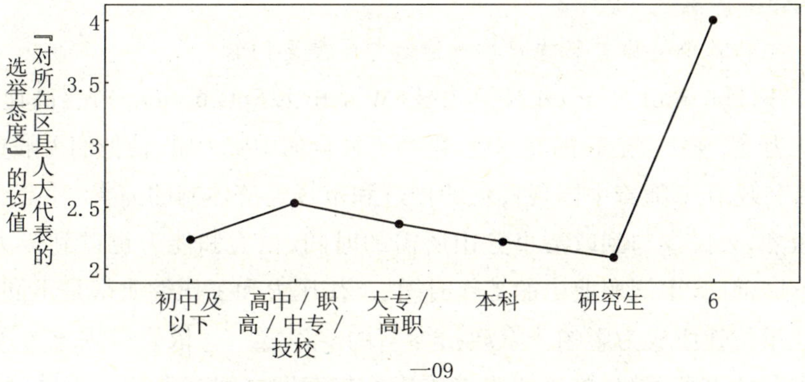

图 3.2　受教育水平与政治事务关注度的相关性

表 3.17　青年受教育程度与政治参与方式的交叉性分析

	参加合法社团和青年组织	通过公开新闻媒介发表意见	通过网络论坛发表意见	给领导或政府部门写信	参加学生会或工会等群众组织选举	参加人大选举	网络"翻墙"追踪时政新闻	其他
初中及以下	73	54	51	43	26	17	8	4
	79.3%	58.7%	55.4%	46.7%	28.3%	18.5%	8.7%	4.3%
高中/职高/中专/技校	54	49	56	29	29	18	17	12
	61.4%	55.7%	63.6%	33.0%	33.0%	20.5%	19.3%	13.6%
大专/高职	150	121	142	74	77	29	35	11
	70.4%	56.8%	66.7%	34.7%	36.2%	13.6%	16.4%	5.2%
本科	321	265	303	144	148	96	57	28
	70.7%	58.4%	66.7%	31.7%	32.6%	21.1%	12.6%	6.2%
研究生	69	53	58	32	34	24	9	9
	71.9%	55.2%	60.4%	33.3%	35.4%	25.0%	9.4%	9.4%

高的政治理论素养，在政治事务参与中会更加理性和科学化。这一结论在参政议政方式上也得以体现，低学历水平的青年选择“给领导人写信”等非制度化的方式更为突出，相对来说高学历人群更愿意选择制度化政治参与方式。另一方面，高学历一般意味着较高的收入，较高的社会地位，在社会中占据更丰富的资源和更具优势的社会地位，其政治主张更易得到重视和实现，因此自身会有更强的政治效能感，更愿意积极地参与到政治事务中。受教育水平低则更容易被社会边缘化，这类青年更容易产生对社会的讨厌、排斥、否定感，疏远社会生活和政治生活。因此受教育水平直接影响青年的个人素养，也是制约青年人政治参与的重要因素之一。

2. 工作单位性质是影响青年政治参与的重要因素

罗莎（Hartmut Rosa）和肖伊尔曼（Wiliam E.Scheuerman）在《高速社会》当中认为，当今社会运转的高速度，影响了社会的中坚力量，使他们无暇参与社区生活和政治。①随着中国现代化的推进和市场经济体制的完善，社会竞争也更为激烈，公民参与到政治事务中所需的时间、精力和能力也遭到极大的挑战。不同部门、不同职业中的工作时间、工作压力和工作性质都是不同的，使得职业单位性质成为影响公众政治参与的要素之一。依据单因素方差分析值的显著性水平可知，单位性质与政治参与态度之间存在相关关系，根据均值图我们发现，在职学生、政府机关和国企、集体企业的青年，对所生活场域的政治参与态度明显高于其他单位。与此同时，单位性质与政治关联度相对更密切，如政府机关单位，其工作内容就是处理相关行政事务，而其他行业工作节奏相对紧张，自身缺乏精力参与政治事务，因而对政治事务参与度就非常有限，容易产生政治隔膜感。

表 3.18　青年单位性质与政治参与的方差分析

		平方和	df	均方	F	显著性
所住小区业主委员会的改选	组间	39.899	5	7.980	8.448	0.000
所在学校或公司的选举	组间	32.592	5	6.518	6.559	0.000
所在县区人大代表的选举	组间	32.538	5	6.508	6.561	0.000

① Hartmut Rosa, Wiliam E.Scheuerman, *High-speed Society*, Pennsylvania: The State University, 2009:57.

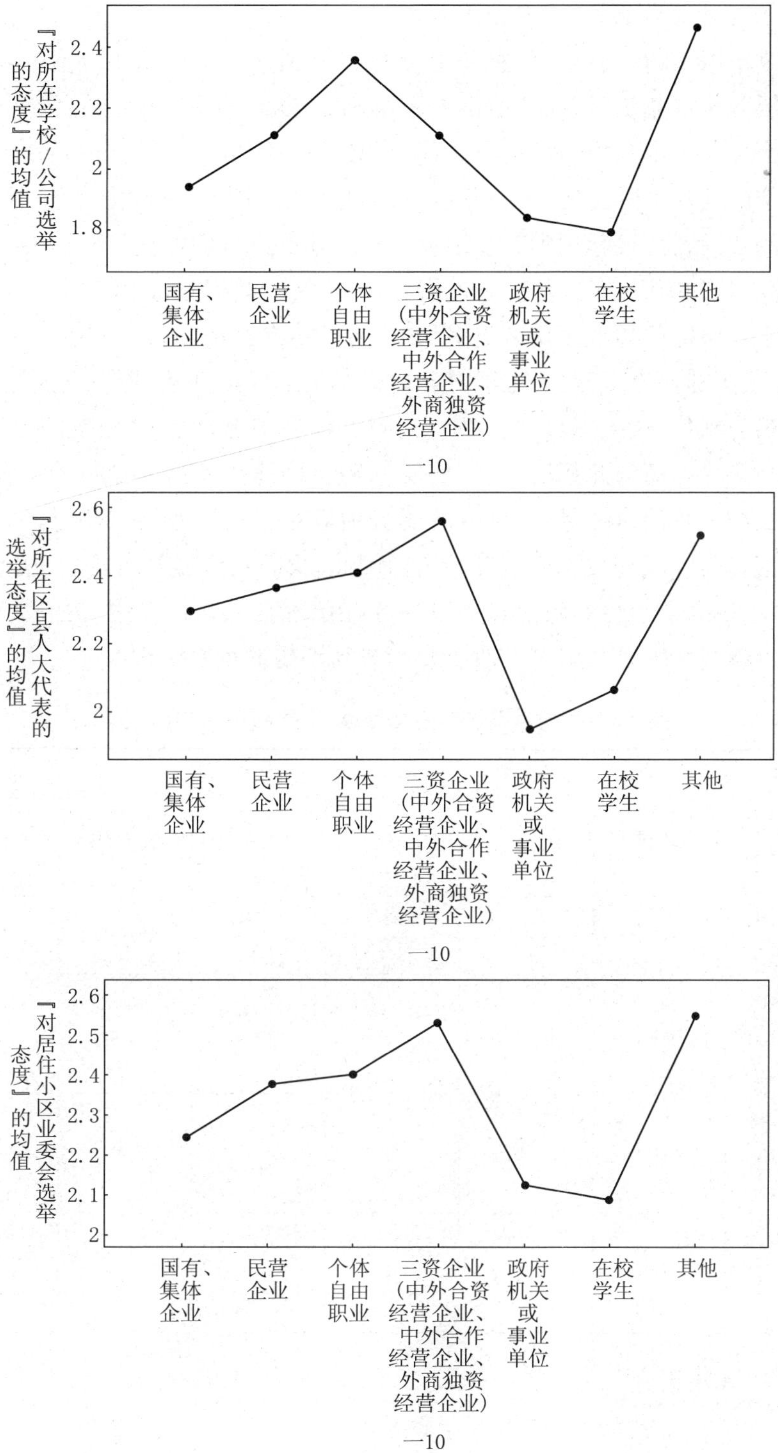

图 3.3　单位性质与政治参与的相关性

3. 社会地位越高，政治参与度越高

自改革以来，社会经济结构不断变化带来了社会结构的相应变迁，中国社会的阶层分化日益明显，社会地位差距不断拉大，不同社会阶层行为方式和价值理念都存在一定差异，政治参与行为也必然有所不同。通过分析青年对自身家庭地位所处社会阶层的认同和政治参与态度之间的关系，发现青年对自身家庭地位的认同度直接影响到其政治参与的意愿和态度，并且呈现一种正相关关系，即青年认同家庭地位越高，越倾向于参与关心和参与政治生活。一般来说，家庭处于上层地位的青年拥有更多的社会资本，在经济和人际关系方面占据优势，掌握更多的社会资源，一方面具备政治参与的经济基础，另一方面他们更加有能力参与到各种社会政治活动中，从而更容易实现自己的政治主张，激发其政治参与热情。而与此相反，处于底层的弱势群体往往迫于自身的生存压力，无暇顾及相关政治事务，加之自身的弱势地位难以产生政治效能感，往往容易导致政治参与冷漠和敌视的不良倾向。因此，我们要更加关注处于底层青年的政治现状，因为群体性的政治参与事件往往出现在低层群体中，提高并改善他们的政治参与水平是从根本上改善政治参与不足的重要举措。

表 3.19　青年家庭地位与政治参与的方差分析

		平方和	df	均方	F	显著性
全面改革的关注度	组间	92.307	7	13.187	10.148	0.000
全面改革的信心	组间	91.388	7	13.055	18.892	0.000
所住小区业主委员会的改选	组间	39.828	6	6.638	7.054	0.000
所在学校或公司的选举	组间	44.111	6	7.352	7.465	0.000
所在县区人大代表的选举	组间	63.679	6	10.613	10.867	0.000

（二）客观因素

1. 外部政治生态环境影响青年政治参与

政治参与总是在一定政治生态环境下开展的民主实践活动，政治生态环境的优良直接影响青年参与政治的意愿和行动。随着改革进入攻坚克难的深水区，政治经济社会正面临着全面转型，一切都处于不断变化的不确定状态，中国的政治环境也因此处于一种相对变化不成熟的状态。首先是由于我国政治体制并不完善，制度化建设仍不规范，导致政治参与渠道有限，政治参与的效能感薄弱，影响青年政治参与的积极性和主动性。其次是长期以来政治生态环境中隐匿的腐败之风。由于腐败现象的存在，使得很多青年痛斥政府的不作为，由此认为政治参与存在虚伪性，将争名夺利或者是单纯的政治斗争等同起来，这种错误的政治认知导致青年逃避甚至敌视政治参与行为。第三是随着新一届领导开启了强硬的反腐力度，“老虎苍蝇一起打”，不断肃清政治生态环境内的毒瘤，为公民政治参与提供良性有序的制度和环境，在一定程度上提高了公民构建良好政治生活秩序与提高政治参与行动的信心；尤其是“中国梦”的提出，为广大青年提供了国家利益和个人利益契合点的理论基础，这在一定程度上提高了青年对国家和社会的政治认同，从而有助于增强青年参与政治事务的意识和热情，投入到更有效的政治参与实践中去。总之，政治环境是不断变化的，青年参与政治的意愿和实践也随着政治环境的变化而变化，而要提高青年们的政治参与度就要保障建构公正、民主的政治环境，使青年树立坚定的政治参与信心。

2. 经济发展水平与政治参与活动密切相关

正如马克思所说：“物质生活的生产方式制约着整个社会生活、政治生活和精神生活的过程”。当然也可以说政治参与活动也与经济发展密切相关。西方学者也认为经济发展水平与政治参与程度之间存在正相关关系，“社会—经济发展会促进政治参与的扩大，造就参与基础的多样化，并促使自动参与代替动员参与”。自从改革开放以来，社会经济繁荣发展，人们的经济水平相对得到大幅提升，为青年参与政治活动提供了坚实的物质基础。尤其是随着市场经济的发展，一方面，经济的发展促进新的社会阶层诞生，形成了社会利益主体多元并存局面，由此带来市场主体价值的多样化，所以青年在政治参与的过程中，为维护各自权利和价值，必然会产生复杂、多样化的政治参与心态。另一方面，由于市场经济强调个人利益至上，主张经济理性人的假设，个人价值认同由理想情怀转向经济主导的实用主义，将导致青年的政治实践行动建立在实现个人利益基础之上，把以追求个人利益作为参与政治实践的最终目标，引发政治参与目的功利化趋势。同时这种过度追求个人利益的倾向，也会使得一部分青年对政治失去兴趣、远离政治，从而出现政治参与冷漠现象。

3. 网络成为影响政治参与的新型平台

随着互联网在中国的迅速发展，中国已成为世界上网民数量最多的国家，网民人数占人口总量已接近一半，网络化趋势对中国政治、经济、文化和社会的各个领域都产生了广泛影响。青年是最易接受新鲜知识的一代，是网络上最为活跃的力量之一，网络成为影响青年生活方式和思维方式的重要因素，当然也对影响青年政治参与产生深刻影响。调查显示，“通过网络论坛发表意见”已经成为青年参政议政的主要方式，网络平台的对等性和匿名性特征，使得政治参与主体建立在相对平等的基础上，得以自由发表合理言论。另一方面网络参政在一定程度上改善了当下我国政治参与渠道狭窄的难题，如在问及“参与网上社会热点讨论的原因”时，8.1%的受访者表示“网络参与是无奈之举，因为其他有效渠道太少”。众所周知，我国青年政治参与的传统渠道主要是通过民主投票、党团组织等正式渠道，但是自改革开放以来，青年就业更加多元化、党团组织覆盖面和凝聚力一定程度上有所减弱，因此制度化政治参与难以成为青年政治参与的主要选择路径，而此时网络问政的兴起是对我国政治参与渠道不足的有益补充，网络将成为青年政治参与的巨大平台。

三、值得关注的趋势与问题

社会变迁与技术革新也给青年的政治参与带来诸多变化与发展趋势。以科技新产品为例，每一次科技新产品在社会参与中的应用，都将青年作为推动力量展现在社会的前台。青年政治参与更是以科技产品和新媒体推动政治进程的先行者和主导力量。不断创新出现的科技新产品，势必与博客和微博共同构建成为不同旨趣、不同理念和不同青年利益群体的政治聚集空间，成为一种影响重大的政治公共领域。①青年政治参与有许多值得关注的现象和问题，如青年网络行为的娱乐化、看客心理，意见领袖的影响力和号召力等等，这里仅从以下三点对青年政治参与值得关注的趋势和问题作一考察与分析，以期对青年工作者与关心青年发展的人士有所裨益。

（一）影响介入公共政策将成为青年政治参与的目标诉求

安东尼·阿伯拉斯特指出：“作为人民权力的民主应该被看作政府与社会之间一种持续互动的过程，与这互动过程相伴的是人民在各种层次上最大程度地参与公共政策制定。”②蒲岛郁夫则认为：“政治参与是旨在对政府决策施加影响的普通公民的活动。”③传播学界的著名学者马歇尔·麦克卢汉更是在20世纪就曾经预言过：“随着信息运动的增加，政治变化趋向是逐渐偏离选民代表

① 邓希泉：《当代青年政治参与新特征新趋势》，《人民论坛》2012年第13期。
② [英]安东尼·阿伯拉斯特：《民主》，孙荣飞等译，吉林人民出版社2005年版，第131页。
③ [日]蒲岛郁夫：《政治参与》，解莉莉译，经济日报出版社1989年版，第4页。

政治，走向全民立即卷入中央决策行为的政治。”①

当前中国青年政治参与的现实状况的确与学者的判断相吻合。青年群体对政治参与的定义和内涵发生了深刻的变化，原先传统框架下青年政治参与的目标与观念发生了巨大的转变。中国的青年群体在社会化的过程中，一直处于边缘化或者说是被定义的状态，他们的心理、情感、权利意识以及价值意志一直是被忽视的，社会对其强调更多的是青年的社会角色，即对这个群体角色的担当者的特别期待和要求②，一直以来，他们都是在青年精英群体的引领下服从于最高的国家整体利益和党的执政要求。如今他们则认为，从自身利益和群体诉求出发，积极参与公共政策决策、制定、实施乃至效果监督的全过程，进行合法合理的利益博弈去影响决策，才是一种更具积极意义的政治参与。在这个意义上，他们的关注点不再仅仅涉及国家宏观发展与制度化的政治参与形式，如投票、选举、入党、参与政治活动等，更多地日益聚焦在与自身利益和生存环境密切相关的项目和领域。而互联网的出现更成为降低青年政治参与门槛与成本进行利益诉求和民主实践的重要契机与推动力。有学者归纳出一种分配要求型政治参与模式，即公民或社会成员基于自身的利益，主动或被动地以各种方式参与影响政府政策的活动的政治行为类型，包括由于政府政策或行为伤害了某一群体的特殊利益，而诱发特定群体政治抗议的行为。③

公共政策本质上是利益斗争和均衡的博弈结果，必须充分体现各群体的利益诉求与期待，从而获得广泛的支持与认同。面对公众利益诉求的个体化、模糊度与情绪性，政治机制和社会管理体制必须寻求出恰当的途径与媒介来连接个人与政府，沟通国家与社会之间的利益诉求与表达。因而，在这一背景下，作为青年群体利益的代表组织，共青团组织应该对自己在公共政策中的角色与功能有清晰的定位和作为，在社会管理和公共政策制定中起好利益协调和社会整合的重要作用。

（二）信息及其传播方式的嬗变将极大地改变青年政治参与的机会与渠道

“信息是和权力并进，和政治息息相关的。随着我们进入信息政治的时代，这种关系会越来越深。”④法国后现代主义思想家鲍德里亚也认为，在网络空间，“人”变成了出现在另一个人电脑屏幕上的信息。而网络社会的兴起拓展了青年政治参与的空间，搭就了政治民主发展的现实平台。以互联网和手机为代

① [加]马歇尔·麦克卢汉：《理解媒介——论人的延伸》，何道宽译，商务印书馆2000年版，第25页。

② 陈映芳：《青年与“青年”的解体》，《南风窗》2008年第10期。

③ 高旺：《社会政治变迁与中国青年学生政治参与模式的演变》，《中国青年研究》2007年第12期。

④ 《托夫勒著作选》，辽宁科学技术出版社1982年版，第9页。

表的信息技术，通过新媒体诸如微博、BBS论坛、QQ、飞信等即时通讯工具极大地丰富了青年政治表达的渠道，兼具即时性、平等性、自由性、隐蔽性、便捷性和高效性等等功能，可以说，造就了一个新的社会形态与传播模式。

根据中国互联网络信息中心2014年7月发布的第34次《中国互联网络发展状况统计报告》结果显示，截至2014年6月底，我国网民规模达6.32亿，网民中主体是39岁及以下的年轻群体，这一网民群体占到中国网民的80.7%，29岁及以下的年轻群体占57.3%。同时，该中心发布的《2013年中国青少年上网行为调查报告》也显示，截至2013年12月，中国青少年网民规模达2.56亿，占青少年总体的71.8%，超过全国互联网普及率平均水平(45.8%)26个百分点，青少年手机网民规模达到2.21亿，青少年网民中手机上网比例为86.3%，高出整体网民81%的手机上网比例5.3个百分点。而东部地区青少年网民上网比例更是占整体青少年网民的45.8%，网民规模为1.17亿。而同为这一中心发布的《2014年中国网民搜索行为研究报告》调查结果显示，在新闻、热点事件发生时，分别有12.1%的PC搜索用户和18.0%的手机搜索用户通过微博进行相关搜索。此外，视频网站或应用也成为部分搜索用户获取突发事件相关信息的重要途径。

事实上，上述数据已经清晰地描绘了一幅青年网络政治生活图景。网络所提供的政治信息传播途径使得越来越多的人脱离现实社会的限制，通过网络来表达诉求与意志，参与公共事件和议题的讨论，并也据此获得他人的态度和价值，它弥补了传统媒体和信息传播渠道的不足，带来了更多的参与机会和空间。在这些网民中，以80后、90后为代表的青年更是热衷于享受这一信息技术带来的参与盛宴，尤其是在出现重大政治事件和重要政策出台时，青年高涨的参与热情与强大的民意表达已经成为政府不可忽视的一股力量。实质上在以网络为中心形成的网络社会它不仅仅是一种监督权，更是一种全新的政治社会形态：作为社会变迁的动力，它推动了社会的扁平化的运作与发展，使得传统政治社会分层和社会流动发生质的转变。①

有学者直指，虽然某些动员方式仍然在网络社会的政治动员中还可能继续存在，但它的重要性和具体方式已经发生巨大的变化，有时候已经变得没有必要了，甚至这些传统的动员方式对于理性的现代城市居民或者中产阶层反而会令他们产生反感，而成功地与国家意识形态或者社会主流价值观的链接则是政

① 朱海龙：《网络社会信息嬗变对政治参与动员的影响》，《湖南师范大学社会科学学报》2010年第3期。

治参与动员的关键策略，平等的劝说与沟通、协调则成为主要的动员方式，由此焦点事件信息的发布与处理则成为决定动员进程的枢纽。[①]

只是，“数字化世界是一片崭新的疆土，可以释放出难以形容的生产量，但它也可能成为恐怖主义和江湖巨骗的工具，或是弥天大谎和恶意中伤的大本营”。[②]尤其是虚假信息一旦被利益集团和不法分子利用进行传播，必然严重干扰正常舆论导向，冲动和理想化的青年是否能理性客观地处理这一切，是政府和共青团组织必须谨慎对待和合理引导的重要任务。

（三）组织化、专业化将成为青年政治参与方式的重要特征

中国的非政府组织的发展缘自20世纪90年代，在这其中，各类青年社会组织、青年自组织发挥的社会影响力和开拓的社会公共空间已不容小觑。根据上海青年研究中心的调查，截至2008年底，上海青年群体中有高达81%的人加入过青年自组织。[③]虽然目前中国的青年自组织发展水平相对较低，组织化程度较小，许多还停留在发展的前期阶段，即趣缘性青年自组织较为集中和多见。但正如普特南所指出的那样，虽然为数众多的自愿组织、共同体、私人组织具有异质性，并且它们并非总是指向政治权力，但是它们产生出社会网络，互惠和信任的规范，这促进了“共同善”观念并有助于政治参与。[④]也就是说，这种非政治性的松散型趣缘组织只会是一种暂时行为，其一旦发展成熟，具备公共性和政治性势在必然。何况，相较于采用行政命令和工作布置的手段开展诸如开会、群众性学习、听报告等传统形式的面对面或层层发动式的社会动员方式，青年社会组织采用的网络化动员方式利用新兴媒体双向互动的传播优势，主要以智力优势——人才、资源优势——信息、效率优势——速度、效益优势——成本和竞争优势——时尚为表现形式，在提供了一个前所未有的自由讨论公共事务参与活动的空间的同时，还以一种更加时尚的方式增加了动员成效，形成了强大的时代优势。[⑤]

当前青年政治参与的组织化趋势可从一些典型事件中窥见一斑。2004年6月12日，台湾某女歌星在杭州参加某饮料的宣传活动。由于互联网上盛传该女艺员为“绿色艺人”，导致部分网民自发组织起一场抵制活动，最终使该艺员在杭州的活动临时取消。此次自发的抵制活动，从发起到组织，再到活动的顺利结束，

---

① 周锦章：《群体性事件产生的机会结构及对策》，《甘肃社会科学》2009年第4期。

② [美]埃瑟·戴森：《2.0版数字化时代的生活设计》，胡泳、范海燕译，海南出版社1998年版，第17页。

③ 黄洪基等：《参与热情的高涨　自主意识的张扬——上海青年自组织研究报告》，载《改革开放三十年与青少年和青少年工作发展研究报告——第四届中国青少年发展论坛暨中国青少年研究会优秀论文集》，天津社会科学院出版社2009年版。

④ 孙少森：《中国青年网络政治参与中的宽容精神培育》，《中国青年研究》2012年第10期。

⑤ 范洪、何跃、马素伟：《3G时代青年自组织网络化社会动员研究》，《中国青年研究》2011年第10期。

只有短短4天时间，但引起众多媒体的关注，各大网站对此事的报道连篇累牍，网友的评论更是一波紧接一波，国台办也高度重视，专门就此事及相关事件作出了评论。该事件提供了当前网络政治参与的一个典型案例，表明网络政治参与逐渐由非组织性向组织性方向转化，由虚拟世界向现实世界迈进，也显示着网络政治参与的发展动向。①类似的事件自此之后时有发生，在此不再赘述。但如此这般通过网络动员演变而来的现实政治运动非常值得关注，民众自发性倡议发展为有组织的集体行动时间之短、行动之快以及无法预测等特性是政府不得不面临的现实考验，组织起来的根本目的在于试图将网络上虚拟的群体力量转化为现实的集合力量，通过对政治系统的信息输入达到改变输出结果、影响公共政策决策。

除了组织化，青年群体政治参与的专业化也是其参与方式的新特征。在出现重大社会事件或重要政策出台的时机，青年群体尤其是部分高学历、专业背景强的青年会聚集在网络上进行讨论甚至争辩，如2014年3月30日，广东茂名街头反PX游行群情激奋，而在同一时间，百度百科上也上演了一场PX词条的“上甘岭争夺战”，以清华大学化工系学生为主的学院派，昼夜捍卫PX“低毒”属性长达120小时，除了坚守“低毒”阵地，更有复旦大学等高校化学专业学生加入“保卫队”行列，完善细节、留言声援、刷存在感。再如复旦大学研究生吴恒创办的“掷出窗外”网，这是一个让中国百姓了解食品安全的网站、一份食品安全问题新闻资料库，类似于“有毒食品维基百科”，或者可以说它是一个关于食品安全的搜索引擎。青年群体能够运用自己的专业知识或技能对社会事件进行深度剖析和研究，理性地进行政治参与，切实维护了自身和社会大众的利益。

[延伸阅读]

青年面对中国政治应该考虑的问题

也许是出于专业的原因，自从选择了政治学这个专业，我就一直没有停止过对政治问题的思考。国家这个组织出现伊始，人们都在努力的追求着一种优良的生活，人作为“天生的政治动物”，如果离开了由独立的个人组成的群体就意味着回归到原始的自然，无论这种自然人所生活的空间是像霍布斯所描述的“丛林法则”，还是如洛克所描述的那样安静与祥和，都不会享受群性的愉悦与生命的价值，因为价值存在于物与物之间，从中国汉字“人”可以看出，人之所以称之为人，是因为相互支撑。

---

① 陶建钟：《组织性：网络政治参与的新趋向》，《中国青年研究》2005年第7期。

既然人是独立的个体，那么他们就会对政治生活有着个体独特的审美，于是出现了不同制度设计去实现这种美的要求，毕竟制度是针对群体的，所以关于人们如何参与政治生活，如何认识政治生活的争论由此产生。我们要讨论的青年与中国政治的问题就是在这一基础背景下产生。

一、于青年：斯为政治

对于如何评价青年人的政治思考，我想一个重要的前提是我们必须澄清政治是什么，人们争论的原因是什么，否则这样的争论是没有意义的。政治学上关于政治的界定有无数种，但是千变万化的定义背后都围绕着这样一个中心：资源的稀缺与合理分配的问题。

所以，在资源稀缺的问题上就产生了博弈的问题，在分配的合理问题上就产生了公平正义问题，但无论何种的争论以及由此延伸的任何问题都围绕着博弈展开，这样我们就必须对政治抱着这样的态度：既然是追求合法的博弈和公平的分配，那么我们必须宽容，因为宽容是解决问题的前提，不宽容往往带来的是灾难与毁灭。就像洛克在《论宗教宽容》中写的那样："基督教世界之所以发生以宗教为借口的一切纷乱和战争，并非因为存在着各式各样的不同意见（这是不可避免的），而是因为拒绝对那些持有不同意见的人实行宽容（而这是能够做到的）。"

所以面对博弈的政治，我们必须不能理想化，否则你会产生失落、悲观甚至绝望的情绪，这不符合人理性的特点，否则我只能说你是个自然人。

随着中国改革开放的深入，或者说中国现代化进程的加快，人口问题、资源问题等现实，对政府或者说对政府的政治应变力提出了更高的要求。在这样一个时空高度浓缩的社会，政府依靠其强大的权力，解决着突出的问题，但其中出现的问题也引起了人们的高度关注，随着网络媒体技术的发展，政府或者说政治的一举一动都为人们所重视，做得好的人们往往认为是理所应当，做得不好的却是怨声载道、街头骂娘，正是这种在政府与人民之间的隐形的互动中，政府的合法性基础在不断地被重塑，人们对政府的态度也从深孚众望到深负众望。我国的经济体制在转型，政治体制也在转型，两者的不平衡及因它们之间的互动而扭曲的政治生态正是热血青年对政治现实的最大不满之处。

二、"宽容"的青年

接下来我想从青年的角度分析一下他们认识事物的特点和对政治的希冀。青年人作为社会流动的血液，昭示着民族的未来与希望，却也因为行为激进、态度强硬被人们冠以“愤青”的名号。虽然他们有着美好的政治理想蓝图,有着各种自认为优越的制度设计,但我不得不说从专业的角度讲这是政治意识薄弱的表现,比较欣赏德国著名的政治思想家马克斯·韦伯的那句话:“一切伟大的政治理想都要隐退到现实的政治生活中去”;如上所言,现实的政治是各方博弈的结果,是一个过程,既然是博弈,尽管不是兵刃相见,但也会充满了冷漠、孤独、暴力与不人道。

为什么我们称呼年轻人为热血青年,那是因为,无可否认,青年人人生阅历比较少,思想最为纯洁,或者说单纯,把事情想象在情理之中,完全没有考虑到理想与现实之间的差距,具有这样思维的人,往往眼中揉不得沙子,所以就容易满腔热血,抛头弃颅在所不惜。所以既然政治是博弈,那么为了进一步认识政治生活,我认为作为青年人必须抱着宽容的态度去参与一切生活;这是权利,更是青年人崇高的使命。

所以接下来我会结合自己的思考,从一个知识分子、青年人的角度来分析青年人面对中国政治问题,应该采取的正确态度,你可以不同意,但是如上所说,你必须宽容我的言论。

三、青年与政治

(一) 公民与政治人的关系

这是青年人正确对待政治生活的前提。人有两种角色,公民和政治人。从人民主权的角度讲,作为公民你可以任意地提出自己的意见,甚至轻言谩骂;但是作为政治人必须理性,政治的博弈性会使单纯、简单的你淡去政治人的作用,在这种情况下,耻笑社会的人,必定会为社会所耻笑。

(二) 政治理想的美好与政治现实的残酷

中国是一个务实的民族,也是一个有理想的民族。说他务实是因为千百年来人们过着男耕女织,田园安稳的生活,自己动手丰衣足食是他们的人生信条,所以淳朴、善良、单纯就成为中国基层国民的一种普遍心态,虽然经过一系列的改革与革命打破了中国社会中这种传统的生活方式,但是它们却如沙石沉落水底一样,在一辈一辈间以某种方式承传。说他们理想是因为我们从来不乏智慧,无论是面对内部压迫还是外部的侵略,我们总能提出理想的口号,在勤劳的本能作用下,我们总能取得成功;同样还是这样一种淳朴、单纯的思维方式,使得我们成为理想主义者,面对现实与理想的巨大差距,我们往往捶胸顿足,哀其不幸、怒其不争,如果用现代的语言来描述,那么就是这种理想主义的传统培养了一批激进的愤青。

笔者认为，我们必须承认理想与现实之间的差距，从政治学的角度，马克斯·韦伯提出理想类型是用来描述问题、认识问题的而不是解决问题的。现实的问题应在现实中解决，直面现实才是你应有的态度，超越现实最终会残忍地被现实所抛弃；如果你相信某种超验的精神，那么你更应该把这种精神拿到现实中来，来解决现实问题，理想总是理想，如果不能转化为现实最终只能是镜中花，水中月，虽给人力量却让人走向孤立，最终走向灭亡。

政治生活更是如此，无论政治思想家是多么慷慨激昂的阐述政治理想，其理想设计是多么适合人的发展，其逻辑推演是多么符合人性，解决不了现实问题只能被定性为理想主义者，专业一点就是乌托邦主义者，这不是称赞而是一种间接的批评。既然现实是博弈，我们应该重视的是怎样习得或者创新博弈的科学与艺术，当然这不是一种庸俗论。

（三）公平与机遇的关系

作为青年人，我们也许最为关注的是公平与机遇的问题。不容乐观的就业形势，社会急剧转型背景下的阶层分化，巨大的贫富差距，往往使那些不能满足理想欲求的人对这个国家与社会充满仇视。但是我想说：

1. 从就业来看。我们必须摆正的心态是，资源是少的人是多的，这样只能是有才能的，有关系的先上，当然有关系的应该这样看：是单凭关系，还是能力加关系。我一直有这样一种观点，在就业的时候，从古至今我们都有这样一种传统叫作“知人善任”，因为知道，所以了解，因为了解，所以选择，这很正常，人之常情。同等条件下，选择认识的人带来的选择成本会小一些。

但是我们不得不说在我们这个急剧转型的社会，确实牺牲了很多人的利益，也给很多人留下了寻租的空间，可悲的是这种牺牲会永远地存在下去，无论我们是多么的国富民强，因为这不是一个单纯的是否能解决问题的，而是一种在任何制度下，任何社会中的理想与现实之间的张力问题，这个我认为不可避免，只能无限地缩小。用一句官话，寻租的问题的解决是时间问题，我们有信心，可悲的是不知道这个时间是什么时候。

2. 关于富二代问题。近年来，围绕富二代的报道层出不穷，青年人对贫富差距、炫富等行为恨之入骨。我认为这是一个很现实的如何看待财富的问题；既然我们尊重生命的尊严，尊重人的权利，就必须尊重人的财产权，尊重财富。问题的关键有两个：一是财富是如何获得的，通过辛勤的劳动获得，我们应当支持，通过非法手段获得，必须严厉打击；二是财富的转移问题，财富是个人价值的体现，如果财富不加限制地固化转移，就会导致整个社会的固化，这其实是一种倒退。所以关于财富，我们必须从法的高度，使它的获取与流动能够促进人的价值的实现与社会的和谐，进而引导人们树立正确的财富观。至于炫富的问题是一个个人道德问题，中国古语讲“财大气粗”，但一定程度上与上述的财富不合理转移有关系。

可以这样认为，现在的不合理是一个历史遗留问题，这个问题会随着社会群体生命的更新而解决，所以我们青年人要珍惜机会，不卑不亢，用自己的真正的能力去追求财富，在奋斗中弘扬社会正气，促进社会与人的全面的发展。

（四）民主与精英的关系

民主从其最初的意义来说就是人民的统治，在中国这个缺乏民主传统的国家，民主必定会具有无限的号召力，因而也就起到巨大的革命性；正是在这样的口号的引导下，我们建立了新中国。虽然没有了敌人的纷扰，民主似乎在政治口号中淡去，但却深深地扎根中国人民的心中，在某一个时间的节点迸发出来，挑起人们敏感的神经。但我们是不是要考虑这样一个问题，究竟什么是民主？他在现实政治生活中是以原初的形式展现，还是在民主外壳下作了结构上的调整？民主究竟是一种结果，还是一种过程，或者是否可以说民主应是一种生活方式。

对于民主，我认为我们应从两个角度来分析：直接民主和间接民主。公认的事实是，雅典的共和民主是直接民主的典型，但是研究历史我们会发现雅典的民主也只是所谓的“人”当中的“公民”的少数参与，及使人人有机会，但轮流的方式意味着少数人的统治，无论你如何号称我们的民主是直接民主是人民的统治，一旦回归到现实的政治运作，民主就是少数人的“统治”。这也是贡斯当对卢梭人民主权论最尖锐的批判。所以这里的少数人就涉及了精英的因素。至于当今的间接民主更是精英政治的典型。

在我国，人民主权是我们的国体，人民行使主权的形式是选举和被选举。如此又由一种直接的公民参与转换到了间接的精英管理的政治现实。但人民是主人的现实却没有变，尽管人们不承认，否则，按照逻辑推理，只有这个社会没有了国家才能是真正的民主。

笔者认为，民主应该是一种生活方式，只有在现实的组织生活中体现出它的优越性，民主才具有了真正的价值与意义。但我们必须承认，在任何社会中精英的巨大作用，精英是现实的选择，也是历史的必然，逻辑的自洽。这里一个不容回避的问题就是：什么样的人才是精英？精英是如何选拔的？这个问题就涉及了具体的政治运作，在此不述。

写了这么多，我想说的其实就一点：青年人要有正确的政治意识，抱着宽容的心态，积极参与政治、社会生活，我们不做理想主义者，但应该追求理想、幸福，追求人际的和谐与文明的融通，过有尊严的生活。

（原载共识网，2014 年 2 月 28 日　作者：牧歌）

第四章　文化的传承与创造

第一节　从传统文化中汲取精神力量

人类思想文化的发展犹如一条长河，要使之川流不息，奔腾向前，既不能塞其源，也不能断其流。任何一个国家和民族文化的发展，都离不开一定的文化传承，都必须在既有的文化传统基础上进行变革、创新与发展。习近平总书记在多个场合都勉励青年“我们的国家，我们的民族，从积贫积弱一步一步走到今天的发展繁荣，靠的就是一代又一代人的顽强拼搏，靠的就是中华民族自强不息的奋斗精神，”“一个没有精神力量的民族难以自立自强，一项没有文化支撑的事业难以持续长久，”“青年是引风气之先的社会力量。一个民族的文明素养很大程度上体现在青年一代的道德水准和精神风貌上。”为此，本节就上海青年对传统文化的认知与态度做专门的考察，并探讨传统文化对青少年核心价值观的影响。

5 000 多年的文明发展，创造了博大精深的中华文化，成为中华民族生生不息、发展壮大的力量源泉。弘扬优秀传统文化，传承中华传统美德，既是国家富强、民族复兴、人民幸福的题中应有之义，也是实现这一梦想的精神支撑。尤其在我们为实现“中国梦”深化改革之季，传统文化中的优秀部分更是我们的文化根基与力量源泉。

一、青年对传统文化的总体态度：普遍认同但深度不够

调查显示，48.2%的受访青年认为应继承发扬传统文化，45.2%的受访青年则选择对传统文化应有所扬弃，表示传统文化已过时的占受访青年的 5.0%，

认为不关心的仅为 1.7%。(见表 4.1)

表 4.1　青年对于传统文化的总体态度(%)

	有效占比
博大精深、源远流长,应继承发扬	48.2
有精华也有糟粕,接受时要有所扬弃	45.2
在现代传统文化已经过时	5.0
不关心,也无甚认识	1.7

交互分析显示,在对于传统文化的总体认识上,不同性别、年龄、政治面貌、户籍情况、学历、单位性质、职业状况的青年有细微差别,但总体仍以肯定传统文化的一、二两个选项("博大精深、源远流长,应继承发扬"和"有精华也有糟粕,接受时要有所扬弃")为主,两项百分比之和在 90%左右,同时一、二两选项又几乎难分伯仲,反映了青年在对待传统文化的态度方面普遍认同但统一度不够的现状。

这一现状反映了为数不少的青年对传统文化并没有足够了解与深入的认识,缺乏独立思考。随着教育部《国家大学生文化素质教育基础建设的实施意见》(教高司〔2000〕36 号)、《国家中长期教育改革和发展规划纲要(2010—2020年)》等文件的先后出台,在社会各界的不懈努力下,越来越多的人开始意识到宣传和弘扬中华民族传统文化的重要性。如"国学热"兴起并持续升温,"百家讲坛"等热播。在此过程中,青年对传统文化的认同存在一个极端,即因为害怕孤立而力图避免单独持有某些态度和信念的"沉默的螺旋"效应。比如,访谈中,面对易中天的"三国热"和于丹的"论语热",以及关于《明朝的那些事儿》的叙事化平民写作方式,他们普遍接受这样通俗易懂的、接地气的表达方式,但是受访者对上述内容实际了解程度不高,甚至很陌生,也就是说不存在真正意义上的认识。面对社会上传统文化符号化快餐式宣传,以及娱乐化炒作式宣传,部分青年不能明确认知,"都可以"、"人云亦云"、"随波逐流"成为他们下意识的选择。

我们应该明确,中国的传统文化是"以中华民族为创作主体,于清晚期以前,在中国这块土地上形成和发展起来的,具有鲜明特色和稳定结构的,世代传承并影响整个社会历史的,宏大的古典文化体系"。它涵盖了中华民族的思想观念、价值取向、思维方式、道德情操、礼仪制度等多方面的内容。由于其丰富的内涵与庞杂的体系,决定了传统文化中既包含许多优秀的成分,也不可避免地混杂着某些糟粕的部分。特别是我国经历了历时最为漫长的封建社会，社会长期处于等级制度之中，集权嗜好、特权思想、官僚主义、等级观念、家长作风等腐朽思想根深蒂固。这些糟粕部分腐蚀人的心灵、败坏社会风气，影响和阻碍社会发展。“新松恨不高千尺，恶竹应须斩万竿。”对于传统文化，一定要辩证地分析、理性地看待，采取批判继承的态度，古为今用、推陈出新，取其精华、去其糟粕。运用马克思主义的立场、观点和方法，辨析、剔除传统文化中所包含的封建主义腐朽思想成分，同时结合时代特征，继承、发扬传统文化中的优秀成分。诚如习近平总书记 2013 年 11 月 26 日在曲阜调研时所指出：“一个国家、一个民族的强盛，总是以文化兴盛为支撑的，中华民族伟大复兴需要以中华文化发展繁荣为条件。对历史文化特别是先人传承下来的道德规范，要坚持古为今用、推陈出新，有鉴别地加以对待，有扬弃地予以继承。”

二、青年对传统文化的活动参与：载体寥寥而自觉不够

“认同”与“自觉”分属“文化心理”两个不同的维度。“文化认同”是指个体或群体依据它所生活在其中的环境与文化系统，直接地或间接地、感性地或理性地、自发地或自觉地对自身所属的文化的共识、认可、归属、归附。“文化自觉”的思想意义在于“生活在一定文化中的人对其文化要有‘自知之明’，明白它的来历、形成的过程，所具有的特色和它的发展的趋向”。

前述分析表明，大多数青年人认可传统文化在中国文化中的地位和作用，访谈中青年朋友也一致表示，中国传统文化知识具有悠久的历史，优良的传统，对传统文化精髓的掌握，可以提高我们的道德、文化修养。但这种“认同”并未给行为的“自觉”带来相应的逻辑。这也与我们的调查暗合。如表 4.2 所示，从不去看传统文化文艺表演的受访青年所占百分比最高为 43.3%，去过一两次的为 33.7%，偶然去看的占 18.9%，经常去看的仅占全体受访青年的 4.2%。

表 4.2　青年对传统文化的活动参与状况(%)

	有效占比		有效占比
从不去看	43.3	偶尔去看	18.9
去看过一两次	33.7	经常去看	4.2

同样，不同个体条件的青年在此问题上特征大体一致，并无显著差异，见表 4.3。这一总体特征，反映了传播传统文化的活动形式单一、载体匮乏，难以吸引青年主动、自觉参与。

表 4.3 不同性别、政治面貌、教育程度青年对于传统文化活动的参与状况(%)

	性别		政治面貌				教育程度				
	男	女	中共党员	共青团员	民主党派	群众	初中及以下	高中	大专/高职	本科	研究生
经常去看	5.2	3.6	31.7	45.5	0.0	4.9	7.5	3.7	3.7	3.8	6.2
偶尔去看	17.6	19.9	35.2	41.3	0.0	16.3	20.4	16.4	19.8	17.0	25.8
去看过一两次	3.9	4.2	38.7	36.8	16.7	28.7	29.0	26.6	32.3	35.5	37.3
从不去看	20.6	19.2	33.2	43.4	83.3	50.1	43.0	53.3	44.2	43.7	30.7

与此形成鲜明反差的是与青年兴趣相关联的传统文化活动正方兴未艾。例如,2005 年 12 月创立于上海的青年社团"汉未央",就是以汉服为主要载体,活动于传统节日元宵、端午、中秋等,推广传统婚礼、成人礼(冠、笄礼)等,面向爱好传统文化的青年举办传统文化互动式讲座,传播汉礼、汉舞、汉乐、汉妆、汉茶、汉食、汉医等传统文化的青年组织。正是对传统文化的兴趣,使这些上海青年走到了一起,形成数百人的规模,并成为上海世博会指定华夏礼仪展示团队,被《新闻晨报》、《东方早报》、《新闻晨报》、《新闻晚报》、《东方网》等多家媒体报道。与此相仿,坐落于上海静安的"竹林文化社区",也是一个由爱好传统文化的青年人以网络为媒介组织起来的以传统文化修习、休闲、娱乐为特色的实体社区。青年会员同时可以通过网络社区和实体场馆进行交流互动,并且选择自己感兴趣的传统文化内容进行修习和分享。实体场馆内提供古琴、围棋、书法、国画、茶道、昆曲、中医、太极、古妆九门课程,合称"竹林九门"。参加该门学习的会员,也同时加入由会员自行成立的该门组织,与同门师兄妹相互扶持,共同进步,与同道中人一起探讨本门技艺。竹林的青年会员们大多是一群会工作、懂生活的都市人,虽然在红尘中不得身闲、却可求个心闲,与同道中人一起以"琴、棋、书、画、诗、酒、茶"为乐,不尚贤不尚雅,唯求闲情自在,纯粹地享受传统文化的韵味和乐趣。

正如习近平总书记所指出:"中华民族创造了博大精深的灿烂文化,要使中华民族最基本的文化基因与当代文化相适应、与现代社会相协调,以人们喜闻乐见、具有广泛参与性的方式推广开来,把跨越时空、超越国度、富有永恒魅力、具有当代价值的文化精神弘扬起来,把继承传统优秀文化又弘扬时代精神、立足本国又面向世界的当代中国文化创新成果传播出去。要系统梳理传统文化资源,让收藏在禁宫里的文物、陈列在广阔大地上的遗产、书写在古籍里的文字都活起来。”要让传统文化都活起来,传统节日是一个很好的载体。我们的调查显示了青年人对节日的态度。

三、青年对传统节日的态度倾向:理性认可又青睐外来

行为倾向并非行为本身,它是一种行为意图,是建立在认知和情感基础上的行动准备状态。在此项分析中,之所以提这样一个概念,是为了说明青年在理性选择的同时,感情所具备的另一种冲动。

关于“哪些节日对您来说最重要”的问题,受访青年的选择按频次高低排序,依次是:春节、中秋节、清明节,分别占94.8%、62.3%、34.0%。(见表4.4)此外,仍有相当比例的青年也愿意过洋节。在一项调查中显示,47.0%的受访大学生认为圣诞节、情人节一类的西方节日比中秋节等传统节日更加重要。

表4.4　青年对传统节日的态度倾向(%)

节　日	频次	有效占比
春　节	1 281	94.8
中秋节	842	62.3
清明节	459	34.0
元宵节	291	21.6
元　旦	289	21.4
端午节	208	15.4
圣诞节	168	12.4
重阳节	55	4.1
愚人节	34	2.5
感恩节	31	2.3
万圣节	16	1.2

在访谈中,课题组选了“三月三”这个节日对80名大学生进行认知调查。结果显示,有七成学生不知道这一传统节日,还有小部分表示听说过,但具体由来不清楚。中国自古有“二月二,龙抬头;三月三,生轩辕”的说法。后来发展成为汉族水边饮宴、郊外游春的节日。但因各地各民族风俗习惯的差异,一方面传统节日遭受“光棍节”等新节和“圣诞节”等洋节的冲击,另一方面年轻人对传

统节日文化不了解,“三月三”的节日略显得小众化就不足为怪了。正如前文所述,兴趣是吸引青年参与到传统文化活动中来的主要原因,而从调查结果看青年对传统节日尚较为重视。因此,我们要“重视民族传统节日的思想熏陶和文化教育功能,丰富民族传统节日的文化内涵,开展优秀传统文化教育普及活动,培育特色鲜明、气氛浓郁的节日文化。”以内涵丰富、趣味十足的传统节日最为传扬传统文化的重要载体,吸引广大青年关注、参与,推广普及传统文化。

现代社会中西方在各层次均交流密切,中国社会也随处可见西方文化的身影。对待中国传统文化与西方文化的关系上,调查显示,49.0%的受访者认为“中国传统文化处于弱势地位,西方文化挤占了传统文化的空间”;24.0%的受访者认为中国传统文化处于强势地位,另有27.0%的受访者认为两种文化已经融合,不能绝对判断孰强孰劣。调查结果表明,大部分受访者认为中国传统文化在西方文化面前,并不能保持自身优势。正如一名受访者表示:“我认为中国传统文化博大精深,但是现在并未能完全展示出来。我们应该发扬自身的文化优势,不能输于西方文化。”

四、青年对传统文化的传承方式:参与体验胜枯燥灌输

“学史可以看成败、鉴得失、知兴替;学诗可以情飞扬、志高昂、人灵秀;学伦理可以知廉耻、懂荣辱、辨是非。”学习传统文化能多方面地提升青年人的道德素养与文化情操,但以怎样的方式能让青年乐于接触、学习传统文化,我们的调查揭示了青年在传承、学习传统文化的现状。

如表4.5所示,青年传承传统文化的主要障碍在于对所接触的传统文化认为“内容枯燥乏味,看不懂”的,占受访青年的25.52%,此外依次是认为“学习形式单一”的占23.15%,“缺乏有效学习渠道”的占20.41%,“认为不重要”的占19.23%,“宣传不够”的占11.69%。

表4.5 青年对传统文化的传承方式(%)

	有效占比		有效占比
内容枯燥乏味,看不懂	25.52	认为不重要	19.23
学习形式单一	23.15	宣传不够	11.69
缺乏有效学习渠道	20.41		

分别与年龄、政治面貌、教育程度、单位性质等变量进行的交互分析显示,不同身份条件的青年,对传统文化传承的障碍原因也不尽相同。在年龄方面,

尚在高中、大学阶段的18岁以上青年选择学习形式单一的比例最高，为38.5%，明显高于其他年龄段。在政治面貌方面，党、团员选择认为传统文化不重要的反比其他政治面貌的青年比例要高，分别为30.0%与25.3%。在学历方面，研究生以上学历的青年认为传统文化不重要的明显高于其他学历层次，高达34.2%。在单位性质方面，在校学生选择认为传统文化不重要的比例为37.3%，明显高于其他青年。调查显示的这些数据，虽然我们一时无法找到其背后的原因，但足以引起我们的重视。青年学生不爱学习传统文化，认为传统文化不重要的症结何在，值得人们多方面的深思。

据《文汇报》的调查，应用型书籍占据了大学生课外阅读时间的一半以上，娱乐休闲书籍在大学校园同样也很受欢迎。与之成鲜明对比的是大学生对古代经、史、子、集的鲜少阅读。在2004年《中国新闻周刊》对北京几所高校开展了关于"当代青年对中国传统文化的认知与态度"的调查显示，79.0%的受访者对于传统文化著作"偶尔翻阅"，13.0%的受访者"敬而远之"、表示"深恶痛绝"者有2.0%，只有6.0%的受访者说"爱不释手"。同时，大学生特别是理工科大学生对于文学、历史、哲学知识很少涉及，对于中国传统文化不甚了解。

鉴于调查揭示的如上现状，拓展传统文化的传播途径、转变青年参与学习传统文化的方式十分必要，我们对青年乐于接受的学习传统文化的方式进行了调查。选择"旅游、探访文物古迹"与"参加民俗活动"的比例最高，分别为37.4%和25.1%，且交互分析显示，各类青年群体对此均较为一致，都乐于选择这两种参与体验式的学习方式。（见表4.6）

表4.6　青年乐于接受学习传统文化的方式(%)

	有效占比
旅游、探访文物古迹	37.4
参加民俗活动	25.1
名家讲座	10.4
传统文化课程	9.8
业余时间学习传统技艺	8.3
传统文化题材电影、电视剧、动画片	3.3
网络宣传	3.2
课外书籍阅读	1.9
其　他	0.7

针对调查揭示的青年学习传统文化的方式倾向，变枯燥灌输为参与体验是一种必然的选择。目前，不少院校已作了有益的尝试。2014 年 6 月 16 日，光明日报与教育部联合推出“礼敬中华优秀传统文化·校园巡礼”栏目，报道了各校的礼敬活动。书香浸润，大师引导，课外活动，多媒体助阵，博物馆里的文物、校园里的遗产、古籍里的文字都“活”了起来。比如，武汉大学以“珞珈国学大讲堂”为园地，天津大学以“北洋大讲堂”为依托，大连理工大学以“百川讲堂”做平台，邀请学术大师、文化名家走进校园，用中华优秀传统文化智慧的声音和深刻的思想滋养社会主义核心价值观。中国人民大学通过组织研读原典、小班授课、游历古文化遗址等，让学生充分感受《论语》、《孟子》、《墨子》等原典内容，深刻理解优秀传统文化的内涵。哈尔滨工业大学开设了“国学经典导读”等 6 门必修的文化素质教育课，以及“中国茶文化欣赏”、“《红楼梦》专题”等 13 门任选课。清华大学开设 9 个大类 100 余门文化素质教育课程，其中“中国古代礼仪文明”、“文物精品与文化中国”等 7 门课程获得国家级精品课程。南开大学在每一个学生宿舍安装了穿衣镜，提醒学生时刻谨记“容止格言”，保持整洁合适、积极向上的仪容仪表，注意修身养性，焕发“吾校学生之气质”精神。湖南大学利用大学生网站学习资源栏目分享传统文化学习资料，组织专家列出 100 本传统文化学习书单。他们创设微信公众号，以推送和问答的方式普及传统文化知识，各平台总访问量超过 50 万人次。大连理工大学依托学校官方微博、微信平台，开展线上微讨论、知识竞赛等活动，举办在线传统文化展览，拓展了优秀传统文化的传播渠道。清华大学充分利用慕课平台，历史系教授彭林开设的慕课课程“文物精品与文化中国”，内容精彩，雅俗共赏。这些尝试为学校教育传播传统文化做出了榜样，值得借鉴推广。

五、青年传承传统文化，汲取精神力量树立正确价值观

中国传统文化最主要的特点是鲜明的人文精神，具体表现为注重现实人生的意义，即注重人生伦理价值与艺术品位，注重人生的自我修养与精神生活。中国传统文化，表现在哲学、史学、教育、文学、科学、艺术等各个领域，乐以成道，追求人的完善，追求人的理想，追求人与自然的和谐，表现了鲜明的重人文、重人伦的特色。正确引导青年接触、了解中国传统文化，对于提高青年的人文素养、提高思想道德境界，激发爱国主义情感，增强民族自尊心和自信心都有着重要的作用。针对调研结果，我们提出以下建议：

一是注重传统文化宣传与教育的协调性，多种类型传统文化并举。现行教育对中国传统文化中的文学、哲学等在宣传、教育方面较为侧重，而对于其他一

些传统文化的宣传教育则略显欠缺。同时加之一些传统文化如传统艺术等，学习及精通门槛高，导致某些传统文化在青年群体中了解程度较低。因而，在传统文化的传承与教育中，应该注重传统文化类别区分，并有意识地加大对各类型传统文化的宣传教育，如增设曲艺、手工艺、传统乐器课堂、讲座、互动活动等。

二是注重传统文化教育学习形式。调查显示青年群体对于“节日”、“饮食”、“传统习俗”等生活化的传统文化更有兴趣，因此在进行传统文化学习教育中可注重此类文化的教育。可尝试实地参观，学生群体举办中国饮食节、习俗展等具有趣味性及参与性的课程及活动。在组织形式多样化的同时，应注重强调中国传统文化精神内涵，使学习中保证对传统文化的深刻掌握及正确理解，如讲解、探究此类传统文化历史渊源、社会作用等。

三是注重新时期新方法的运用，探索创新模式。调查表明，新媒体在传统文化传播中尚不具备较大作用。但部分受访者对新媒体中所能呈现的新形式表示期待。探索新方法，保证良好接受度是传统文化传播中的一个值得尝试的方向。

四是加强传统文化传承发扬教育，营造传统文化学习发扬良好氛围。对于传统文化的重要性及传承，广大青年具有清醒和正确的认识，并且愿意为发扬传统文化贡献自己的力量。对于发扬传承传统文化，一是需要搭建学习、宣传传统文化的平台，让人人都可轻松参与，这些平台可包括线上及线下；二是通过树立典型，如在校内建立相应的社团或组织，举办有关传统文化的活动，展现传统文化的魅力，以达到吸引广大青年热情参与的目的。

习近平总书记的多次讲话涉及传统文化与社会主义核心价值观，深刻揭示了两者间的内在逻辑关系，并对青年传承传统文化、汲取精神力量树立正确价值观作了指示。在此，我们将这几段重要讲话一一列出，号召广大青年积极响应，也作为本节的结尾：

“5 000年中华文明，是人类文化河流中唯一没有干涸、没有断流的文明……我们树立核心价值观，也要从传统文化里去找精气神。”

“培育和弘扬社会主义核心价值观必须立足中华优秀传统文化。牢固的核心价值观，都有其固有的根本。抛弃传统、丢掉根本，就等于割断了自己的精神命脉。博大精深的中华优秀传统文化是我们在世界文化激荡中站稳脚跟的根基。中华文化源远流长，积淀着中华民族最深层的精神追求，代表着中华民族独特的精神标识，为中华民族生生不息、发展壮大提供了丰厚滋养。中华传统美德是中华文化精髓，蕴含着丰富的思想道德资源。不忘本来才能开辟未来，善于继承才能更好创新。对历史文化特别是先人传承下来的价值理念和道德规范，要坚持古为今用、推陈出新，有鉴别地加以对待，有扬弃地予以继承，努力用中华民族创造的一切精神财富来以文化人、以文育人。”

“人类社会发展的历史表明，对一个民族、一个国家来说，最持久、最深层的力量是全社会共同认可的核心价值观。核心价值观，承载着一个民族、一个国家的精神追求，体现着一个社会评判是非曲直的价值标准。古人说：‘大学之道，在明明德，在亲民，在止于至善。’核心价值观，其实就是一种德，既是个人的德，也是一种大德，就是国家的德、社会的德。国无德不兴，人无德不立。如果一个民族、一个国家没有共同的核心价值观，莫衷一是，行无依归，那这个民族、这个国家就无法前进。这样的情形，在我国历史上，在当今世界上，都屡见不鲜。”

“青年的价值取向决定了未来整个社会的价值取向，而青年又处在价值观形成和确立的时期，抓好这一时期的价值观养成十分重要。这就像穿衣服扣扣子一样，如果第一粒扣子扣错了，剩余的扣子都会扣错。人生的扣子从一开始就要扣好。‘凿井者，起于三寸之坎，以就万仞之深。’青年要从现在做起、从自己做起，使社会主义核心价值观成为自己的基本遵循，并身体力行大力将其推广到全社会去。”

第二节　文化海漂的追梦之旅

上海在短短一百多年的时间迅速崛起，上海文化伴随历史的发展形成自己特有的风格。追溯上海的文明渊源，从古遗址中，发现了渔网坠、石刀、骨锥、牙刀等与渔猎有关的遗物，证明在上古时期上海地域已经有了相当的物质文明。开埠以前，上海地处长江三角洲，文化上从属于江南文化，渊源于长江流域江浙的古吴越文化。醉白池的江南古典园林、朱家角镇的水乡街巷、上海的老城厢中都能寻觅到江南文化的踪迹。上海的文化还继承了江南文化的敏感和细腻，江南文化亲水性特征造就了一种动态的文化形态，对异质文化体现出宽容的姿态，产生出接受新鲜事物的因子。来自南边的浙江人和北来的江苏人，“移民”汇聚在上海这块地域，构成最初的“海漂”，“海漂”们慢慢生根发芽，扎根融入地域，最终也构成当代上海人的重要群体。移民大胆开放的冒险和开拓精神，给上海文化里带来了开创的特征。

19世纪中叶，西方殖民者的坚船利炮打开了中国的大门，跟外国列强签订不平等条约后，地处东南海角的上海被辟为通商口岸。开埠后，上海由一个小镇迅速蜕变为全国的商业经济重心，伴随而来的就是中西大融汇的文化随之渐趋形成。开放的港口，不断繁荣的市场，把大量的人口吸引到这里，从内陆从海上，从此上海各种南来北往口音汇集，同时也接收到欧风美语。在上海滩上，中、西、古、今文化相互撞击、交汇、渗透、吸引、兼容的土壤中孕育诞生最初的上海文化的样貌。一百多年间上海出现了太多的文化名流，而他们往往是“漂”在上海的。文人骚客在上海发展并最后有所成就的不胜枚举，老“海漂”们和他们的成就，最终构成上海文化的基石，勾勒出上海在人们心中的模样。

“漂”就是一种流动的状态。“漂”所形成的意向是被流水承载着的摇晃不断，有可能是波峰也有可能是波谷，同样有可能翻覆沉沦。漂泊、漂流总是让人形成不稳定感，形成被动的印象，情感上有偏苦和悲情的感觉。最早形成“漂”的概念，应该源自所谓“北漂”，这是对在北京流浪闯荡的人们的称呼，把自己和北京人分离开来，有点自嘲、自我调侃和无奈的意味夹杂其间。而在上海的这些漂流奋斗的人，不太愿意把自己等同于北漂，更愿意接受“新上海人”的称呼。“我是一个新上海人”，这个当中本来就带着骄傲，带着一丝洋气的意味，没有隔阂，没有地域歧视，把自己努力融入整个本地人群体，成为城市的主人。所以上海的“海漂”有一点像是对于在老上海闯荡江湖的人的称呼，如今这样的称谓除了和“北漂”类似的漂流之感以外，还带有历史的味道。

如今上海已经发展成为一座国际大都市，各种各样的文化潮流在上海汇聚，上海也正致力于建设文化大繁荣，上海的开放、多元与包容的精神不断地推动着上海走向世界，吸引更多的人了解上海，接触上海的文化和风土人情。繁荣开放的上海更是吸引着国内国外众多的文化人，这些来自五湖四海的人才，我们把他们称为文化“海漂”。同样，众多青年也在这块土地上“漂”着，而这样的“漂”绝不仅仅是存在，而更多的人愿意在这里投入和创造，成为上海人的一分子。一个“漂”字，意味着在市场上的自由流动，对于个人这是个人价值的一种界定，文化理念的个性表达；而对一座城市，这是经济发展到一定阶段之后，生发于文化领域的强烈渴求，是城市转型发展之际的必然选择。上海要成为文化创新创业的热土，理应注重集聚多样化的文化艺术人才，尤其是培育一个富有活力的“海漂”群体。从城市的文化特性和品质来讲，城市文化虽然有其物理载体，但本质上是流动的，这一点与乡村文化不同。流动性对于城市文化的动力机制和创作活力来说至关重要。愿意选择这种状态的人，首先很自信，其次渴望获得更大的自由创作的空间，有这样一群人和这样的一种文化现象存在，对于改变城市静止的固有的文化生态来说是一件好事，有助于城市文化多样性的形成，同时会对一个城市的文化生态和文化创作形成鲶鱼效应，增强活力和活性。可以说，“漂”的程度越高，城市的文化包容性越强。

在我们的一份关于青年文化“海漂”的问卷中，主要是35岁以下，在上海从事影视、音乐、文学、美术、艺术设计等文化艺术行业而无本地户籍的外来人员。通过对这一群体生存现状的抽样问卷调查和访谈，可以看出，上海为“海漂”营造了相对公平开放的环境，也增强了他们对上海的认同感。譬如，在对200名受访者所做的问卷调查中，有50%的受访者认为自己已经融入上海的生活节奏、工作方式，80%的受访者认为自己会长期在上海工作生活，54.3%的受访者对当前的状况持有乐观的心态，51.5%的受访者相信上海能够为自己提供足够的发展空间，对工作环境、医疗卫生、公共设施、社会治安等方面表示满意或认同的受访者均超过半数。尽管如此，“海漂”的生存现状仍然存在着一些问题。在同一份问卷调查中，对工作状况表示“非常满意”和“比较满意”的受访者分别占3.5%和44.5%，对生活状况表示“非常满意”和“比较满意”的受访者分别占2.5%和40%，均未超过半数；共有55.5%的受访者认为工作压力“很大”或“较大”，共有58.5%的受访者认为生活压力“很大”或“较大”。这说明，“海漂”在总体上承受着比较大的生存压力，他们的工作、生活环境还有待改进和完善。

这里我们聚焦了十位“海漂”青年，通过与这些在上海从事文化工作或文化产业发展的青年，开展关于青年人与“上海文化”内容访谈对话，了解他们在上海的生活、工作状态，也同时期望通过青年的眼睛来审视这所城市的文化发展，在侧面看“上海文化”的现状以及未来。他们在上海从事着跟文化相关联的不同行业，有杂志编辑记者、有新媒体文化公司职员、有文化私企主，也有媒体艺术家等。他们中有刚参加工作的90后，也有十几年工作经验，相对成熟的80后70后。面对“上海梦”，每个人都有不同的理解和解读。

一、文化“海漂”们的生存状态

（一）选择上海的理由

中国的发展日新月异，尤其以北、上、广、深为代表的大城市，由于它们的迅速发展汇聚了来自全国各地众多人才，不同地域和历史就塑造了城市风格的差异，选择在各自奋斗的人也会有着不同的原由。

文化“海漂”青年选择在上海为追逐梦想也都有他们的理由。在受访青年中有的是个人情感关系原因，或者上海原本就是毕业院校所在地，所以环境相对别的城市熟悉，毕业了自然就留在这里。更为大多数文化青年相一致的理由在生活方面较为突出。例如，“资讯发达，交通便捷，城市细腻，务实靠谱”，是比较具有代表性的意见。他们认为上海是国际化大都市，经济发达，上海是理想和适宜居住地。生活环境也比较好，基础条件比较好，各方面都非常方便，和其他城市的比较中，上海整个城市让人感觉舒服，城市比较文明，居民总体素质比较高。虽然移民人口越来越多，也并没有想象中的排外，挺有包容性。

工作方面选择的理由是大家认同上海的工作环境比较好。在上海有文化产业聚集，是各国文化的融合，和其他城市比上海更加国际化。同时，上海比起其他城市更加的富有挑战性，同时也有更多的机会。有几位受访者特别提出相对国内其他地方，上海有更强的商业与规则意识。人们更加遵守一些行业或者社会上的既定规则，注重名誉与诚信，工作效率比较高。

（二）渴望与诉求

上海曾经被称为是“冒险家的乐园”，这个被称为“东方巴黎”的地方，仿佛遍地都是黄金，全国乃至世界各地的人们蜂拥而至上海“淘金”，每个人都想在上海梦想成真。而今的文化“海漂”在上海工作从事着文化方面事业，他们拥有渴望和理想，在点燃城市的生命力也同时推动着整个城市的文化发展。

访谈中，几乎所有的受访者都认为在上海从事文化工作是有发展机会的，但有的也提出“特别针对青年的机会和政策”并不明显和开放。他们都希望整个文化昌盛，业态繁荣，能作为文化工作的其中的一分子，有更多成长和施展的空间，将所学和经验实践用于工作之中，发挥一技之长。有的渴望自己成为行业领军人物，有的期望创造更多财富，有的希望通过优秀的职业操守做好本职工作，也有的青年想法也很简单，渴望安定，期望在上海能够稳定舒适的生活。

青年“海漂”都希望自我价值能够体现，渴望工作被肯定，并期待与所在企业、单位，以及上海的整个文化一起壮大，乃至于成为行业领袖，期望自己所做的能有所回报，并得到相应的成就感与荣誉感。作为从事为文化工作期望人们有更好文化版权意识，期待文化受到尊重，并能建立规范和遵守规则。

能更富有创造性，能够有更丰富的交流也是“海漂”青年渴望的。上海的文化圈相对较小并且相对独立，无法了解其他领域的文化和背景。如何能接触到更多其他行业的优秀人才，学习到更多新的思维和方法是大家期望的。同时希望沟通壁垒小一些，一些资源可以得到更有效率的整合应用。渴望增加各领域之间交流的机会，能有更多的文化领域可以进入探索和学习。期望改善创造力发挥的客观环境与获得主观能动性的鼓励，能使得青年创造力的发挥得到充分的施展。特别提出能让独立设计师等艺术家的个性创意有发挥的平台，尊重原创，支持原创，并希望得到社会各界的更多支持、包容。

（三）困难与机遇

对于刚刚开埠的上海，前辈“海漂”们所拥有的是一个得天独厚、千载难逢的机遇。国门的被迫打开，西方文化涌进来，上海的每一个租界都是独立的社会，清朝社会和法律干预不到。以文化出版界为例，上海集中了当时全国所有的重要出版新闻机构，而且上海除了中国人自己办的、政府背景办的各种新闻机构外，还有外资的、传教士办的等等各种新闻出版机构，所以有了大量的产出，有很多的空间和资源。如此一系列的因素加上“海漂”和上海文化人士的共同努力造就了上海文化繁荣辉煌的历史。

而当代的“海漂”们面临种种困境，但同时也拥有诸多机遇。跟他们的前辈相互比较，相比之下今天整个国家的开放和发展，使得“海漂”就不如前辈那么得天独厚了，但是当代“海漂”有当代的优势，也是上海自身的优势，因为这里是最有国际性的城市，注定了上海的文化国际品格。

大部分的受访者对目前的工作和生活总体较为满意，但同时也有不少困难。大家普遍认为收入并不能满意，可能文化行业整体都是薪酬较低。上海作为国际化都市，生活成本较高，生存压力大，吃穿住行都需要很高的成本。薪酬可能比中小城市要高一些，可是综合下来，可能必需的消耗要多得多，这也会压缩他们的文化消费。虽然文化工作的环境相对比较自由，工作强度和压力也非常大，节奏普遍太快，时间和空间较小，这会大大压缩创作以及限制想象。工作生活会渐渐陷入规律，而规律对文化工作未必有好处，缺乏创作的动力。设想如果经济包袱小一点，时间更加充裕些，而大家可以无后顾之忧地消费文化，文化产业将更全面而昌盛。

大部分被访者虽然谈到工作辛苦，但是对自己的事业依然充满着热爱。他们愿意更努力地投入其间，他们更加看重的是所做的事情能被肯定和尊重。有的受访者认为在实际工作中上级对自己的工作没有完全地予以平等和尊重，并在给予年轻人的机会和待遇上太苛刻，没有太多容差容错的机会。

个别受访者依然担心没后台，没学历，没有名牌大学背景，机会就会少。这样的担心不无道理，中国是个人情社会，不得不承认有些机会的确是有关系比较好解决。但受访者更普遍认同在上海的规范性。“上海是一个纯粹的城市，它只看你的实力和能力。”在上海，人们普遍比较遵守规则，人们看到更多的可能是一个通过奋斗能够上升到比较高的通道。“在这个地方，可能没有人去照应你，纯粹的机会不大，要自己去创造机遇，但是你依然可以凭着自己的才华和能力向上走，能走得高走得远。”

另外“海漂”青年的困难还在于对自身定位有一定的困惑，但这一点应该是青年在这个年龄段普遍遇到的问题。从学校毕业，在与社会的更多接触中，青年迫切想要发展，而环境和条件的不同，使得青年更需要定位去实现自己的理想。有的青年有着诸多不满意，不满的根源是对内在自己的不满意，对自我工作状态的不满意。受访青年也认识到需要更好的自我调节，更加努力地适应日新月异的社会。

二、从文化“海漂”视角看“上海文化”

精英文化铸就出文化的塔尖，文化基座需要更多人才，尤其是青年文化人才的不断塑造，“上海文化”历经的变化和沉淀已经形成人们印象中的特有风格，而新时代的发展和社会的大变革，老上海的味道早已经变了，青年对“上海文化”的印象和追求最终也塑造出文化的新形态。文化“海漂”的视角“上海文化”是什么样子呢？他们来上海为文化视野添砖加瓦，他们的“文化”愿景又是如何，他们理想中上海文化又是个什么样子呢？

（一）比较与认同

在谈到文化问题，作为极为重要的文化阵地，不可避免地把上海和北京等城市作为比较。

观点一：与北京相比上海文化圈较小，北京文化中央机构和院校相对集中，对文化人更有吸引力。上海工作本地客户圈子比较小。生活方面户籍所带来的限制也比较明显。北京工作会更加如鱼得水，大部分的重要的文化公司企业和机关都在北京。上海不具备北京这么多的中央资源和中央媒体，北影厂附近有北京电影学院，还有中央电视台的电影频道，集中了诸多的制作公司、经纪公司。北京还拥有一流的艺术院校，如北京电影学院、中国传媒大学、中央戏剧学院、中央音乐学院、中央美术学院。上海善于吸收外来文化外来先进制度的特点使得上海更加商业化，商业化带来的商品贸易，娱乐业等方面的变化也将彻底地改变上海日后发展模式。商业化是上海文化繁荣兴盛的重要动因和显著特征，为上海如今现代化的摩登都市面貌打下了基础。此外，文化活动也被纳入商品化的轨道。无论是报刊、书籍的印刷、发行，戏剧的排练、演出，还是电影的拍摄、放映，都严格遵循市场的需求和经济运行的机制。商人最初是为了赚取利润而从事文化经营活动，但现代生产技术和商业化经营模式的引入却从一个方向有力地推动了上海文化产业的繁荣，上海的出版业、新闻报刊业、戏剧和电影业等迅速地发展起来。因为有了这些文化机构、文化产业，就有了越来越多的文化人士聚集于此，培养、造就和吸引了大批文化精英、文化大家。

观点二：文化更多趋向围绕着政治，所以北京是中国文化的中心，上海是文化次中心。文化历来都是为政治所服务的，政治中心在北京，文化中心自然会在北京。尤其是主流的相对官方文化，政府会去更加支持它。文化一直是士大夫的文化，是上层的文化，是上层的一种休闲，他们需要文化消费和应酬，北京是首都自然有着巨大的群体。基本上来说一直以来上海的文化都比不过北京，上海在很多方面会来个先声夺人，这是上海的地理条件决定的，上海是个开放的窗口，新鲜的事物到中国，基本上海都是首当其冲，都是在上海发展出来，但发展了之后，最强最好可能就不一定是上海了，比如电影初段在上海蓬勃发展，而今主要的影视制作和人才主要聚集在北京。书画方面也是如此，许多名家为人所知都是从上海开始，而他们中很多人所做的就是学习西方艺术的技法和形式与中华传统手段结合。而中国书画家协会、美术家协会等都在北京，而人才和产业的发展渐渐地还是会聚集到那里。

观点三：认同上海是文化聚集地，但高度尚有差距。跟"北漂"比，"北漂"拥有更多的政治和文化资源。上海是中国经济最发达的城市，并且也举办了很多与文化相关的活动，比如展览、博览会、音乐节、艺术家交流会等，但是由于上海本身就很"新"，所以认为上海文化是全国文化的高地还是稍微勉强了些。上海也许自古以来积累的文化不是那么的充分，但是上海特有的区域位置及经济地位，确保了上海从20世纪开始就成为中国不断创造最核心的文化和历史的地方。从这个角度来看，上海文化在全国的地位是数一数二的。

观点四：北京的优势是以传统文化为主的，是政治文化中心，上海是国际文化交流中心。上海文化就是一种海纳百川的海派文化，是通过融合和消化后的产物，而现代的上海文化是一种舶来品，而且可能是短暂的舶来品，他的唯一意义就在于创造经济利益，否则将立刻自生自灭。现在，上海文化对于全国而言已经没有过去的辉煌，原因之一自身质量的下降，然后是全国齐头并进，和上海的差距不明显了，上海有的全国各地都可以有，而全国有的，上海不一定马上有。上海文化是中国的领头羊，有理念有现实。无论在艺术还是教育等诸多领域都应该是杰出的，它应该是国际先驱的代言，仍保有海纳百川、独领风骚的特点。

观点五：如果是玩纯艺术，北京应该更适合，但如果是真正要落到实处的商业设计，上海更好。纯艺术只要表现出创作者自己的想法就可以了，商业艺术是提供符合客户或者消费者想法的东西。上海更具国际性，也更规范。艺术一定是在碰撞中产生的，但上海缺少这种碰撞的氛围。北京有很强的京味的文化特色，上海就是把各种包括国外的糅杂在一起，这是初步的印象，大概就是海纳百川吧。上海是金融中心，但文化上不是文化的孵化机，文化的源头不在这里，只是中转站。

观点六：上海基本上是多元文化，也可以说文化特征比较缺乏。一提到上海的文化就会联想到海派文化，崇洋文化多了一些，传统文化少了一些。上海是和广州等城市并驾齐驱而已，跟作为政治和文化中心的北京没法比，跟杭州、西安、南京之类比较有明显文化特色的城市也没法比。杭州是江南宋都文化，西安是关中汉唐文化，南京是民国金陵文化，上海只是20世纪二三十年代有一些文化积淀。应该像当年鲁迅时期的文化，成为一个天然开放的避风港和各种文化交流的好场所。

在对上海和北京等城市的比较中，大家基本认同了政治中心决定了北京的中心地位，许多中央级别的部门在北京，随之而来的就是大量的文化企业和人口会迁徙而去，而上海也有自身的优势和特点，以往口岸开放的优势在当代的全国皆开放发展的背景下削弱了，但是百年的积淀和特有的环境依旧是不可代替的优势，关键是如何发扬自身的特点，求新求变，做文化的先锋，不断吸引人才的到来。

（二）怀旧与逐新

想到上海，有的人第一印象就是老唱机周旋的音调以及20世纪二三十年代上海十里洋场的老旧风情，也有的人会马上想到如今高楼林立四通八达的现代化城市。在访谈中谈及文化“海漂”们理想中的上海文化时他们也提出两方面的意见，一方面期望挖掘老上海的底蕴文化，另一部分期望摒弃过往，创造出新的文化形态。

观点一：上海的文化包容性强，“海派文化”贴切地体现了上海文化的特质。上海的文化一脉相承地保持海纳百川。民国时候的东西现在来看都还是非常的洋气，洋气还是对外开放、对外交流的结果。而北京等地的东西地域特色就很明显，即所谓“京味”，而上海就是精致，洋气。时至今日，上海的东西拿出来都是站在时代潮头的，都有那么点新颖性的感觉。民国的时候如周旋等诸如此类的文化符号或比较多，而今要找到和内地其他地方不同的，符合海派文化特征的符号反而不是那么明显。原因可能是文化衰落了，换个角度来理解也可能是其他城市赶上来了。现在全国接受外来文化的途径都一样，不闭塞了，这也是上海的“海派”符号减弱的原因。

上海文化气质应该是既有东方的含蓄内敛，又有西方的奔放多彩。文化消费的需求是越来越大的，尤其是衣食住行的发展满足以后，可以看到人们对于传统文化的需求。比如古琴热，以往非常冷僻的乐器，忽然就在一些人群中流行起来。以前没有这样的机构，而今已经出现了许多相关业态，这是和经济条件相关的。

观点二：老上海文化和当下的上海文化差别巨大。老上海的文化是特别的，是独领风骚的，当下上海文化已经失去了老上海文化特有的魅力，特色不够明显，显得平庸。上海文化是个集成的文化，海派、自由、高雅、华贵、小资引领时尚等符号。当下的"上海文化"该是在与时俱进，不断朝着更前卫、摩登、生机勃勃的方向发展。同时应保持和弘扬符合自身特点的地方文化，秉持特色。一方水土养一方人，"上海文化"的形成取决于其历史底蕴、文化传承、人民生活、城市发展等各方面因素。

观点三：当下的上海文化更趋于世界文化，处于文化前沿。上海文化跟国际文化基本同步。上海作为地标性的国际大都市，几乎所有的演出和展览都愿意来上海，以在上海呈现为荣。上海搭建的文化产品交易平台在全国来看是高地。

观点四：上海文化产业发展中，必须保护传统文化。在海派、自由的城市文化的贯穿与冲击下，年轻人对于西方文化的追随过多，更应保留与维护、传承地方的特色，比如戏曲（沪剧）、建筑（石库门）、郊区历史（上海郊县地方历史），纳入一些教育体系，使之真正得到传承与发展。

（三）期望和建议

在对每一位访谈的最后我们都让受访的文化青年用一句话来概括对上海文化的印象："独立自由，兼序天下"、"鼓励创新，精益求精"、"海纳百川"、"百舸争流，千帆竞发"、"海纳百川，标新立异"、"传播时尚，弘扬文化、自由之精神"、"不媚俗不唯上不趋时"。在这些一句话的总结里面，看得到青年对于上海文化的向往，看得出他们来到这里发展是有追求，是积极的，而不仅仅是在这里谋一份职业。"新"、"精"、"纳"、"竞"几个字更能体会到他们的期望，期望这个城市更能给他们带来活力、期望能得到更多自由、期望有更多的交流和学习。

当然对于上海的文化发展，大家也提出了自己的建议。

观点一：期望上海文化更能和潮流接轨，更前沿、更前卫。其他城市相比特征更加鲜明，变得更有差异。能够有一些最前卫最前沿的聚集地发展起来，提高规模效应。不必追求量的一致，上海更要做精品，具有引领性的高质量的文艺作品，这也是海派文化的一种内在特点。

观点二：对外来文化接收太多，而自身发扬不够。一个地区乃至一个国家，文化是否发达是否有影响力，很大程度上就是看它能不能改造来到这里的非本土文化人群。一个强大的文化建设，势必对接近这个文化的群体进行改造，但是在上海感受还不明显。上海要进一步发扬自己的文化，在目前充分吸收西方文化的基础之上，应该反馈出更多自有的东西。这样的东西不一定是中国传统的、古老的文化，可以是类似于早期的“旗袍”，充分结合了中国古代服饰与西方开放思潮。鼓励更多的草根文化从业者，给予他们扶持与展示的窗口。

观点三：文化创作中需要独有的创造，减少模仿和山寨。上海文化产业的发展是发达的繁荣的。看起来业态都有，和香港、台湾等比较，我们自己独有的创造的少，山寨的较多。缺少设计感时代感，不够细致，真正的创造力少。应该继续发扬特色，深入挖掘上海文化遗产，加大投入和政策的倾斜。希望更多拳头的文化企业和文化品牌能出现。放宽管制和指导，让市场更自由发展，更多元。促进各种公共事业网络化移动化。鼓励创新，精益求精。上海文化产业发展建议：既然平台是特点就更加需要完善服务，可以看到上海文化建设政府投入了很多。

观点四：上海文化产业要发展，必须把企业纳入文化和教育的发展中。文化产业的发展期望能够突破一公独大的格局，让更多想做文化产业的企业参与到教育文化市场的竞争中。政府尽量少管，尽量扶持中、小企业，让更多的企业尝到甜头、看到希望。设立一个文化建设基金，资助有新意的文化创新项目。对于一个文化创新企业来讲，难以得到政府资金资助，这对整个上海的文化行业发展和繁荣不利。

观点五：上海文化发展中最大的弊端是碎片化。各区都管一块，放在整个城市的层面来看却没有大东西，应当注重同城效应，避免同质竞争与资源碎片化文化创意产业的零散与雷同。政府要加强对公共空间的文化建设，使之具有足够的文化展示功能，让人民能够随时随地接近文化。政府可以主导或鼓励民间投入，搞一些有针对性的文化活动，比如小型的电影节。文化产业的发展，既需要市场，又不能完全依赖市场。离开市场，文化产业没希望，但完全依赖市场，一些小众的东西没有办法生存。发达国家有很多这方面的基金，比如对小众电影或者高质量画展的补贴等，起到了一定的引领作用。

三、影响文化“海漂”发展因素与建议

通过对于文化“海漂”的谈谈与调研，我们能够看到文化“海飘”生存与发展的诸多困境，而这也影响了“海漂”对上海文化建设的反哺作用。归结问题，主要有着以下几方面的因素。

第一，政策性因素的影响。“海漂”的生存现状，在很大程度上受到政策性因素的影响和制约。譬如，“落户打分”的户籍制度限制了“海漂”的择业就业，造成很多青年文化人才无法进入更能发挥自己专长的单位，或为了落户上海而放弃自身专业，从事个体独立创作的文艺人才则难以办理上海居住证，并享受包括公租房等在内的相关待遇，而这也在一定程度上弱化了“海漂”的归属感和创业定居的

活力。不仅如此，上海也缺少专门针对“海漂”的激励和奖励政策，尤其是对于具有较大创新潜力的青年文化人才，关注和激励的力度仍然有待提升。

第二，文化主体相对单一。文化主体相对单一，是“海漂”在职业发展和人才队伍建设上面对的一个问题。一方面，大量文化资源在一定程度上向国有企业倾斜，民营企业尤其是“海漂”自主创办的小型企业、工作室在这种状况下发展乏力。另一方面，社会资本的准入门槛较高，阻碍了民营企业、个人工作室等文化机构对社会资本甚至外资的吸纳利用，而资金问题也成为困扰“海漂”创业创新的一个重要因素。与之相比，北京近年来已经逐步放宽了文化市场的准入条件和领域，完善了市场准入机制、激励机制和融资担保机制，“北漂”创办的文化企业越来越多，社会资本的参与力度也越来越大，“北漂”的活跃及北京文化市场的活跃都与此有关，而这应当成为优化“海漂”生存发展环境的借鉴。

第三，文化平台相对短缺，对“海漂”人才的发掘和展示缺少规划。上海本身具有比较发达的媒体环境、丰富的文化资源，能够为“海漂”的发展创造比较大的平台效应。但事实却是，“海漂”的文化平台相对匮乏，优秀的“海漂”人才得不到充分的展示、推介和提升，尤其是对于艺术类人才而言，他们的上升渠道较之“北漂”要略显逼仄。

从“海漂”总体的生存状况来看，上海的文化生态建设既取得较为显著的成效，为外来人才提供了相对和谐宽容的发展环境，又存在着某些不足，需要进一步加强和完善。优化“海漂”的生存状况，是推进上海文化大发展大繁荣的题中应有之意，也必然使上海文化焕发出新的活力。所以针对“海漂”的生存现状及其所存在的问题，可以从以下几个方面来加以改进和完善。

第一，优化人才政策，完善保障机制和激励机制。要吸引和留住外来文化人才，提升他们的认同感和创造力，就应当着力健全人才政策，形成一套比较完备的保障和激励机制。譬如，上海不仅要注重打造成熟的、高水平的人才队伍，更要注重吸纳和培育富有潜力的青年人才梯队，逐步打破上海户籍与外地户籍在就业方面的不对等性，使“海漂”能够在合适的岗位上为上海文化的发展繁荣作出贡献；为“海漂”的安居提供更加充分、有效的保障，加大人才公寓、公租房的建设力度，并尽可能地为“海漂”申请保障性住房提供相应的政策支持甚至一定程度的倾斜；设立专门的“海漂”创业基金，在科学评估的基础上对潜力较大的创业和创新项目予以资助；设立专门的“海漂”奖励基金，对各领域有较大贡献和突出成果的优秀人才给予适当的荣誉和物质奖励。

第二，加大对社会资本的吸收力度，增强文化主体的多元性。市场环境是影响个人事业发展的重要因素，而要营造一个良好的、充满活力的市场环境，就应当打破文化主体的单一化，为"海漂"提供一个更加多元的发展空间。因此，上海可以降低文化市场的准入门槛，鼓励社会闲散资本甚至外资进入文化领域，加大对民营文化企业的扶持力度，打破国有资本、国有企业一家独大的局面；鼓励"海漂"自主创业，尤其是要着力扶持一批特色鲜明、市场针对性强的小微型企业、工作坊、工作室，充分发挥这类机构在文化创新方面的活力，形成文化事业的差异化发展。

第三，打造文化平台，拓展"海漂"的上升渠道。作为青年群体，"海漂"的自我实现和自我增值需要更加开阔的文化平台。譬如，上海可以充分利用自身的媒体优势，组织一系列以"海漂"文艺人才为核心的文艺活动、会展活动；将公共文化服务与"海漂"自身的发展结合起来，在公园、地铁站等公共空间开办"海漂"艺术作品展演，在社区、学校等公共场所组织"'海漂'进社区"、"'海漂'进校园"等公益活动。共青团组织更应当充分利用深入青年、深入基层的优势，进一步发挥青年文联等机构的作用，如与媒体合作集中推介一批优秀的文艺人才，打造青年"海漂"艺术节、艺术展等活动，为"海漂"创造更多的展示平台和发展机遇。

多年来，上海不断提升城市的文化软实力，这对文化"海漂"也已形成巨大吸引力。近年来上海政府推动文化的发展，成果也是有目共睹，各类文化场馆建设，文化艺术活动层出不穷，并创造出了许多品牌项目，可以看到上海在文化方面持续的投入。比如自 1999 年至今，中国上海国际艺术节是由中华人民共和国文化部主办、上海市人民政府承办的重大国际文化活动，是中国唯一的国家级综合性国际艺术节。艺术节期间几百台国内外多种艺术形式在上海的大大小小的舞台上得以呈现，并且有许多群众艺术项目得以展示。

上海国际电影节创办于 1993 年，目前每年 6 月举办是中国唯一获国际电影制片人协会认可的国际 A 类电影节。上海国际电影节依托中国电影产业快速发展和电影产业全球化的趋势，围绕评奖、市场、论坛、展映四大主体活动，构建国际平台，推动中国电影产业发展以及中外电影业界交流合作。

上海双年展，向我们展示了许多古典的、现代的亦或是古今中外融于一体的艺术作品。它不仅成为中国最具国际影响力的艺术展示，更受到了国际艺术界的广泛肯定，被公认为亚洲最重要的国际双年展之一。上海双年展始终以上海城市为母体，依托上海独特的城市历史和文化记忆，来思考当代都市文化建设中的诸种问题，充分调动中国文化资源和技术媒体发展的最新成果，以鲜活的视觉艺术方式在全球境遇和本土资源之间、严肃人文关怀和大众时尚之间、都市视觉建构和城市内涵发掘之间，建立起一座交往互动和展示的桥梁。

上海艺术博览会是国内及亚洲规模最大、历史最久、国际化程度最高的艺术品交易盛会，将再次为海内外收藏家献上阵容华丽的艺术盛宴，这将在世界与上海、大众和艺术之间架起极具亲和力的桥梁。

同时，上海在文化发展中开始重视青年的发展。比如中国上海国际艺术节"扶持青年艺术家计划"，是艺术节七大板块之一。该计划的重点内容"委约创作项目"每年以特定主题，向全球华人青年艺术家征集舞台作品创意。2014 年的主题是"进化——适应与衍变"。"适应与衍变"的副标题强调的正是当下中国青年艺术创作的任务，在学习和传承中国传统文化经验的同时，适应信息爆炸与科技进步；适应思维的多层次和复杂性；适应东西方文化不仅止于比较，且密切交汇以更开阔的世界观，运用更多元的表现形式，重演经典抑或探索创新。该项目针对 40 周岁以下全球华人青年艺术家（导演、编剧、编舞、作曲等创作型人才）进行公开征集。同时，对于青年艺术家，也可报名参与"扶青计划"的拓展活动——"青年艺术创想周"。诸如此类的各类的针对青年的活动和计划也越来越多，也必将吸引更多的青年"海漂"的到来。

"浪奔，浪流，万里滔滔江水永不休……"就如经久传唱的"上海滩"歌声中所传递出来的，一代又一代的"海漂"在上海这个特殊的环境地域，用他们的聪明才智、心血和汗水书写历史，堆积起来的城市文明，创造出了独一无二的上海文化。文化是城市的生命，城市有了文化就有了生命，上海的生命便是它独特的海派文化。对于上海而言，各种层次的"海漂"都需要，有一部分"海漂"扎根下来，更要有"漂"进"漂"出的动态过程。上海要形成这样一种吸引力，尽可能海纳百川，这样上海就成为人才汇聚之地，"漂"进"漂"出的过程也成就了上海的一大文化景观，让整个城市充满活力。上海是冒险家的乐园，是文化"海漂"们成就梦想的地方。

［个案访谈］

访谈对象 1

性别：女

籍贯：四川绵阳

文化程度：本科

职业：网络游戏

访谈内容：

1. 为何选择在上海从事文化工作？在上海比在其他城市（如北京）工作有何差异？

答：上海比起其他城市更加有挑战性，同时也有更多的机会。而更为重要的是，百年来的商业浸染让这里的人们都有更强的商业与规则意识。人们更加遵守一些行业或者社会上的既定规则，注重名誉与诚信。

2. 您的职业理想是什么？

答：一步一步地实现自己的价值，做出能够对社会乃至对世界都有意义、有影响的事情。

3. 在您从事的文化领域，您是否觉得对您（青年）有发展的机会？您（青年）最渴望的是什么？困难是什么？

答：我从事的是与媒体相关的行业，有很多对青年开放的机会。我最渴望的是目睹自己所在的这家公司能够成为真正的行业寡头，这让我非常有成就感与荣誉感。同时，困难也是必然存在的，这个行业充满挑战，节奏快，工作环境相对较自由但是压力也非常大。

4. 对于现在的工作是否有不满意？具体是哪些方面？

答：不满意说不上，但是这个行业整体都是薪酬较低却非常辛苦。不过我也相信年轻人刚开始奋斗的时候，辛苦肯定是正常的。

5. 请描述一下您对"上海文化"的印象？您觉得当下的"上海文化"和从前有何差异？

答：我在上海一个非常要好的男性朋友曾经给我讲过一件事情，他的母亲要求他一定要找上海女孩恋爱结婚，但是他却说："妈，你还觉得只有上海人才优秀，外地人都没素质没能力只为了这张户口本吗？"他的母亲愣了一下，他又接着说："马云是中国首富吧，但他就不是上海人。"这个故事是关于上海两代人的问题，我想这也最能说明上海文化及思维的变迁。曾经的上海人，总是给人们一种高傲、冷漠乃至有些自私的感觉，但自打我来到上海，我感受到的却是对情绪的克制、对每个人不同背景的尊重以及对生活的热忱与享受，甚至可以说，上海是我所知道的，对"不同"有着最大包容的城市。用四个字来形容上海，我想最贴切的应该是："兼容并包"。

6. 您觉得当今的"上海文化"是全国文化的高地吗？您觉得"上海文化"从全国的角度看地位如何？

答：文化一词实在是太过于博大精深，虽然上海是中国经济最发达的城市，并且也举办了很多与文化相关的活动，比如展览、博览会、音乐节、艺术家交流会等，但是由于上海本身就很"新"，所以认为上海文化是全国文化的高地还是稍微勉强了些。要从全国的角度来看，这就有两个维度：（1）地域维度：上海应该排在北京、西安、南京乃至近处的苏杭等等之后。

(2)时间维度：上海也许自古以来积累的文化不是那么的充分，但是上海特有的区域位置及经济地位，确保了上海从20世纪开始就成为了中国不断创造最核心的文化和历史的地方。从这个角度来看，上海文化在全国的地位是数一数二的。

7. 您理想中的“上海文化”应该是什么样的？包含什么内容？应该有何特色？

答：我理想中的上海文化最重要的就是兼容性，这一点比较类似于美国。美国正因为汇集了各大洲不同的文化与人群，反而创造出了太多旧世界不曾有过、对后世又造成了巨大影响的东西。上海文化气质应该是既有东方的含蓄内敛，又有西方的奔放多彩。

8. 您觉得上海文化产业发展得如何？有何优势，有何缺陷？您会给上海文化发展提出什么建议或者举措呢？

答：我认为上海文化产业总体来说是在非常健康的轨道上发展着。

优势：有经济上的强大支撑。有一句古话叫作“仓廪实而知礼节，衣食足而知荣辱”，根据马斯洛需求体系，人只有在基本的温饱和物质得到了满足之后才会有上层建筑的不断发展。上海是全中国最富庶的地方，在此经济基础之上，人们才有心、有力去关注文化方面的东西，而关注与讨论，就是最能带动文化发展的力量。有政策上的倾斜。上海是中国对外最重要的窗口，上海的文化发展、上海市民的精神面貌是国家所关注的。因而许许多多的机会与交流都会率先给上海。这将有力地带动文化发展。有市民良好的文化基础作保证。我想这是毋庸置疑的，上海市辖区内人口的文化素质应该是全中国数一数二的。良好的文化基础不仅保证了优秀的市民素质，还为文化传播乃至高雅文化的发扬都奠定了最为坚实的基础。多样化的文化来源。上海市民来自于五湖四海，多样的文化底蕴，更多的碰撞与交流，将会带来文化的创新与快速发展。

缺陷：崇洋媚外和学习发展只有一线之隔。上海是个非常“洋气”的地方，这是上海所有的历史决定的。如果说中国文化孕育了上海的10%，今天上海最重要的发展有90%是来自世界各地其他文明的孕育(这一点和香港非常类似)。这让上海显得非常的“国际化”。但有时上海对外国友人的过度“友善”也屡屡见报，虽然友善不是错，但是优先及优于本国人有时的确让人难以接受。我举个最小的例子。我曾经在一家外资银行实习过，多次见到一种让人哭笑不得的境况——一堆中国人在没有外国人的情况下交流，居然全是用英语，更别说平时日常交流时频频夹杂的英文语句了。虽然能够理解方便与外国人交流，但是在与中国人交谈时不用中文而用英文，本来就显示出了认为中文“土气”这样一种感情。如果连本国的语言都不能唤起人们的骄傲，更别说去发扬中国其他的历史文化了。接收太多，发扬不够。承接上一点而言，上海是一个国际化程度最高的地方。有很多外国人在此处生活。但是我们很少看到外国人为了适应中国环境而去做怎样的改变。一个地区乃至一个国家，文化是否发达是否有影响力，很大程度上就是看它能不能改造来到这里的非本土文化人群。举个例子，人们到美国去，肯定都会主动适应美国的文化、美国的习惯乃至美国人的思维结构；更别说中国古代的秦朝就开始日益形成的“中华文化圈”了。一个强大的文化建设，势必对接近这个文化的群体进行改造，但是在上海，我这样的感受还不明显。上海要进一步发扬自己的文化，在目前充分吸收西方文化的基础之上，应该反馈出更多自有的东西。这样的东西不一定是中国传统的、古老的文化，可以是类似于早期“旗袍”那样的，充分结合了中国古代服饰与西方开放思潮的东西。鼓励更多的草根文化从业者，给予他们扶持与展示的窗口。

9. 对于上海文化建设您有何建议？您觉得政府应该在文化方面做些什么工作？

答：政府要提供场所和平台来刺激文化的发展，或者至少要扶持相关有利于上海文化发展壮大的企业与组织。目前我们所知的平台还是太过于“高大上”，不是普通的本土企业和组织所能承受的。

10. 如果只用一句话形容您理想中的“上海文化”——

答：独立自由，兼序天下。

访谈对象 2

性别：男

籍贯：江苏

文化程度：研究生

职业：收藏

访谈内容：

1. 为何选择在上海从事文化工作？在上海比在其他城市(如北京)工作有何差异？

答：上海经济发达，文化产业聚集，上海更加国际化，生活节奏太快，时间空间较小，太规律了。

2. 您的职业理想是什么？

答：文化昌盛，业态繁荣。

3. 在您从事的文化领域，您是否觉得对您（青年）有发展的机会？您（青年）最渴望的是什么？困难是什么？

答：还是有，虽然收藏业是小众，文化消费的需求是存在的，尤其是衣食住行的发展满足以后，我们可以看到这种需求。比如古琴热，以往非常冷僻的乐器，忽然就在一些人群中流行起来。以前没有这样的机构，而今已经出现了许多相关业态。这是和经济条件相关的。

4. 对于现在的工作是否有不满意？具体是哪些方面？

答：还好，这个行业还是太小众。所以还是喜欢文化产业的昌盛。关键这样的昌盛要使受众的经济包袱小一点，无后顾之忧的文化消费。城市的其他生活成本太高，压缩了这部分。

5. 请描述一下您对"上海文化"的印象？您觉得当下的"上海文化"和从前有何差异？

答：海派文化的说法是很贴切的，能体现它的特质，包容性比较强，新鲜事物相对别的地方产生的比较多。上海的"文化"一脉相承，保持着海纳百川，比较包容、新鲜这个特点。民国时候的东西现在来看都还是非常的洋气，那个洋气还是对外开放、对外交流的结果。而北京等地方的东西，地域特色就很明显，所谓"京味"，而上海就是精致，洋气，把过去时代上海的东西拿出来都是站在时代潮头的，都有那么点新颖性的感觉。民国的时候如周璇啊诸如此类的文化符号或比较多，而今要找到和内地其他地方不同的，符合海派文化特征的符号反而不是那么明显。原因可能是衰落了，换个角度来理解也可能是其他城市赶上来了。现在全国接受外来文化的途径都一样了，不闭塞了，这个也是上海的"海派"符号减弱的原因。

6. 您觉得当今的"上海文化"是全国文化的高地吗？您觉得"上海文化"从全国的角度看的地位如何？

答：北京毋庸置疑是中国的文化中心，上海是文化次中心，文化历来都是为政治服务的，政治中心在北京，文化中心自然会在北京。尤其是主流的相对官方的文化，政府会更加支持。文化一直是士大夫的文化，是上层的文化，是上层的一种休闲，他们需要文化消费和应酬，北京是首都自然有着巨大的群体。基本上来说一直以来上海的文化都比不过北京，上海在很多方面会先声夺人来个第一，这是上海的地理条件决定的，上海是个开放的窗口，新鲜的事物到中国，上海都是首当其冲，都是在上海发展出来的，但发展了之后，最强最好可能就不一定是上海了，比如电影初段在上海蓬勃发展，而今影视制作和人才主要聚集在北京。书画方面也是如此，许多名家为人所知都是从上海开始，而他们中很多人所做的就是学习西方艺术的技法和与中华传统手段相结合。而中国书画家协会，美术家协会等都在北京，而人才和产业的发展渐渐地还是会聚集到那里。

7. 您理想中的“上海文化”应该是什么样的？包含什么内容？应该有何特色？

答：更能和潮流接轨，更前沿更前卫一点。能和其他城市相比城市的特征更加鲜明，变得有差异。能够有一些最前卫最前沿的聚集地发展起来。规模效应不够。

8. 您觉得上海文化产业发展得如何？有何优势，有何缺陷？您会给上海文化发展提出什么建议或者举措呢？

答：文化产业的发展还是发达的繁荣的。看起来我们的业态都有，和香港、台湾等比较，我们自己独有的创造的少，山寨的较多。人家的东西更有设计感时代感，而我们的不够细致，真正有创造力的少，从事的人也少。应该挖掘老上海的文化遗产。

9. 对于上海文化建设您有何建议？您觉得政府应该在文化方面做些什么工作？

答：继续发扬特色，深入挖掘上海文化遗产。加大投入和政策的倾斜。

10. 如果只用一句话形容您理想中的“上海文化”——

答：海纳百川，标新立异。

访谈对象3

性别：女

籍贯：浙江海宁

文化程度：大学本科

职业：新媒体编辑记者

访谈内容：

1. 为何选择在上海从事文化工作？在上海比在其他城市（如北京）工作有何差异？

答：上海比较适宜居住。在北京工作会更加如鱼得水吧，上海文化上如今相对就没有那么好，大部分重要的文化公司企业和机关都在北京。

2. 您的职业理想是什么？

答：做一名有前瞻性、有专业性、有深度职业操守的优秀的文化记者。

3. 在您从事的文化领域，您是否觉得对您（青年）有发展的机会？您（青年）最渴望的是什么？困难是什么？

答：有，但是有限。没有后台，没有名牌大学的背景机会就会少很多。渴望工作被肯定。困难也是有的，但是都能克服。

4. 对于现在的工作是否有不满意？具体是哪些方面？

答：整体上对现在的工作还是满意的。有的时候工作成绩没有得到肯定，也会不满意。更多的是对内在自己的不满意，对工作状态也不满意。这个需要自我调节，可以更加努力。

5. 请描述一下您对“上海文化”的印象？您觉得当下的“上海文化”和从前有何差异？

答：海纳百川，百花齐放，推陈出新。差别很大，以前有很多人，现在文坛上印象中只有王安忆，其他很难一下子想起来。还有如同韩寒，他更多的是赛车手吧，像在文化上韩寒等还是影响有限，对精英文化难以影响。

6. 您觉得当今的“上海文化”是全国文化的高地吗？您觉得“上海文化”从全国的角度看地位如何？

答：上海搭建的文化产品交易平台在全国来看是高地。上海作为地标性的国际大都市，几乎所有的演出和展览都愿意来上海，以在上海呈现为荣。以前感觉上海的文化是独领风骚的而现在感觉有所下降。以前上海感觉是卧虎藏龙，而现在更多的愿意去北京。

7. 您理想中的“上海文化”应该是什么样的？包含什么内容？应该有何特色？

答：北京和上海互换就好了，就理想了。就是说不单单是平台是个盘子，要是能有更多的文化发生，生长原创的、自己的文化产品就好了。北京有很强的“京味”特色，上海就是把各种包括国外的糅杂在一起，这是初步的印象，大概就是海纳百川吧。

8. 您觉得上海文化产业发展得如何？有何优势，有何缺陷？您会给上海文化发展提出什么建议或者举措呢？

答：上海是金融中心，但文化上不是文化的孵化机，文化的源头不在这里，是中转站。上海文化产业发展建议：既然平台是特点，就更加需要完善服务。

9. 对于上海文化建设您有何建议？您觉得政府应该在文化方面做些什么工作？

答：可以看到上海文化建设政府投入了很多，比如最近上海国际艺术节就发放了许多优惠票。而且这样的活动已经延续了很多年，影响力也慢慢深入人心，培养了许多观众。还新建了许多新的艺术机构。在民营艺术馆等的建设上政府也给了很多扶持。从硬件上来说已经非常多，只是推广的问题了，在软件上来说还是有很大的空间的。政府有心把上海文化做好，可能和其他发达国家相比人的文化基础还是弱的，所以政府所做的和理想中的可能有差距，做起来有点难。

10. 如果只用一句话形容您理想中的“上海文化”——

答：海纳百川。

访谈对象 4

性别：男

籍贯：浙江海宁

文化程度：大学本科

职业：私营文化企业主

访谈内容：

1. 为何选择在上海从事文化工作？在上海比在其他城市(如北京)工作有何差异？

答：上海基础条件比较好，比较文明，居民总体素质比较高，有点像西方发达国家那样。

2. 您的职业理想是什么？

答：文化教育。

3. 在您从事的文化领域，您是否觉得对您(青年)有发展的机会？您(青年)最渴望的是什么？困难是什么？

答：有机会，最希望政府有所作为地支持部分私营企业做文化教育产业。

4. 对于现在的工作是否有不满意？具体是哪些方面？

答：有不满意，主要是上海的公立幼儿园、学校太多，公立学校的生意基本上被少数人垄断了，如果能放开经营就好了。

5. 请描述一下您对“上海文化”的印象？您觉得当下的“上海文化”和从前有何差异？

答：上海基本上是多元文化，也可以说文化特征比较缺乏，以前说海派文化，我觉得是崇洋文化多了一些，传统文化少了一些。

6. 您觉得当今的“上海文化”是全国文化的高地吗？您觉得“上海文化”从全国的角度看地位如何？

答：不是，上海顶多和广州之类的城市并驾齐驱而已，跟作为政治和文化中心的北京没法比，跟杭州、西安、南京之类有明显文化特色的城市也没法比。杭州是江南宋都文化，西安是关中汉唐文化，南京是民国金陵文化，上海只是20世纪二三十年代有一些文化积淀。

7. 您理想中的“上海文化”应该是什么样的？包含什么内容？应该有何特色？

答：应该像当年鲁迅时期的文化，成为一个天然开放的避风港和各种文化交流的好场所。

8. 您觉得上海文化产业发展得如何？有何优势，有何缺陷？您会给上海文化发展提出什么建议或者举措呢？

答：上海文化产业要发展必须把企业纳入文化和教育的发展中，破除一公独大的格局，让更多想做文化产业的企业参与到教育文化市场的竞争中来。政府尽量少管，尽量扶持中、小企业，让更多的企业尝到甜头、看到希望。

9. 对于上海文化建设您有何建议？您觉得政府应该在文化方面做些什么工作？

答：设立一个文化建设基金，支助有新意的文化创新项目。其原因是：文化创新不等同于技术创新，是城市软实力的一种体现。比如，香港有《明报》这样的文化品牌，而上海在20世纪二三十年代也有新月社、创造社等这样著名的文学团体，但它们这些单位没有专利、软件著作权等刚性的权威认定，所以，对于一个文化创新企业来讲，一般是得不到任何现有的中小企业政府资金资助的，这对整个上海的文化行业发展和繁荣很不利、很不公平。

10. 如果只用一句话形容您理想中的“上海文化”——

答：百舸争流，千帆竞发。

访谈对象5

性别：女

籍贯：四川达州

文化程度：大学本科

职业：版权经纪人

访谈内容：

1. 为何选择在上海从事文化工作？在上海比在其他城市（如北京）工作有何差异？

答：个人感情原因。与北京相比，在上海工作本地客户圈子比较小。生活方面户籍所带来的限制（如购房限制）也比较明显。

2. 您的职业理想是什么？

答：做音乐版权行业资深人士，推进原创音乐版权意识普及，版权交易规范化。

3. 在您从事的文化领域，您是否觉得对您（青年）有发展的机会？您（青年）最渴望的是什么？困难是什么？

答：有。渴望工作能更富有创造性，能接触到更多其他行业的优秀人才，学习到更多新的思维和方法。困难是发展时间比较短，行业积累不够，还未形成良好的从业标准和规范。

4. 对于现在的工作是否有不满意？具体是哪些方面？

答：希望公司部门之间的沟通壁垒小一些，一些资源可以得到更有效率的整合应用。

5. 请描述一下您对"上海文化"的印象？您觉得当下的"上海文化"和从前有何差异？

答：以前对上海文化的印象是高消费的物质文化，现在觉得上海的精神文化也挺发达。

6. 您觉得当今的"上海文化"是全国文化的高地吗？您觉得"上海文化"从全国的角度看地位如何？

答：感觉在文化资源和人才的聚集方面不如北京吧。

7. 您理想中的"上海文化"应该是什么样的？包含什么内容？应该有何特色？

答：理想中的文化应该是参差多态，鼓励人能独立思考，脚踏实地追求梦想。

8. 您觉得上海文化产业发展得如何？有何优势，有何缺陷？您会给上海文化发展提出什么建议或者举措呢？

答：优势是群众基础好，有品位有能力进行文化消费的受众群比较大。缺陷是市场不如北京大，标杆作用不明显，本地文化人才容易外流（北上）。希望更多拳头文化企业和文化品牌能出现。

9. 对于上海文化建设您有何建议？您觉得政府应该在文化方面做些什么工作？

答：放宽管制和指导，让市场更自由发展，更多元，促进各种公共事业网络化移动化。

10. 如果只用一句话形容您理想中的“上海文化”——

答：鼓励创新，精益求精。

第五章　社会的治理与感知

第一节　社区治理中的青年力量

社会建设作为继经济建设之后、为国家宏观战略所选择的一条改革路径，要破解的即是在经济增速放缓成为新常态、利益结构失衡日益可视化的发展阶段，“我们何以能够共同生活”这样一个核心难题；社区作为地域性的社会生活共同体，恰是这一探索的微观场域和现实基础。但作为一项顶层设计，各个利益或价值群体会因立场、视角、出发点的不同以及所要解决问题的不同，而持有不同的理解取向，并采取不同的实践策略；围绕着社区“谁来治理?”“为何治理?”“治理什么?”“怎么治理?”等问题，至今仍然存在不同的声音：地方政府常常采取“基层政权建设”[①]，知识分子则常常以“基层社会发育”取向进行想象。[②]但从近年来各地发生的一些公共事件来看，现实中的社区居民可能还存在第三种倾向，即实用主义的“社区治理”诉求。[③]总之，本土语境中的“社区治理”及其意涵正在经历一个十分复杂、深刻变动的建构过程，因而，无论在实证层面还是理论层面都需要进行再认识。

在这样的背景下，了解青年关于“社区治理”的认知、态度，参与或者不参与“社区治理”的行动策略、动因及其带来的影响，就变得重要而迫切了。因为青年往往能比其他年龄的群体更快地接纳新文明、确立新行为；而全球化、信息化、草根化等，在让青少年的主体性力量得到空前释放的同时，更令其文化反哺

---

① 李友梅：《社区治理：公民社会的微观基础》，《社会》2007 年第 2 期。

② 徐中振、徐珂：《走向社区治理》，《上海行政学院学报》2004 年第 1 期。

③ 李友梅、肖瑛、黄晓春：《当代中国社会建设的公共性困境及其超越》，《中国社会科学》2012 年第 4 期。

能力得到了前所未有的加强。关注青年参与社区治理的认知、行动及影响因素，不仅有助于有效描述和预测“社区治理”模式的变化趋势和发展取向，且能为探索如何更好地发挥青年在社会建设中的生力军作用提供依据和方向。

本研究使用的数据来自上海青年研究中心对上海市14—35周岁的常住居民（非上海户籍者必须在上海连续居住6个月以上）的抽样调查。该调查于2014年上半年进行，调查采用多阶段定比分层抽样的方式，最终获得一份样本量为2 559个的样本。同时，研究还结合质性方法，以对7个个案的深度访谈数据和现有文献为资料来源，分析问题、形成观点。

一、社区治理：青年的认知

社区建设从“管理”（Government）向“治理”（Governance）的理念转向，是对权力主体多元化及其参与共治诉求的一种回应（徐家良、薛美琴，2013），意味着在社区这一行动场域中，政府的基层组织与其他各方面组织不再是单纯的管理和被管理关系，而是要通过建立合作关系来共同处理公共事务、增进公共利益、实现公共目标（徐中振、徐柯，2004）。“社区治理”这一形成中的新政策范式，实质是从默许政府主导公共事务向倡导复合治理、参与治理过渡；最重要的任务，同时也是当前面临的最大挑战，即是构筑公共权力和多元利益主体之间的交往、协商制度；培育各利益相关的个人或群体参与公共活动的积极性和理性能力（李友梅、肖瑛、黄晓春，2012）。为此，我们通过考察青年对社区治理的格局、内容和渠道等三个方面的理解和认识，来探测在年轻一代眼中“社区治理”到底是什么？

（一）复合治理、党政为主：青年对社区治理格局的认知

目前，社区治理的行动主体主要包括三类：以社区党组织（包括街道/乡镇行政党组、居民区党委、综合党委等）、社区行政部门（包括社区事务受理中心、文化活动中心、卫生服务中心等）、居（村）民委员会、社区团组织（包括基层团委、青年中心、青少年事务社工站等）为代表的国家治理力量，以房地产公司、物业管理公司为代表的市场治理力量，以及以业主委员会为代表、包括社区社会组织/青年自组织在内的社会治理力量。

当我们请青年根据既有知识和主观判断，以5分表示应发挥“巨大作用”、0分表示“不发挥作用”，给参与社区共治的各个行动主体的“应然”作用打分时，结果如表5.1所示：从中位数来看，青年认为各个主体都应发挥各自的作用，分数均为3分以上；从平均值来看，排在第一位的是社区行政部门，其次是居（村）民委员会，第三是社区党组织，物业管理公司排在第四，社区团组织排在

第五，而业主委员会、社会组织/青年自组织分别排在第六和第七。

表 5.1　青年眼中的社区治理主体结构关系

指　　标	有效样本量	最小值	最大值	平均值	中位数	标准差
社区行政部门	2 260	0	5	3.64(1)	4.00	1.220
居(村)民委员会	2 173	0	5	3.53(2)	4.00	1.238
社区党组织	2 254	0	5	3.39(3)	4.00	1.339
物业管理公司	2 176	0	5	3.30(4)	3.00	1.320
社区团组织	2 255	0	5	3.24(5)	3.00	1.311
业主委员会	2 173	0	5	3.22(6)	3.00	1.320
社会组织/青年自组织	2 172	0	5	2.93(7)	3.00	1.387

上海作为最早投入现代社区建设的城市之一，已逐步形成四大工作系统：依托各级各类党组织的社区群众工作系统，依托街道行政机构的基层行政管理系统，依托居(村)民委员会架构的公众参与系统和依托社区服务站等的社会生活服务系统(徐中振、徐珂，2004)。也就是说，党政部门等行政性组织，居民区的物业管理公司等经济性组织，业主委员会、社团等社会性组织，以及社区服务站等服务性组织，虽然属性各不相同，但对当下的社区治理来说，都是不可或缺的结构性力量。因而，青年对社区中的各类组织都抱有较高的角色期待。

但是，从历史的形成来看，上海的社区建设在八九十年代初始阶段，为了应对“单位人”向“社区人”的大规模转移，而主要由地方政府自上而下推动的；重点是将城市行政管理的重心下移——从“条”上的单位转变为“块”上的社区，构筑“两级政府、三级管理、四级网络”的管理架构，调整和理顺基层政府机构“条”与“块”之间的关系，扩展街道办事处和居民委员会框架(以下简称为“街居制”)中的管理职能，使街区内原本处于虚拟状态的行政权力向一级政府实体化转变(朱健刚，1997；李友梅，2007)。随着学界探讨社区的研究旨趣由社会结构、文化模式以及社区与社会之间的关系转向如何构建一个民主自治的“社区共同体”，政府尤其是高层党组织开始意识到，现实社区伴随着自主性日益萌生的市场经济的发展，可能会促成某种政治生产……出于对社区政治的敏感性，20 世纪 90 年代中后期的大城市中广泛推行了基层社区的党组织建设。因此，有学者认为我国语境下的“社区”不是自下而上生成的，而是党和政府为了解决单位制改革后的社会整合与控制问题，在行政区划意义上建构出来的治理单元和政治空间(何艳玲，2007)。由此形成的传统惯性和路径依赖，以及国家至今拥有强大的制度安排权力和资源配置能力的现实，可能影响了青年对社区治理主体之间权力关系的判断，他们倾向于把国家权力放在社区的支配地位上，将居(村)委会这个被国家制度文本肯定的居民自我管理、自我教育、自我服务的社区群众性自治组织放在次要位置，而社区经济性组织和其他社会性组织则放在更下一级的位置上。

有意思的是，如表 5.6 所示，虽然从“应然”层面来讲，青年将政府和类政府的治理主体视为社区权力的核心；但在“实然”层面，当青年要以利益表达的方式介入社区事务中时，使用物业管理公司(被提及率为 36.2%)和业委会(33.4%)等参与渠道的比例比使用党政渠道(例如，有意见或建议直接找社区党政干部的被提及率为 26.3%)和居委会渠道(向居民代表大会提交议案的被提及率为 23.1%)的高。其实，当住房由国家和单位统一建造转变为由房地产公司开发经营时，市场力量就被全面引入社区。可以说，商品房小区的出现直接催生了一种为其提供专业化服务的企业，即物业服务公司。政府出台的物业管理制度的施行，无疑更是让物业公司成为新建居住小区的一种必备设置，并由此强化了其先天垄断的强势地位。而当住房从“福利”转变为“商品”时，业主群体旋即诞生。作为业主，一个基本的权利就是成立业主委员会，监督物业公司，实现社区自治。随着业主委员会的成立及其开展的大量维权和自治活动，业主群体作为一股新兴的社会力量开始日渐凸显，并成为我国城市社会结构的一个重要组成部分(郭于华、沈原，2013)；业主维权运动进入一个迅速发展期，并有迹象成为推动中国城市公共性生产的主要动力之一(李友梅、肖瑛、黄晓春，2012；郭于华、沈原，2013)。从青年人对社区治理主体间关系的感知，我们也会发现上述经济力量和社会力量确实在逐步增强。

就社区团组织而言，由于上海共青团在社区团建方面的多年努力，不少街道已经在各个主要居民点设立起了社区团工委，使得本区域内的青年工作出现了“街道—社区”两级的管理趋势，社区逐步扩大着对青年事务管理的直接影响，体现出“地方控制”：街道和其他上级团组织都尽量减少对社区青年的直接干预，而是把社区团工委的设立作为社区青年工作的主要载体；社区团工委的管理幅度被有智慧地保持在“适宜的”程度，从而能对社区内青年的诉求作有效回应，同时，通过政府购买专业服务的方式为社区内的青少年提供专业的社会工作服务。以上这些使得共青团这一类政府组织至少在社区层面享有着在青年群体中的权力和地位。

而随着各类社会组织/青年自组织的兴起并越来越多地介入社会建设，

其独特的角色优势和专业能力，渐渐为青年以及社区治理从业人员所认识。正如访谈中J先生和G先生所言：公益性的社会组织，靠专业人士来支撑，有更宽广的思路，能将活动办得比团组织更吸引人，给青年带来新视野的（个案一）……并且社会组织多是项目化经营，有一个很好的反馈机制，比如说积分反馈和福利反馈等，这样对于青年而言，尽管参与社区活动损失了时间与金钱，但获得了精神上的满足和长期积累，所以青年愿意去参与（个案四）。甚至有学者认为，对于青年而言，现代社区更重要的功能是安居，在互联网、社会联络高密度的背景下，想把个人的活动范围局限于生活的社区，恢复农耕社会的“共同体”，有着相当的难度；而把青年整合进各类社会组织，反而有相当的可能（童潇，2012）。

总的说来，在青年的认知和经验中，包括国家/市场/社会治理力量在内的社区治理主体间的权力关系已经由先前“管理”与“被管理”的结构转变为多元实践主体合作协商的结构；三种不同治理力量在微观社区层面的互动关系及其不同组合将构成城市社区建设的不同形态。但目前看来，大部分上海青年对居（村）委会、社区党政部门等存在惯性依赖，仍倾向于把国家治理力量摆在社区治理格局的主导地位上。

（二）参与治理、自我表达：青年对社区治理内容和渠道的认知

“参与治理”是“复合治理”的外在特征和内在要求，强调公众参与，强调要将公众视为利益相关者，视为需要在治理过程中紧密团结、分享政策影响力、最大限度地开发和利用社区资源的伙伴（Partner），而非消极的管理对象（徐中振、徐珂，2004；郑杭生、黄加亮，2012）。在本次调研中，我们从这一视角出发考察了青年对参与社区治理内容和渠道的理解。

就内容而言，社区参与可以区分为“政治参与”和“社会参与”；在中国语境下，“政治参与”又有必要进一步区分为“政党政治参与”和“事务性参与”两种类型，后者指对政府的具体行政事务的参与和监督，包括参与具体行政政策的制定和实施，以及对国家在地方的代理人的权力和行动的监督，这类参与会自下而上地维护政党政治的合法性和稳固性，有助于形成良性的政治发展格局（李友梅、肖瑛、黄晓春，2012）；“社会参与”并不涉及权力配置，大多与地方社会的生活需求相关，根据实际情况，又可以进一步区分为公众自愿提供志愿服务、环境保护、保安巡逻等公共产品的服务性参与，和参加在社区开展的各类活动等的活动性参与。

青年对政党政治参与的冷漠和疏离已多次在不同类型的研究中被论证过，因而，本次调研重点关注的是青年对“事务性参与”、“服务性参与”和“活动性参

与”的认知。我们根据上述分类操作化出 3 个具体指标(见表 5.2),以 5 分表示“非常同意”、1 分表示“很不同意”来进行测量。结果发现:55.7%的青年表示可以为社区提供志愿服务,51.4%的青年希望为社区治理献策出力,中位数均为 4 分;47%的青年原意参加社区组织的各项活动,中位数为 3 分。另外,我们还发现 66.9%的青年关心社区业主委员会的改选。

表 5.2　青年参与社区治理的意愿

	有效样本量	最大值	最小值	平均值	中位数	标准差
我可以为社区提供志愿服务	2 250	1	5	3.45	4.00	1.014
我希望为社区治理献策出力	2 253	1	5	3.39	4.00	1.001
我愿意参加社区组织的各项活动	2 248	1	5	3.32	3.00	1.010

可见,就参与社区治理的内容而言,青年最看重的是“服务性参与”,居中的是“事务性参与”,“活动性社会参与”位列最末。既有研究中常见的结果是居民活动性参与意愿强烈,而对提供公共产品,或进行事务性参与的意愿较弱(李荣志,2008);但从本次调研看来,上海青年对参与治理内容的层级定位恰恰相反。活动性社会参与确实是当下社区提供的最普遍的参与模式,参加各种文体活动的初衷是对自己身体的关注,对不同文体项目的爱好,以及对团体社会交往的心理需求。然而,目前的社区活动除了唱歌、跳舞、打羽毛球等自娱性的文娱活动外,更多的是文明社区、示范社区评比,拉标语,出橱窗海报,社区展览展出和咨询活动等行政力量提供的仪式型参与活动。仪式型活动的背后是国家试图从声势热闹而又不挑战国家权力参与中获得对社会的整合与凝聚,这与年轻人的参与动机和意愿相左。因而,在行政动员参与之外,较难激起青年的参与热情。与活动性参与相比,服务性和事务性参与更接近“公共参与”的本意,即将“社区人”视为个人日常生活的重要角色和身份,而不仅仅把社区当作睡觉、吃饭的地方;在社区实现自我、服务他人、维护合法权益、促进社区的公共福利。

就参与治理的渠道而言,青年更常使用社区论坛/QQ 群/微信群等互联网乃至移动互联网平台来进行意见表达,这一比例高达 40.9%;其后所占比例较高的依次是物业管理公司、业委会、社区党政干部和通过居民代表大会提案(见表 5.3)。

表 5.3　青年的利益表达渠道

指　　标	次数	被提及比例(%)
直接找社区党政干部	578	26.3(4)
居民代表大会提案	508	23.1(5)
社区论坛/QQ群/微信群等网络平台	898	40.9(1)
社区团组织	242	11.0
业委会	733	33.4(3)
物业管理公司	794	36.2(2)
青年社会组织	266	12.1
社区人大代表或政协委员	77	3.5
新闻媒体	261	11.9
上级党政部门	98	4.5
其　　他	101	4.6
总　　计	4 556	207.6

如果把向治理主体的表达视为向“他者”的表达，而把依靠互联网或移动互联网进行的表达视为一种“自我表达”的话，那么年轻人参与社区治理时更多是通过“自我”来发出诉求的。以在线业主论坛为例，按照传统的解释框架来说，传统公房和售后公房小区拥有更加密集的社会网络，而在新商品房小区中，邻居之间的关系相对较弱；[①]但悖论的是，目前与住房相关的社区集体抗争主要集中于商品房小区(黄荣贵，2013)，这与小区在线业主论坛有关。它除了具有互联网的一般特征，还拥有自身独有的特点。首先，在线业主论坛在就小区的公共事务进行讨论时具有高度的互动性，(1)在线讨论成本低，参与者可以自由选择加入讨论的时间与地点，这一点对于白天上班的年轻人来说特别重要；(2)讨论的影响面广泛，参与者的观点多元化；(3)在讨论过程中成员享有对讨论内容的“编辑权”，提高了参与度(Scott & Street，2000)。其次，由于在线业主论坛与小区具有一一对应关系，而论坛的绝大部分用户是本小区的业主，因此虚拟的社区与现实生活的社区是相互重合的；这种重叠性有助于生成大量的弱邻里关系、培育集体认同乃至社区认同。第三，正因为在线业主论坛与现实

① 黄荣贵、桂勇：《互联网与业主集体抗争：一项基于定性比较分析方法的研究》，《社会学评论》2013年第1期。

的社区存在对应关系，在线业主论坛很可能发展成为业主集体抗争的组织基础（黄荣贵，2013），催生出一种新兴的动员结构，继而提供公共性的生长土壤。事实上，互联网在多个围绕“居住政治”而进行的集体抗争案例中扮演的角色及逐渐呈现的动员能量，特别是考虑到年轻人作为当下最熟悉新信息技术的社会群体，以及他们和新信息技术之间具有“选择性亲和”，已经令我们在考察青年的社区参与时很难绕开互联网和移动互联网来谈治理。

关于青年对参与社区治理的内容和渠道的认知调查结果说明，大部分已经具备从私人领域走出来，关心和维护社区范围的公共利益和价值，实现自己从“私域”向“公众”转化的意愿和能力。该认知看似与青年对社区治理格局的认知构成某种矛盾和张力，但这恰恰反映“社区治理”转向的过渡性特点，并极有可能表征了社区建设未来的方向：如果青年参与社区治理的能力和意愿能转化为提供公共产品的实际行动，则不仅将减轻政府的财政负担，且可能比政府和市场都更有效率，同时，还会使青年对于其所属社区共同体的构建和照料更感兴趣，并增强青年对国家的信任度（海贝勒、舒耕德，2009）。

二、青年参与社区治理的现状及影响因素

（一）社会参与活跃、政治参与不足：青年参与社区治理的行为

就青年在社区的“活动性参与”实践而言，“上海青年发展报告”项目2009年调研时即发现：仅有2.0％的受访者“不愿也没有参加过任何社区活动”，19.4％的“有参与意愿，但实际没参加过任何活动”；而绝大多数参与过由居委会等动员的活动，如34.1％的人提及参加过“清洁家园”活动，27.2％参与过“扶贫帮困”，25％的人参与过“节能减排”活动；还有20.8％的青年不需要动员也会主动参加社区的文娱活动（上海青年发展报告课题组，2009）。可见，大部分青年人的活动性社会参与意愿在社区实践中得到了普遍转化。

就“服务性参与实践”而言，得益于世博会、亚信峰会等重大活动召开所培育的志愿服务风气、组织载体，和以共青团上海市委为枢纽的青年组织（包括类政府组织和社会组织）在参与基层社会治理上的自觉，特别是平台的搭建，使年轻人在社区中开展服务活动的意愿得到一定程度的落实。以青年借助上海团市委的平台、资源和组织结构进行服务性参与为例：

1. 线上线下两个参与平台的建设

近年来，面对互联网技术的发展和青年群体的变化，共青团上海市委员会既扎根传统的社区空间，又将工作手臂向新兴的网络空间进行了延伸。一是依托社区、楼宇、园区、商场、剧院、书店等各类城市空间建立青年中心。通过为社区提供

休闲娱乐、婚恋交友、创业就业等各种服务项目，让青年在“中心”集聚、交流，结成新的“社区生活共同体”。同时，依托青年中心这个“关系枢纽”，让青年社会组织、青年志愿者乃至一些驻区单位方便地参与到社区事务和民生服务中来。目前，上海初步建成的青年中心有101个。二是依托网络空间建立的“智慧公益”平台。通过运行机制和动员模式的完善，“智慧公益”平台致力于实现组织者与参与者、志愿者的精准匹配和即时对接，让来自基层的需求在基层得到满足。在这个平台上，青年可以找到适合自己的活动；而团组织和各类青年社会组织也可以发布自己的活动、项目，吸引青年参与。未来，如果线上线下两个平台能进一步功能整合，初步实现共青团参与基层社会治理的“O2O模式”，发挥平台的“再组织化”功能，那么，青年融入社区、服务社会，进而实现自我成长的可能就更大。

2. 政府、市场和社会三种资源的整合

上海团市委首先依托青年工作联席会议、青少年发展规划和共青团与人大代表、政协委员面对面等载体，进一步完善与相关部门的双边沟通协作机制，为“启航”计划、重点青少年群体管理、“青少年权益工作创新”试点、12355平台建设、青少年维权岗创建等青年事务争取更多的政府扶持，谋求政府资源的落“实”；其次，通过推进枢纽型青年社会组织服务平台建设，探索公益创投、网络劝募、区域化合作等方式，激发社会组织和社会力量参与基层社会治理的动力，着力盘“活”社会资源。另外，借助梦想创业团、益友圈和大型赛会志愿者等民生服务和公益活动，在动员社会力量广泛参与的同时，注重用“好”市场资源，寻找企业社会责任和共青团资源缺口的结合点。这些使得共青团不仅能发挥覆盖全市的组织资源这一比较优势，又着力弥补了服务资源相对有限的短板，为引导青年参与社区治理做好了资源保障。

3. 四支基层队伍的构建

社区团干部、青年社会组织、青少年事务社工和青年志愿者这四支队伍是团市委参与社区治理依靠的重要力量，也是年轻人通过团的系统、机体介入社区治理的组织渠道和路径。近年来，团市委一是巩固了基层团干部队伍的核心作用，通过针对基层团干部开展社会治理和基层建设的专题培训，增强了他们参与基层社会治理的意识和能力；二是通过举办“青年影响社会”公益创投项目评选等，激发了青年社会组织的活力；三是以贯彻落实《上海市关于加强青少年事务社会工作专业人才队伍建设的意见》为契机，进一步提升社工与社区青少年的配比，优化了青少年事务社工队伍的发展环境；四是引导青年志愿者对接社区民生服务需求，提升社区对青年志愿者的“维系”作用。

夏科家同志在团市委十四届四次全体（扩大）会议上的工作报告（摘要），2014年当然，受制于共青团等青年组织自身建设等因素影响，青年在社区治理中服务性参与意愿的广泛“落地”仍需进一步观察和探索。

“事务性参与”意愿向行动的转化，是本次调研关注的重点。我们设计了两个指标，从考察青年对所在社区的具体事务（如财务开支、居委会人员变动、建设规划等）的了解程度，即信息类参与，递进到是否向任何一类社区治理机构提过意见或建议，即表达类参与。结果28.4%的受访者比较了解社区事务，37.5%的表示不太了解，而有34.1%的受访者回答“说不清”；如果我们把“说不清”的意涵指向为“搞不清”，或“无所谓”的话，那么可以说超过七成的青年实际上并不了解其生活的社区在如何运转，不论这种“不了解”是源于主动还是被动。而在比“了解”更高层次的“实践”中，青年的“参与不足”表现得更加明显，除了7.4%的人表示“记不清”外，有70.8%的人在过去一年中没有提过任何关于社区治理的意见或建议，仅有21.8%的人发出过该类行动。另外，虽然有接近7成的青年关心业主委员会的改选，但是真正参与其中的仅有21.2%。

（二）青年参与社区治理行动的影响因素

是什么制约了事务性参与意愿向参与行动的转化？从既有文献来看，阶层结构、居住类型、社区认同等是影响公众社区参与行动的重要因素。我们根据因变量特征，构建了二分类Logistic回归模型来完成这一探索，变量和模型如下：

因变量分为信息类参与和表达类参与。信息类参与通过是否了解所在社区的具体事务（如财务开支、居委会人员变动、建设规划等）来测量，0=不了解，1=了解，为二分变量。表达类参与通过有没有向任何一个或多个社区治理主体提过意见或建议来测量，0=没提过，1=提过，为二分变量。

自变量包括：

阶层结构。国际上的众多经验研究表明，受制于政治态度、经济资本、文化资本、社会资本、惯习等的不同，各阶层的社区参与程度是相异的，中层、中上层更有可能构筑有序、互助的公民社区，而底层更容易滑向冷漠、失范的非公民社区（普特南，2003）。因此，我们引入了“阶层结构”这一自变量，来探测其对模型的影响。青年所处的阶层地位通过客观的教育程度和收入水平，以及主观阶层认同等来测量。教育程度用受教育年数这一连续变量来测量，反映青年的文化资本。家庭平均月收入（税后）取自然对数之后放入模型，反映青年的经济资本。主观分层通过在问卷中询问“与周围人相比，您家社会地位状况属于(1)上层，(2)中上层，(3)中层，(4)中下层，(5)下层，(6)说不清”来获取；经初步分析后，我们将上层、中上层合并为“中上层”以满足统计需要。

居住类型。从既有文献来看，居住年限和产权状态也是影响参与程度的重要变量。居住年数为连续变量，反映了个体的流动频率。另外，在问卷中，我们询问了包括单位/学校宿舍、保障性住房、租房（独立租赁、与人合租）、住父母/配偶父母的房子、自购房、其他等多种类型的居住形态，为简化数据，将前三种居住方式均视为“租房”。

社区认同。社区认同是居民对社区的一种特殊情感，指居住在一定地域范围的人们，因生活互动而产生的对社区空间、人际、文化及管理模式的喜好、信任和归属感。对于社区的满意度是有关社区认同最强的预测因素之一（McMillan, Chavis, 1986）；社区中的人际互动，即邻里关系也经常被认为与之相关（桂勇、黄荣贵，2006）；同时，居留选择也是反映社区意识的重要指标；据此，在本次调查中我们通过以下四个态度题进行了操作化：（1）总体来看，我对社区提供的服务是满意的；（2）街坊邻里值得信任、彼此关系和睦；（3）如果条件允许，我希望在这里长期居住；（4）我为能生活在这个社区而自豪；1 分到 5 分指代从“很不同意”到“非常同意”，均为定序变量。同样，为了简化统计，我们通过相加合并提取了一个因子，新形成的“社区认同”变量取值为 4—20 之间的整数。

另外，“青年”作为概念术语不仅指涉处于青春期阶段的年龄群体（Youth）或个体（Young People），更含有一种社会地、历史地形成的角色或类别的社会期待（陈映芳，2008）；即青年的各种现代形象（Images）和义务，例如，健康、朝气蓬勃、胸怀理想、志向远大、与国家命运联系在一起、担负着再生和复兴的使命等，并不是自古就有的，而是在工业化、城市化、教育现代化以后被系统化地挖掘和建构出来的。既然“青年”不仅是个自然阶段，更是一个社会类别，那么这一角色所涉及的权利和义务、形象和行为就是可以调整、协商，甚至被承担这一角色的年轻个体所疏远或拒斥的。在这一意义上，我们感兴趣的是：当下，作为社会角色类别的“青年”是否仍是年轻人认同的内核，尤其是这一身份认同是否能推动年轻人实际参与到社区治理中？为此，问卷中以“青年应该成为社区治理的主体”（1 分到 5 分指代从“很不同意”到“非常同意”）这样一道态度题来测量，带入模型时将“不太同意”和“很不同意”合并为“不应该”，“非常同意”和“比较同意”合并为“应该”，最后把“说不清”单列一类，视作定类变量。

其他控制变量。包括年龄（连续变量），性别（0＝男性，1＝女性），宗教（0＝无宗教信仰，1＝有宗教信仰）；参与意愿，该变量虽然是通过三个态度题进行测量的（1 分到 5 分指代从“很不同意”到“非常同意”），均为定序变量，但为了统计分析的需要，我们将其相加合并为一个因子，新形成的“参与意愿”变量取值为 3—15 之间的整数。上述变量的描述统计详见表 5.4。

表 5.4　变量描述统计表

变　　量	均值/比例
年龄	26.09(5.34)
性别(0=男性,1=女性)	52.7%
宗教(0=无宗教信仰,1=有宗教信仰)	23.3%
户籍所在地(0=非上海户口,1=上海户口)	77.8%
参与意愿(3—15 分)	10.14(2.730)
社区认同(4—20 分)	13.07(3.680)
居住方式	
租房	29.4%
住父母/配偶父母的房子	43.3%
自购房	25.7%
居住年数	8.183(7.625)
主观阶层认同	
中上层(中上层+上层)	7.0%
中层	42.1%
中下层	26.1%
下层	10.2%
说不清	14.7%
受教育年数	15.617(3.446)
家庭人均月收入对数	8.711(0.953)
青年应该成为社区治理的主体	
不应该	16.6%
应该	52.5%
说不清	30.9%
了解社区事务(0=不了解,1=了解)	28.4%
提过意见或建议(0=没提过,1=提过)	21.8%

从表 5.4 可知,受访者的社区认同感居于中等略偏上水平;拥有房屋所有权的受访者仅占 25.7%,住在父母一辈房屋中的在 4 成以上,租房青年接近 3

成;接近一半的受访青年认为自己属于中层或中上层,其中42.1%自认为是中层;半数以上(52.5%)受访者同意"青年"应该成为社区治理的主体这一提法。

表5.5显示了各变量对两类社区治理参与行为的影响。在信息类参与模型(模型1)中:控制了其他变量以后,社区认同变量的影响十分强烈,认同度显著提升了年轻人了解社区事务的可能性;就阶层结构来说,收入状况和文化水平的影响均不存在统计意义,但相对于主观上将自己视为"底层"的青年来说,自视为"中上层"的青年了解社区事务的可能性反而更低,其他阶层差异不显著;作为社会类别的"青年"在激发年轻人了解社区事务上起到的作用很有意思,相对于不认同"青年应该成为社区治理主体"的青年,认同的青年了解社区事务的可能性反而更低;就居住类型变量而言,居住年数的影响在统计意义上并不显著,自购房与租房青年对社区事务了解程度的差异也不显著,但相对于租房青年而言,和父母或配偶父母共同居住提高了青年了解社区事务的可能性。另外,户籍、年龄、性别、宗教等变量的影响不明显。

表5.5 影响青年参与社区治理行动因素的二分类Logistic回归分析

变量	模型1 信息类参与			模型2 表达类参与		
	B	S.E.	Sig.	B	S.E.	Sig.
年龄	−0.016	0.013	0.230	−0.019	0.015	0.184
女性[a]	−0.135	0.118	0.252	−0.068	0.125	0.588
有宗教信仰[b]	0.000	0.146	0.999	0.061	0.156	0.694
上海户口[c]	0.060	0.185	0.745	−0.222	0.185	0.230
参与意愿	0.012	0.032	0.716	0.211***	0.034	0.000
社区认同	0.287***	0.027	0.000	0.004	0.025	0.864
居住方式			0.078			0.840
住父母/配偶父母的房子[d]	0.402*	0.190	0.035	−0.022	0.201	0.912
自购房[d]	0.221	0.196	0.260	−0.138	0.199	0.488
居住年数	−0.011	0.009	0.245	−0.007	0.010	0.466
主观阶层认同			0.193			0.089
主观无法分层[e]	−0.079	0.255	0.758	−0.124	0.257	0.630
中上层[e]	−0.634*	0.311	0.042	0.191	0.302	0.526

续表

变　量	模型 1 信息类参与			模型 2 表达类参与		
	B	S.E.	Sig.	B	S.E.	Sig.
中层[e]	−0.032	0.220	0.886	−0.336	0.226	0.137
中下层[e]	−0.097	0.225	0.665	−0.377	0.231	0.103
受教育年数	−0.012	0.020	0.549	0.071***	0.020	0.000
家庭月收入对数	−0.070	0.063	0.270	−0.009	0.067	0.898
青年应该成为社区治理的主体			0.000			0.000
应该[f]	−0.485**	0.204	0.017	−0.336	0.203	0.099
说不清[f]	−1.017***	0.206	0.000	−1.121	0.212	0.000
常量	−3.361	0.732	0.000	−3.050	0.756	0.000

注:(1) * p<0.05，** p<0.01，*** p<0.001，N=2 599。(2)变量参照水平如下:a.男性，b.无宗教信仰，c.非上海户口，d.租房，e.下层，f.青年不该成为社区治理的主体。

在表达类参与模型(模型 2)中:参与意愿的作用变得显著，越希望参与到社区治理中的青年实际采取干预行动的可能性越大;阶层结构变量中，受教育年数显示出强烈影响，受教育年数增加了青年采取干预行动的可能，但收入的增加和主观阶层认同的提升作用不大;作为社会类别的“青年”在影响年轻人采取干预行动方面的作用依然十分有意思，认同“青年应该成为社区治理主体”的青年与不认同的青年并无显著差异。另外，将信息类参与和表达类参与作二分类 logistic 回归后发现影响十分强烈(B=0.436，S.E.=0.116，P<0.001)，信息类参与度的提高将显著增加青年采取干预行动的可能。

(三) 小结

第一，阶层结构对青年社区参与的影响尚不显著。事实上，当前我国的社会阶层结构是否趋于定型化确实在学界仍是一个颇具争议的话题，阶层之间的界限和认同尚处于形塑阶段和发酵期(洪岩壁、赵延东，2014)，尤其是中产阶层的政治态度是趋于保守还是前卫，尚会因其依赖的经济基础不同而迥异(李路路，2008)，利用本次采集到的数据进行青年的主观阶层认同和客观阶层指标的比较，都会发现较大的分歧。这可能就是造成西方研究经验在中国较难得到验证的重要原因。

不过，由受教育程度构成的文化资本对青年参与社区治理的影响已经显露。有研究生学历的青年中31%的人有在过去一年内向社区治理机构提建议的经历，这一比例在本科生学历青年中是22%，在高职/大专学历和高中/职高/中专/技校等学历青年中是18.7%，在初中及以下学历青年中是20%；可见，文化资本的提升对增强青年个人的“公共性”和参与治理的能力是有效的。综上，阶层变量在促进青年社区参与上的作用是值得在今后一段时间内持续观察的。

第二，青年社会流动的加剧并不是社区共同体“衰落”的主要原因。是否上海的原住民，是否持有上海市户口，以及在社区里面居住了多长时间，当控制了其他变量后，均不是具有统计意义的影响指标。在座谈会中，社区基层干部J先生提出社区要想治理好，关键依靠“熟人社会……（居委会干部）跟社区居民混熟了，工作就好开展了”（个案一），这也是当前不少从事社区治理工作的人的经验。对于社区治理从业者来说，利用社会网络、社会资本开展社区治理是可行的（陈捷、卢春龙，2009；钱海梅，2010），但对于普通青年而言，参与行为跟其社会流动的频率和空间跨度等关系不大。

第三，“业主”身份对提升青年参与社区治理的主体意识有限。基于商品住宅私人产权诞生的“业主”（即房屋的所有权人）群体，常被持“基层社会发育”视角的学者期待着“带来城市基层社区政治生态的深刻变革”（郭于华、沈原，2012）；提出“当居民成为住房的主人，住房成为一种私有财产时，居住和与居住有关的活动不再仅仅是个人日常生活的微小实践，而是打开了通往公共生活之门”（郭于华、沈原，2012）。不少都市运动的经验事实，也在或多或少地诠释这一判断，座谈会中S先生提到的“失地农民”因自身权益受损而采取的抗争即是一例。

但从本次调研来看，大部分青年的参与行为尚未因住房产权的不同而明显不同，青年业主们似乎并不会因产权的赋予及相关利益的牵连而更深、更广范围地参与到日常化的社区治理中。事实上，日常生活中的“业主”活动多停留在“自娱自乐”层次，或向少部分业主提供“俱乐部产品”的阶段，并未长期发挥表达群体诉求、参与公共管理或提供公共产品等预期功能；即使是当私人权利受损、进行组织化的维权时，在资源汲取诉求较强、所处制度环境、治理主体结构较为复杂的背景下，许多业主群体坚持的是“工具主义”策略，带有资源获取的冲动，而不是依据特定公益价值、社会公正而设置。当然，公共生活的形成和社会的生产不是一蹴而就的，从青年“业主”到青年“公民”的理性和智慧需要在抗争中逐渐培育，因此，居住形态变量对于青年社区参与的作用有待后续研究的跟进。

第四，作为一种社会角色的“青年”意识形态在动员年轻人参与社区治理方面的能力正走向式微。数据结果表明，虽然超过半数的青年会在形式上承认“青年应该担负起社区治理主体性责任”这样的意识形态，但这一意识形态对个体的实际作用并不如想象中大，年轻人是否采取实际参与行动和是否在形式上承认这一意识形态符号几乎不相关。

国外青年研究界普遍认为，西方在20世纪60年代的青年反抗运动后，那种自近代产生以来的政治意义上的、意识形态上的“青年”角色已面临“空心化”(J.C. Lagree，2007)。有学者认为，中国在20世纪80年代以后，传统意义上的整体性的“青年”在中国实际上已经解体(陈映芳，2008)。绝大部分青年现在是以“青少年”、“年轻人”、Young People等教育意义上的角色类别或者是“御宅族”、“乐活族”、“飞特族”、“NONO族”、“杀马特”等文化意义上的角色类别来自居的。在实际动员这些无比分化、无比多元的碎片化的年轻族群时，“青年”这一总体性角色类别的“概念红利”面临着效益递减的危机。

第五，社区认同感对青年参与社区治理的影响显著。青年的社区认同处于中等水平(如表5.3所示，仅高出中位值1分)；进一步描述性分析后发现，有47.5%的受访者对所在社区总体满意；52.5%的人感到所在社区邻里关系和睦、值得信任；47.4%的人在条件允许的情况下，希望长期留居；45.7%的对所在社区充满自豪感。当然，社区认同与参与意愿、参与行为之间存在互构。

三、走出“参与不足”，迈向“复合治理”的现实路径

“复合治理”和“参与治理”是“社区治理”理念的内核和行动策略的双轨。然而，青年在社区层面的“参与不足”影响了参与治理的实现、进而使复合治理也面临结构性倾斜的危机。让青年参与到社区共同体中来，成为让社区从“管理”到“治理”转变的关键。

(一) 引导在社区工作的青年发挥示范作用

上海市政府从2007年开始，一方面为了有效促进社会建设、一方面为缓解大学生就业难困局，出资购买社区工作岗位，面向大学毕业生公开招聘。于是，不少青年精英藉由此路径进入社区中工作，其中部分人已成为身挑大梁、深受爱戴的“小巷总理”。

从职业评价上讲，社区工作是有较高社会地位的，72.2%的青年提到年轻人到居(村)委员会等工作能为社区治理注入新鲜血液，58.9%的青年觉得“年轻人在基层工作能得到很大锻炼”，而“年轻人找不到工作才会到社区就业”的

提及率仅20.0%，认为“年轻人到基层工作不值得、浪费人才”的提及率不足10%。可见，青年群体中整体的舆论氛围为年轻人社区就业创造了良好的环境。

从职业认同上讲，少部分带着机会主义进入到社区工作的青年，很快会离职、跳槽；但大部分社区治理从业青年具有崇高的职业理想和奉献精神。

我到社区工作之前在一家私人企业做中层管理，待遇应该说还可以，从那边出来，到社区工作，一点想法就是我要为社区、为自己的家乡作出一点贡献，这是我一个很朴实的想法，也许在外人看来这是一个喊口号作秀的表现，但其实是我发自内心的。（个案七）

我是2010年也是从企业跳到村委会的，我是本地人，看到村里打算招聘一个人（做社区工作），我觉得服务群众也挺好的，就通过笔试、面试到村里工作。在没进村委会之前，我连村委会在哪儿都不知道，有几个村民小组也不知道，进去以后三年多时间，和老百姓也差不多认识了，老百姓都蛮好的；我感觉我从性格上和工作方式、待人处事方面都有了提高；家人对我也比较支持，村委会突发事情比较多，比如说下大雨，河要漫过田了，我们还要半夜爬起来抽水；下雪了，桥上都是雪不安全，我们还要一早爬起来扫雪；这些家人都比较支持。（个案二）

我大学毕业就去西藏支教了，后来回来社区工作，我伯父伯母会这么说，你大学毕业去社区工作，是白读了四年书，但我喜欢，就在社区锻炼了。（个案三）

从职业发展上讲，和国家地方机关公务员、事业单位从业人员相比，针对青年的社区工作制度尚未形成，薪酬奖励、福利保障、职业培训、晋升渠道等设计相对滞后，让社区治理从业青年面临许多集体困境。访谈中有不少大学生社区工作者提到这方面的问题。

我本来是向往去企业做白领的，后来看到这里贴告示，参加了回乡大学生的考试，然后就进入社区工作了，然后一干就干了7年。其实自己心里也有斗争，因为工资比较低，前三年财政发的就1 000多元。找女朋友都很难，说不出口，现在的女朋友都是很难才找到的。当初大学毕业的时候，感觉社区应该是一个很广阔的舞台，想在社区干一番事业；但随着时间推移，慢慢干的时间长了，感觉自己的棱角意志什么的都渐渐磨平了。我后来参与一些事业单位的考试、公务员考试，笔试过了，但是卡在面试上。当时我们进去（社区工作）二十二个人，现在仍然留在居委会、社区、村里面工作的不到三分之一，基本上都是因为工资待遇等一些问题，考出去的考出去，转行的转行。（个案五）

我们干这个工作什么编制都没有的，就是聘用、人才派遣，人才公司跟你签合同，关系挂在公司里面，然后派遣你来社区做事，一年一签……政府常利用这种方式去逃避责任，比方他说政府派来人做社区工作，出了事情，政府埋单；但是如果和人事代理签的话，有什么事情都是人事代理去负责……我家人其实也是希望我离职，说白了你肯定要养家糊口，我老婆工资要比我多一倍，她在医院里面，男人应该更多地承担一些责任，然而目前情况来看不行……有时候我们向上面反映工资低，领导就说你爱干不干，外面毕业的大学生很多很多、都想进来，这条街可以排到那一条街呢……有的镇是自己拿出财政来拨付社区工作者的工资，财力雄厚、领导重视年轻干部，工资拿得就多一些……我自己的规划是，首先是自己的本职工作做好，不能想着工资太低了一定要跳出去干别的事情，这是对单位不负责，对领导不负责，所以我现在还是要把自己的本职工作先做好，然后再考虑考公务员啊，事业单位啊，警察啊什么的；还有一种呢，比如有人脉关系，像朋友啊有自己开公司的自己创业啊，我可以跟他们一起去搞这个。（个案四）

从以上分析可见，从事社区治理工作的青年对社区而言是一群素质高、有理想、能做事的重要力量，他们的存在不仅利于推动社区治理主体的工作、同时对激发一般青年参与社区治理起到很好的示范和榜样作用。因而，建立健全选拔任用机制、教育培训机制，完善待遇保障制度、建立健全激励约束机制，切实保护和进一步提高从业青年的工作热情和工作能力，对加强“社区治理”有不可忽视的作用。

（二）提高在社区居住的青年对社区的认同感

本次调查研究发现，仅用“你是青年”——因而“你应该在社区治理中发挥主要作用”这样的逻辑来进行动员，已难以实际提高青年的参与力度。而“社区认同”与青年人参与社区治理的意愿、行动是互构的。

社区这个概念在20世纪30年代就被引进中国了，但到改革开放之前，它仅是学术上的用语；80年代中期以后，随着经济体制转型的加快，许多人（包括学者、政府管理部门和市民）开始议论“单位人”向“社区人”转变而引发的各种社会问题；其中最内核的就是极富中国特色的“单位认同”如何向“社区认同”转变。然而，不少既有研究表明，受到资源供给、利益整合、治理模式等多重影响的城市社区认同至今仍令人担忧。

从认同层面讲，城市社区到底是走向消亡、保存还是解放（桂勇、黄荣贵，2006）？国内学界尚未达成共识；通过本次调查反映的青年社区认同也处于在应用社会科学里面最难解释的“中间状态”。不过，基于社区认同对社区参与的重要性，我们更倾向于接受“城市社区认同仍处于过渡的、待建构过程”这样的假设，由此去捕捉年轻人群体提高社区认同感、参与意愿，进而增强参与的可能和途径，例如，提供有针对性的社区服务。

社区的公共资源因徒步可及、伸手可触而能自然地激起社区居民的使用欲，而当居民分享社区公共资源和服务偶然相遇、无意点头时，便有了进而发展成相互熟识、自愿结对的邻里关系的可能，这将成为强化他们社区认同感的基础……人们心中对社区的理想就是"如果人们能够分享某些东西，那么他们就能分享更多的东西"（简·雅各布斯，2006）。如前所述，上海作为最早投入现代社区建设的城市之一，至少在形式上已形成由自下而上的自治力量发育出来的居民区物业管理公司等经济性组织、业主委员会、社团等社会性组织以及社区服务站等服务性组织，与自上而下的街道社区管理行政性力量一起，提供社区公共服务和资源的力量结构。与那些社区建设滞后的城市、社区公共产品供给渠道单一相比，上海具有在这方面率先突破的明显优势；而关键是在了解年轻人的公共需求基础上，创造性地提供可替代性较低、易得便捷、人性化的公共产品或服务，把青年吸引到基础性的社区交往中来。

表 5.6　青年的社区服务需求

指　　标	次数	个案占比(%)
继续教育、就业培训等服务	746	(4)33.7
子女托管、教育服务	886	(1)40.0
信息咨询	667	(5)30.1
计划生育服务	590	(7)26.7
法律援助	102	(9)4.60
维修服务	877	(3)39.6
医疗保健服务	881	(2)39.8
养老、托老等服务	625	(6)28.2
家政服务	375	(8)16.9
其　　他	32	(10)1.4
总　　计	5 781	261.2

从本次调研数据来看，当被问及希望社区提供哪些服务或资源时，提到"子女托管、教育服务"的最多，比例上居于首位；其次是医疗保健；第三是维修服务；第四是继续教育、就业培训等；第五是公共信息咨询，以上五项被提及次数的百分比均超过30%。另外，养老服务、计划生育服务等被提及的比例也较高，接近30%。年轻人所处的生命历程阶段的特殊性，决定了该群体实际上需

要更大量的社会支持予以协助、才能顺利地承担起该生命历程阶段的任务，因为诸如成家、立业、养育小辈、赡养长辈等生命任务相继，甚至会并行地发生在这一生命历程中。这些任务有的可以依靠市场化渠道完成，但更大量的需要依托公共服务。可见，青年是很需要社区的；问题的关键就变成了社区治理的主体能否针对青年的行动特征提供相应的服务。例如，在访谈中G先生提到其所在的社区服务中心“针对青年人白天上班，晚上、周末才回到社区的日常生活特点，特别将上班延长到了晚上21:00后”的做法，就是社区治理主体提高青年认同感的有诚意的尝试。但目前上海社区中更普遍的情况是：针对老年人的活动场所、设施、服务供给较为充足，而符合青年需求和行动特点的活动场所、设施、服务等尚未成为社区的标配；青年缺乏交往平台，更难以进一步地参与。

（三）将流动青年纳入城市社区治理

如前所述，居住年限、户籍身份等社会流动指标并未对年轻人的社区参与构成显著影响，表5.7也进一步显示，当我们以参与意愿（视为连续变量）为因变量，以户籍身份（二分变量）为自变量作基准模型，以社区认同感作嵌套回归模型后会发现：在未控制青年的社区认同感前，户籍身份似乎对参与意愿有统计上的影响；但当控制了青年的社区认同感后，户籍身份的影响效用消失。外来务工青年和户籍青年在“参与不足”的影响因素上具有同构性；移民“身份”和“事实”不是，也不应该成为“移民”社区参与的阻碍因素。

表5.7　青年社区参与意愿嵌套模型

统计项	模型1	模型2
户籍	0.366*(0.139)	−0.039(0.104)
社区认同感		0.524***(0.013)
F	5.896*	874.90***
R^2	0.003	0.440

注：(1) * $p<0.05$，** $p<0.01$，*** $p<0.001$，N=2 599。

而事实上，据第六次人口普查显示，上海20—34岁的青壮年外来常住人口为422.03万，占该年龄段常住人口的57.7%，即“新生代农民工”从规模上已超过户籍青年，形成“倒挂”。城市政府面对这群青年的态度、方式和理念虽然相比以前有了碎步式的调整，例如在访谈中Q先生提到的，大型居住区中外来务工青年规模庞大，社区居委会每周五下午开办以外来务工人员的随迁子女为主体的合唱班，请小区里热心社区事务且有声乐专长的老师来教，很受外来务工家庭欢迎，为他们提供了子女下课后至父母下班前这段无人监管的真空时间的一个备择方案；但是从整体上来看，城市社区目前对外来务工青年采取的仍是“控制”而非“融合”、“管理”而非“治理”的行动策略：外来人口管理虽已纳入社区日常工作，但主要局限在计划生育服务和治安方面；管理停留在申报、收费、办证等以登记为主的计划经济时代的静态管理模式上，且还存在落实措施不力、管理效果不理想的问题；管理与服务尚未有机结合，重打击越轨行为、重收费、轻吸纳；管理方式上行政、法律手段多，经济、文化手段少。这导致外来务工青年难以融入所在社区的生活，缺乏归属感，与社区管理部门的联系较弱，与户籍青年的社会隔离程度较高，在社区治理方面的参与程度低。如表5.8所示，户籍身份不同的青年虽然在参与意愿和表达类参与行动上不存在统计意义上的显著性，但在社区认同和信息类参与行动上有显著差别：相比有上海户口的青年，外来务工青年的社区归属感、满意度、居留意愿低，对社区事务的了解程度低。

表5.8　不同户籍身份青年社区认同感及参与行为(%)

	非上海户口	上海户口
社区认同感	100.0	100.0
4—8分	12.8	11.9
8—12分	33.5	29.7
12—16分	43.9	43.3
16—20分	9.8	15.1
信息类参与	100.0	100.0
不了解	76.7	70.3
了解	23.3	29.7

社区融入是社会融入的重要环节，它使得外来青年对所居住城市的认同不仅仅停留在该地区可能带给个体的经济利益，更能使外来青年认可所居住地区给其带来的社会价值和情感价值，从而促进其进一步参与当地的社会建设。实现外来人口本地化这一情感认知过程，是现代城市中社会融合作用的意义所在，因此应当确保城市化过程不仅是简单的高楼大厦的建设，更是社会各阶层相互融合、逐步缩小差异的过程；社区治理不应该对如此大规模的流动青年的“参与可能”视而不见，而应积极地把他们纳入社区治理的主体中来；这可能是盘活社区中的青年力量时最具操作性效应的举措了。

附:社区治理访谈对象基本情况表

个案编号	性别	社区空间类型
个案一 金先生	男	市区老式公房社区
个案二 许先生	男	城乡结合部农村宅基地私房社区
个案三 乔先生	男	农民集中居住社区
个案四 顾先生	男	大型居住社区
个案五 孙先生	男	城乡结合部老旧公寓
个案六 陈小姐	女	国际化居住社区
个案七 陆先生	男	大型居住社区

第二节 上海青年弱势感现状研究

弱势群体的存在,是中国基本国情之一。弱势人口中,弱势青年(vulnerable youth)占相当比例,近十多年来,更是涌现出因社会转型、人口流动、弱势代际传递和制度性障碍而产生的流动与留守青少年、贫困大学生、"蚁族"、新生代农民工、群租族等新弱势青年群体,需全社会高度关注。这不仅是其自身发展问题,更是当下和未来的重大社会问题,是需要动员社会力量共同解决的"公共议题"(杨雄,2004)。[①]正因如此,近年来,对弱势青年的研究逐渐成为多学科重要研究主题。[②]

弱势感蔓延比弱势群体的形成和扩大更应该引起社会的重视。弱势感是一种对自身境遇的内在情绪自觉,比弱势群体的概念更加宽泛。弱势青年因压力突增、群体同质性、空间集中性和优势新媒体技术,他们的弱势感受更易体验、更易感染、更易传播,从而导致弱势情绪共同体的更快形成。青年群体的弱势感现状、特征、成因及消解对策等问题更应引起高度关注。

一、上海青年的弱势身份认知与感受

青年既可以理解为一种个体性存在,又具有群体性身份。作为个体,上海青年认为自己是弱势群体吗?群体层面,他们又如何看待"青年是弱势群体"这

① 杨雄:《弱势青少年生存状况与社会支持》,《社会科学》2004年第5期。

② 程福财:《弱势青少年研究:一个批判性述评》,《青年研究》2006年第6期。

一社会标签？

（一）个体层面：上海青年弱势感受并非普遍

首先借语义认同问卷，调查上海青年对自身弱势感的体验与认知。问卷中，请青年表达对“我是弱势青年”语义的认知，同时对“我是‘屌丝’”和“我是‘愤青’”两种身份进行认同度选择。我们试图了解青年对这三种社会身份标签的认同及其相互之间的勾连。结果见表 5.9 和图 5.1：对三种身份表示“说不清”的比例极为接近，对“我是弱势群体”和“我是‘屌丝’”身份表示不认同的比例之和分别为 47.2%和 51.7%，表示认同的比例之和分别为 30.5%和 28.0%。总体而言，对弱势身份的认同度仅占三成（30.5%），这一比例远远低于人民论坛的调查结果（网络调查中认为自己处弱势地位的全样本比例近七成），也远远低于 2010 年 12 月《新京报》的调查结果，该调查显示，认为自己处在“非常弱势”位置的占 18.8%，认为自己处在“一般弱势”位置的占 61.9%，整体上有八成人认为自己是“弱势群体”中的一员。

上述结果表明，上海青年的弱势感体验的普遍性程度并不是很高。假如“愤青”代表着青年的一种激烈式主张表达，那么，上海青年的表达模式仍然是比较温和的：认同自己为“愤青”的比例仅 18.3%，而不认同的比例超过五成。

表 5.9　上海青年“弱势身份”认同度总体分布（%）

	完全不认同	不太认同	说不清	有点认同	完全认同
我是弱势群体	17.6	29.6	22.3	19.8	10.7
我是“屌丝”	25.0	25.7	21.4	17.4	10.6
我是“愤青”	27.4	32.0	22.4	11.9	6.4

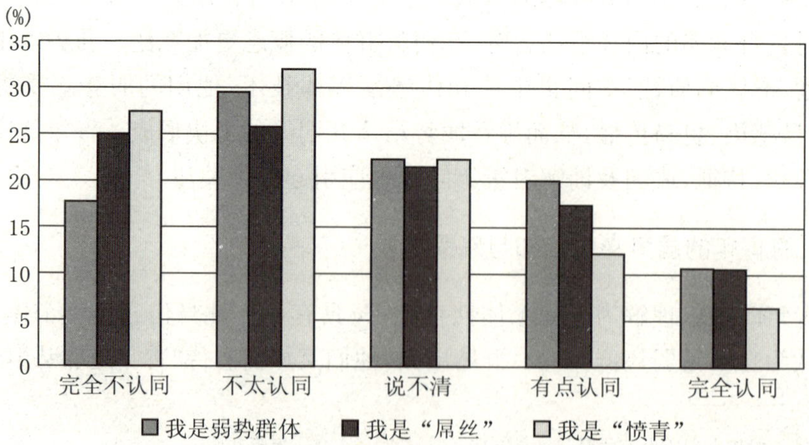

图 5.1　上海青年“弱势身份”认同度总体分布

“屌丝”文化是继无厘头文化、嬉皮士文化之后又一种迅速兴起的青年亚文化，自嘲、解构甚至降格是其鲜明特点。“屌丝”青年是弱势青年吗？“屌丝”心态与弱势感受一致吗？调查结果显示(见表5.10)，弱势身份认同和“屌丝”身份认同间的相关系数为0.516，说明两者心态具有较高的趋同性。但同时需认识到，“屌丝”更多的成为青年群体一种自嘲甚至自虐，诸如“屌丝”音乐、“屌丝”动漫、“屌丝”小说乃至“屌丝”节即是种种物化表征，而弱势的感受毕竟真切得多，因而两者不完全一致。本次另一项目的调查结果很好地说明了这一点：对“自居‘屌丝’的青年就是弱势群体青年”，持“完全不赞同”的占14.4%，持“不太赞同”的占42.9%，持“一般赞同”的占24.8%，持“有点赞同”的占13.0%，持“完全赞同”的占4.9%。可见，尽管网络上的“屌丝”自居者似乎很多，但在现实的身份判断时，上海青年并未表现出显著的“屌丝”心态。

表5.10　上海青年群体身份认同程度间的相关系数(r)

	我是弱势群体	我是“屌丝”	我是“愤青”
我是弱势群体	1.000		
我是“屌丝”	0.516***	1.000	
我是“愤青”	0.341***	0.411***	1.000

注：* 表示 $p<0.05$，** 表示 $p<0.01$，*** 表示 $p<0.001$，下同。

(二) 群体层面：上海青年并不认为弱势感在青年群体中蔓延

为了解上海青年对青年群体的弱势地位认知，问卷中设置了三个语义认同的赋值题项(表5.11)，其中“完全不赞同”赋值1分，“完全赞同”赋值5分。调查结果显示：

表5.11　青年对青年群体是否属于弱势群体相关语义的认知

题　　项	M±SD
某种意义上说，青年群体就是弱势群体	2.55±1.14
弱势感在青年群体中有蔓延趋势	2.99±1.06
有弱势心理，不代表就是真正的弱势群体	3.36±1.19

对“某种意义上说，青年群体就是弱势群体”：全样本均值为2.55，处于1—5级评分中间值的负向区间，说明青年并不认同将青年群体等同于弱势群体的看法。对于“有弱势心理，不代表就是真正的弱势群体”：全样本均值为3.36，处于1—5级评分中间值的正向区间，说明青年比较认同弱势心理并不代表弱势群体的看法。

依据社会类化理论，个体在产生社会知觉时，主观上会将自己归属于某个群体，社会类化的过程将导致认知水平上扩大了群体之间的差异，同时缩小了群体内成员之间的差异。这一过程会使得青年更多卷入自己所在的类别群体，对所属群体的观察、认知更多。因此，青年对同类型群体的弱势感蔓延趋势的主观认知，能在很大程度上反映该群体的客观实际。

依据这一理论，就不同青年群体对“弱势感在青年群体中有蔓延趋势”的认知进行测查就具备了反映该群体实际状况的可能。调查结果表现为：全样本均值为 2.99，正好处于 1—5 级评分的中间值区间。差异检验结果依次是(见表 5.12)：性别差异显著，男生更认同弱势感在青年群体中的蔓延趋势；年龄差异虽不显著，但 p 值小于 1，正值婚育或就业阶段的 80 后群体更感受到弱势感的扩大；单位性质方面差异极其显著，若不考虑其他群体，则民营企业和国有、集体企业青年更多感受到群体中的弱势感；家庭社会地位方面的差异达到边缘显著水平，中下层，尤其是下层家庭社会地位的青年在弱势感蔓延方面的认同度更高。单独对管理层、自雇佣者和未就业或无业的青年进行统计，结果发现这三个群体在“弱势感在青年群体中有蔓延趋势”题项上的认同度分别为 2.90±1.13，2.89±0.87，3.14±1.02，未就业或失业状态青年赋值最高。

表 5.12　不同群体对“弱势感在青年群体中有蔓延趋势”认同度差异

变　量	变量水平	M±SD	F
性　别	男	3.06±1.11	7.613**
	女	2.93±1.02	
年　龄	70 后	2.83±1.08	2.379 (p=0.093)
	80 后	3.03±1.07	
	90 后	2.96±1.04	
单位性质	国有、集体企业	3.05±1.01	4.235***
	民营企业	3.10±1.05	
	个体自由职业	2.85±1.01	
	三资、港台企业	2.85±1.18	
	机关、事业单位	2.96±1.09	
	在校学生	2.80±1.09	
	其他群体	3.11±0.98	

续表

变　量	变量水平	M±SD	F
家庭社会地位	中上层	2.99±1.10	2.203 (p=0.066)
	中层	2.93±1.04	
	中下层	3.04±1.02	
	下层	3.15±1.26	
	说不清	3.00±1.03	

需要说明的是，怀有弱势感的人既可能属于传统意义上的弱势群体，也可能属于通常标准中的非弱势群体，甚至一些外表光鲜的群体也会产生相同的弱势感受。“弱势感”与“弱势群体”并非完全对应的关系，怀有“弱势感”的人既可能属于经济上比较贫困、社会地位比较低的城市边缘群体，也可能是传统标准中的优越职业人群。《人民论坛》曾经做过问卷调查，随机抽样调查结果显示：57.8%的公司白领受访者认为自己是弱势群体，55.4%的知识分子（主要为高校、科研、文化机构职员）受访者认为自己是弱势群体，并且认为自己是“弱势群体”的公务员受访者达45.1%，而网络调查显示，认为自己是“弱势群体”的人群比例竟然高达七成。这些外表光鲜，难以归入通常意义下“弱势群体范畴”却怀有“弱势感”的人群我们将其称为“非典型性弱势群体”。①

目前在我国存在着这样一群年轻人，他们在大学毕业后无法找到合适的工作或工作收入很低，但是又不愿回到家乡，聚居在城乡结合部、繁华区域的地下室或者学校周围，他们是蚁族，是校漂族，也是不受上班时间限制的自由职业者。他们大多数生活较为拮据，工作不稳定，得到公共服务和社会福利比较少，不能充分享受医疗、保险，心理落差较大，高学历的教育背景和现实生活困境的反差让他们对社会公平存有疑虑，容易焦虑，弱势感主要源于巨大的生存压力，比较缺乏安全感，同时伴随着他们的还有孤独无助和愤怒，来自于家庭和自身的双重压力常常让其处于低落的情绪当中，生活幸福指数偏低，经常有人会在贴吧里描述现在的生活境况，大体都是没房没车，工作几年，没有存款，工作不好或者刚刚失业，在出租屋里闷得发慌，对自己的未来充满疑惑和不确定感。有网友计算过，一个一般本科毕业生在上海买一套学区房需要不吃不喝五十年以上，如此高昂的房价让他们没有奋斗的激情，对自己所在的城市无法产生归

① 人民论坛问卷调查中心：《“弱势”缘何成了普遍心态——不同群体“弱势”感受对比分析报告》，《人民论坛》2010年第12期（上）。

属感。

而那些被传统意义上认为是拥有优越职业的青年也有强烈的弱势感，主要来自两方面的原因，一是自身的角色转变的缘故，每一个人都具有多重角色，归属于不同的角色群体。例如，一位公务员，同时也是丈夫或妻子等。在某一种角度面前或在某些权力关系面前处于强势，在另一方面也会处于弱势，任何人的强势弱势地位都是相互转化的，在特定范围内是有限度的，即便是高收入人群在面对自己无法企及的领域时也显得很渺小、很无助、很无奈。二是来自自己工作的压力。例如，一些公务员在激烈的官场竞争、严厉的问责制度和强大的网络监督面前成了惊弓之鸟，生怕做错一件事、说错一句话，并且某些地方依然存在论资排辈现象，甚至"潜规则"盛行。对于高收入的白领阶层来说，"干得多，挣得少"是他们的共同感受。在北京、上海等一线城市，白领们工作繁忙，职场竞争非常激烈，而且他们不像公务员和大学教师一样有稳定的职位，面对层出不穷的新人和严格的业绩考核，他们要全身心地投入战斗，为此很多人处于亚健康状态，和同事之间存在的竞争关系让他们没法推心置腹，原本的知心朋友也会因为时间和距离的拉长而变得没有话说，导致他们长期压抑和隐藏自己的真实感情，孤独和寂寞成为现代白领的又一个巨大的心理压力。而工作稳定的大学教师在接受人民论坛记者采访时调侃说，"我们的脑袋是富裕的，但就经济角度来看，我们是不折不扣的'弱势群体'"，工资涨幅远远赶不上房价增长的速度。"收入与预期有距离，生存、工作压力大"、"社会竞争中产生不公平感"以及"许多个人权利得不到有效维护"都是这些"非典型性弱势群体"产生弱势感的原因。

二、上海青年弱势感受的前因后效

是什么原因导致部分青年群体产生弱势感受以及部分青年认为弱势感在青年群体中呈蔓延趋势？这种弱势感受又会对青年产生怎样的影响？本研究试图对此作出积极探索。

（一）客观事实与主观认知导致部分青年弱势感体验

研究者对弱势群体的成因已多有探讨，如从资本占有视角出发，认为是家庭贫困等因素所致，[①]或认为是与同龄人相比处于相对不利或比较劣势境地，[②]但更多的是从社会公平、社会流动、阶层固化、代际传递等视角考量，如吴鲁平

① 陆玉林、张羽：《我国城市弱势青少年群体增权问题探析》，《中国青年政治学院学报》2007年第3期。

② 张严方：《论我国弱势青少年群体的教育与法律保护》，《福建师范大学学报》（哲学社会科学版）2009年第6期。

以社会排斥理论为框架，通过对43篇学术论文的梳理和分析，发现当前城市青年农民工的弱势性特征可以概括为四个方面：一是遭遇到城市社会难以改变的偏见和歧视；二是受到经济排斥，就业状态堪忧；三是面临社会排斥，合法权益受侵害现象比较严重；四是受到文化排斥，处于城市社会的文化边缘，经历着较大的文化冲突。①而弱势感产生及蔓延的原因，也陆续有研究者思考。归纳起来，主要是比较偏差与被剥夺两大类原因。比较偏差理论认为，弱势感是个体进行了不适当的社会比较所致(特别是与上层社会比较)，如大学生大多会不经意间和自己的同学、朋友暗暗进行比较，在这些比较对象的选取上往往会存在着偏差。比如他们总是倾向于跟那些家境好、发展快、表现突出的学生比较，虽然这种比较有正面的作用，可以激励学生不断向上奋斗，但是不合理的比较也会使他们在内心偷偷抱怨命运的不公，与此同时带来的却是更大的生活压力，也会加剧内心的自卑感。②剥夺理论认为，弱势感源自公共事务参与主体性缺乏、公平正义缺失、逆淘汰、社会支持滞后等社会性剥夺。但实际上，依据美国社会学家斯托弗的观点，相对剥夺感是指将自己的处境与某种参照物对比后发现自己处于劣势的一种"相对不满意"的心理。可见，被剥夺感是个体或群体主观心理上的感受，根据被选择的比较对象的不同，人们认定自己"被剥夺"的程度也不尽相同。③可见，两种解释视角具有重合性。

本研究试图通过间接与直接两种测量与统计手段，探索上海青年的弱势感成因。

首先，我们测查了青年对"弱势群体的弱势"的具体感知(排序)，结果发现，经济收入是弱势最突出的表现，其次为社会地位。经交叉分析得知，所有青年群体均表现出这样的一致性理解。可见，经济性弱势(主要是经济收入)和社会性弱势(主要是社会地位)是青年最主要的具体弱势感受。这与以往有关研究结果基本一致，如有研究认为，经济社会加速转型期社会利益分配的比较落差的普遍存在与进一步加大助长了"弱势感"在社会生活各个领域的衍生和蔓延。这种弱势感受的表现主要是：收入差距的相对剥夺感、社会比较中的不公平感、面对权力寻租的无助感、社会保障乏力的不安全感、梦想与现实巨大落差的失落感。④

为佐证上述结果，我们又对不同青年群体的弱势感受进行交叉分析，结果

① 吴鲁平等：《城市青年公民工的弱势特征及其后果——对1997—2002年43篇学术论文的文献综述》，《中国青年研究》2004年第9期。

② 胡志海、刘艳：《大学生弱势心态调查》，《皖西学院学报》2012年第2期。

③ 王宇航：《社会群体弱势心态的因素分析与消解》，《理论学习》2014年第6期。

④ 赵中源：《"弱势"心理蔓延：社会管理创新需要面对的新课题》，《马克思主义与现实》2011年第5期。

如表5.13所示。

表5.13　不同群体对"我是弱势群体"认同度差异(%)

变量	变量水平	完全不认同	不太认同	说不清	有点认同	完全认同	卡方值
性别	男	14.8	26.1	22.0	22.3	14.8	57.15***
	女	20.2	33.0	22.6	17.4	6.8	
年龄	70后	10.3	27.0	23.8	25.4	13.5	41.81***
	80后	14.8	29.2	22.6	21.9	11.4	
	90后	23.5	30.8	21.6	15.2	8.9	
婚姻状况	未婚单身	21.6	28.4	20.9	18.3	10.8	39.38***
	未婚已恋	17.3	33.2	24.9	15.2	9.4	
	已婚未育	10.2	29.7	26.0	23.4	10.7	
	已婚已育	14.3	30.8	21.2	22.9	10.7	
政治面貌	中共党员	17.0	32.7	22.6	20.9	6.8	35.04***
	共青团员	19.3	30.6	22.1	17.6	10.5	
	群众	15.9	24.9	22.3	21.9	15.0	
单位性质	国有、集体企业	12.7	29.5	22.1	24.0	11.7	140.30***
	民营企业	10.8	30.9	21.0	22.5	14.8	
	个体自由职业	11.8	26.5	32.4	16.2	13.2	
	三资、港台企业	18.3	31.9	18.3	18.8	12.6	
	机关、事业单位	22.1	27.7	22.9	19.7	7.5	
	在校学生	32.2	34.4	18.4	11.7	3.3	
	其他群体	13.0	25.1	30.0	19.4	12.6	
学历	高中及以下	24.7	27.6	19.8	15.4	12.5	28.58***
	大专/高职	15.4	31.5	22.5	18.4	12.1	
	本科及以上	16.1	29.7	22.9	21.9	9.5	
家庭社会地位	中上层	31.8	39.4	12.9	9.8	6.1	237.50***
	中层	22.0	35.9	21.3	15.3	5.4	
	中下层	11.1	23.6	25.6	26.2	13.5	
	下层	8.8	19.8	14.7	27.6	29.0	
	说不清	13.8	26.8	28.3	20.9	10.2	

在性别方面，较女青年而言，更多的男青年认为自己是弱势群体，差异极其显著；年龄方面，70后的弱势感受比例最高，其次为80后，最后为90后，呈年龄越大，弱势感受越普遍的趋势；婚姻状况方面，未婚者的弱势感比例均不到三成，而已婚者认同比例均逾三成。胡志海等对大学生的调查发现，男生相比女生更容易产生弱势心态，来自农村的大学生得分显著低于城市大学生，表明农村的大学生更容易产生弱势心态，家庭收入一般或较低也是弱势心态者的一个特征。（胡志海、刘艳，2012）就现实情况而言，男性、70后、农村青年、家庭收入低和已婚的青年，面临更大的客观经济压力。更主要的是，弱势感是一种主观体验，这种体验往往源自主观认知和评价。客观经济压力和主观经济弱势认知所导致的经济性弱势，无疑是弱势青年的突出弱势表现，也是重要的弱势成因。

在政治面貌上，与党团员相比，群众身份青年的弱势感更加普遍；在家庭社会地位上，中下层家庭的青年弱势感受比例远远超过中上层家庭的青年。在单位性质方面，机关事业单位和在校学生这些“体制内”青年的弱势感体验的比例相对较低。国有、集体企业青年存在弱势感的比例达到35.7%，这可能与国有企业的改革推进和市场竞争压力有关。从表5.14中还可以看到，管理层自认弱势群体的比例不到三成，而未就业或失业的青年这一比例逼近四成。综合这些结果可知，社会性弱势是导致弱势感体验差异的又一重要原因。

表5.14　特定青年群体的身份认同度(%)

<table>
<tr><th>题项</th><th>变　量</th><th>完全不认同</th><th>不太认同</th><th>说不清</th><th>有点认同</th><th>完全认同</th></tr>
<tr><td rowspan="3">我是弱势青年</td><td>管理层</td><td>18.8</td><td>32.5</td><td>22.5</td><td>18.8</td><td>7.5</td></tr>
<tr><td>自雇佣者</td><td colspan="2">45.7</td><td>34.3</td><td colspan="2">20.0</td></tr>
<tr><td>未就业或无业</td><td>14.5</td><td>19.8</td><td>27.1</td><td>21.7</td><td>16.9</td></tr>
</table>

其次，我们对青年弱势感成因进行了直接询问：“导致您身边一些青年产生弱势心理感受的三个主要原因依次是什么”。采取排序赋值均值和获选百分比两个指标，统计结果均是一致的：排序第一的是“收入与预期差距大”，第二位的是“生存与工作压力大”，排在第三的是“社会不公平，感到被剥夺”（见表5.15）。

表5.15　青年群体的弱势心理感受的原因分布情况(%)

	第一原因	第二原因	第三原因
收入与预期差距大	**42.0**	11.3	9.6
生存与工作压力大	25.4	**33.1**	9.5

续表

	第一原因	第二原因	第三原因
社会不公平，感到被剥夺	16.5	18.0	**17.5**
社会保障体系不健全	3.1	9.1	14.6
缺乏社会支持和关爱氛围	2.5	7.0	10.7
诉求表达受限	1.0	3.3	4.7
缺乏家庭或单位背景	3.6	8.0	9.9
不被尊重和理解	3.8	6.6	14.0
流动通道阻塞，发展机会受阻	1.8	3.3	8.0
其　他	0.4	0.3	1.2

综合上述结果，我们尝试提出一个"主观—客观"与"经济—社会"的二维四因模型，来解释青年产生弱势感或者认为弱势感在青年群体中蔓延的弱势感成因，具体而言：客观经济弱势（如绝对收入低）、客观社会弱势（如起点不公平、流动通道受限）、主观经济弱势（如收入与预期差距、与高收入群体上行比较）、主观社会弱势（如认为自己属无机会群体）。遗憾的是，这一理论模型只是我们在统计和分析时依据现有数据推导出来的，并未进行数据的拟合。未来研究中，可以据此模型设计调查问卷，对模型进行实证检验，并考察在研究设计时，我们并没有构建出这一理论模型，未能通过调查数据二维四因对青年弱势感产生和蔓延的回归路径。

（二）弱势感虽不普遍，但对社会情绪产生消极影响

弱势感会带来怎样的影响？尽管社会中的任何个体或群体在特定境况、特定时间、特定情绪下产生弱势感都是可以理解和包容的，尽管有研究者指出弱势感存在积极和消极两种影响，但弱势感的蔓延和普遍性趋势毕竟带来的消极影响会更大。正如研究者指出的，弱势感的蔓延和泛化趋势，与我们构建和谐社会的初衷是背道而驰的，长此下去，必然使社会充满怨气，它的负面效应显而易见。例如，对于典型弱势群体来说，他们的弱势感愈强烈，愈会倾向于将自身不如意境遇归结为获益群体的剥夺，这就极有可能激化社会对立情绪，甚至引发敌视或仇恨心理。事实证明，许多犯罪、群体冲突等恶性事件的发生往往与此有关。对于非典型弱势群体来说，弱势感会让他们意志消沉，主动工作的热情降低，生活幸福感缺失，而这一群体正是推动社会发展的中流砥柱，他们的消极情绪会严重放缓社会进步的步伐。[①]因此，从个体发展和社会发展角度看，揭

① 唐明燕：《论"弱势感"及其缓解——以儒家价值观为借鉴》，《探索》2012年第5期。

示弱势感的影响和后果，以引起社会的关注并实施消解弱势感的举措，在我国当前深化改革和社会转型的背景下，具有现实的意义。

本研究重点考察青年弱势感对青年群体社会情绪的影响。社会情绪是社会心态研究中的重要范畴，它是指一定社会环境下某一群体或某些群体或整个社会多数人所共享的情绪体验。社会情绪并非个体情绪的叠加或混合，而是个体之间，个体与群体之间，群体与群体之间互动的结果，从发展的历程看，也是一定社会、文化背景影响下的个体和群体的情绪反应。而且，社会情绪会逐渐形成较为内在的、持续的、稳定的社会情感。①社会情绪恰如社会机体的温度计和晴雨表，对了解社会心态和社会健康状况具有直接意义。

弱势感对青年群体社会情绪具有怎样的影响呢？我们选择了 4 项正向社会情绪指标以及 2 项正向个体情绪指标，请青年在 0—10 分区间内赋值（“0”分表示这种感受一点不强烈，“10”分表示这种感受非常强烈）。其中“个人价值感”和“个人希望感”尽管属于个体层面，但这两种情感与基本情绪不同，实属于社会性情感。表 5.16 显示，6 种情绪两两间的相关系数均达到非常显著程度，且 6 个题项间的内部一致性系数达到 0.909，说明这 6 种情绪间具有密切的关系。

表 5.16 显示，上海青年的个体情绪体验总体强于社会情绪体验，个体层面的价值感和希望感均值都超过了 7 分，而 4 种社会情绪的得分均未超过 7 分，尤以社会公正感得分最低（仅 5.89 分），欣慰的是，相对而言，上海青年的社会信心感仍保持高位（达到 6.78 分）。

表 5.16　上海青年社会情绪体验均值及体验间相关系数(r)

	M±SD	现状认同感	总体安全感	社会公正感	个人价值感	社会信心感	个人希望感
现状认同感	5.81±2.17	1.000					
总体安全感	6.22±2.08	0.661***	1.000				
社会公正感	5.49±2.21	0.762***	0.647***	1.000			
个人价值感	6.30±1.96	0.545***	0.572***	0.547***	1.000		
社会信心感	6.22±2.21	0.693***	0.645***	0.742***	0.618***	1.000	
个人希望感	6.72±2.11	0.500***	0.553***	0.498***	0.730***	0.667***	1.000

① 王俊秀：《社会情绪的结构和动力机制：社会心态的视角》，《云南师范大学学报》(哲学社会科学版)2013 年第 5 期。

本研究主要关心的问题是弱势感受是否影响青年的社会情绪。为此，将"我是弱势青年"这一语义认同选项中选择"说不清"的被访者数据删除（经统计，删除后，样本总体结构分布并未发生明显变化，因此余下数据可以纳入统计范围），并以"完全不认同"到"完全认同"4 个群体为分组样本进行差异检验，结果见表 5.17 和图 5.2。从中可以看到，随着青年对弱势身份认同程度的升高，青年的社会情绪和个体情绪呈下降趋势，弱势感受特别强烈（完全认同者）的青年群体在社会情绪和个体情绪得分上急剧下降，甚至在社会公正感体验上得分低于 4 分。

表 5.17　不同"弱势身份"认同度青年的社会情绪

	完全不认同	不太认同	有点认同	完全认同	F
现状认同感	6.19±2.53	6.24±1.83	5.63±1.85	4.24±2.60	57.38***
总体安全感	6.66±2.24	6.55±1.81	5.85±1.97	5.12±2.53	38.02***
社会公正感	5.89±2.40	5.98±1.87	5.17±1.88	3.82±2.60	68.96***
个人价值感	7.05±2.15	6.57±1.63	5.97±1.81	4.98±2.38	65.44***
社会信心感	6.78±2.38	6.58±1.86	6.00±2.02	4.66±2.66	58.20***
个人希望感	7.51±2.16	7.05±1.75	6.37±2.00	5.24±2.77	68.54***

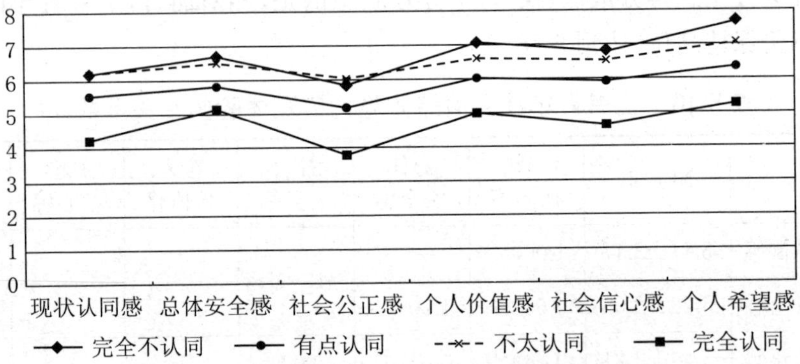

图 5.2　不同"弱势身份"认同度青年的社会情绪

有研究发现，贫困大学生弱势心态呈现社会认知上的无能与自卑、情绪情感上的消极与自怜、价值观念上的无意义与无动力、行为意向上的无目标与无勇气、人际交往上的孤独与封闭等特点，①但并未考察其社会情绪状况。本研究则表明，弱势感受强烈的青年不但在个体情绪，而且在社会情绪上也更加消

① 魏荣、徐文静：《贫困大学生的弱势心态及其矫正》，《教育探索》2013 年第 6 期。

极。这一结果警示我们，如何消减、弱化青年的弱势感，如何将这种弱势感受向着潜势、优势感受转化，是需要认真思考和解决的问题。

三、从弱势到潜势：消解青年弱势感受的可能路径

前文尝试提出一个二维四因的弱势感成因模型。据此模型，我们从个体层面(主观因素)和社会层面(客观因素)提出可能的消解青年弱势感受的路径。

(一) 个体层面：相信自己，选择奋斗

个体层面的弱势感消解路径的依据在于，弱势感是一种主观感受，依据心理学中情绪情感的发生机制，个体心态、社会比较以及对自身能力和社会机会的认知往往会影响到弱势感的有无和强弱。

已有研究者从个体层面提出消解之策，如管健认为，弱势心态的击退在个人层面的良药是积极达观的态度和合理健康的思维方式，即面对现实保持冷静，维持乐观，又不过分用有色眼镜看待社会；①李俊依据价值期待的来源，提出弱势群体的心理疏导机制主要包括引导弱势群体选择合适的参照群体、帮助弱势群体正视现实和引导弱势群体树立正确的公平理念三个方面。②“旭日阳刚”一首《春天里》的呐喊，正是弱势群体自信、自尊、自强意识的集体彰显，因而得到普遍的认同。

［延伸阅读］

最近，一段视频迅速在网络上成为话题。这就是被命名为“旭日阳刚”的农民工演唱组翻唱流行歌曲《春天里》的视频，这段视频被主流媒体关注，引起强烈轰动。

在这两位歌手身上，我们听到了一种无声的呐喊，这是一种对精神世界不屈不挠的追求，他们唤起了全社会对农民工的关怀。其实单是从打工者说，其生存状态并不是简单的“弱势”，只是身处边缘。因此，他们改变命运、融入现代生活的愿望格外强烈；虽然目前与现代生活仍有隔膜，但他们用文化的方式证明，自己完全具备进入现代生活的能力；虽然在各种权利上还缺少必要的平等待遇和保障，但他们在精神上从来不缺少追求，很多人通过参加培训、写作、唱歌、说快板儿、唱戏等形式释放自己的文化能量，自己提升自己，还创造了带有“打工”特征的文化形态。只是相对庞大的打工者整体而言，这些还称不上普遍现象，社会的关注度还不够，甚至还存在偏见，使得农民工缺少的是话语权和表达自己思想意愿的空间。

---

① 管健：《“弱势心态”蔓延：矫情还是憋屈》，《人民论坛》2010 年第 12 期(上)。

② 李俊：《相对剥夺理论与弱势群体的心理疏导机制》，《社会科学》2004 年第 4 期。

这两位歌手在接受采访时就表达了强烈的愿望，他们对打工者一面付出汗水和劳动，一面却被歧视和侮辱的现象，“内心感到很刺痛”。要根本改变这个现实，除了增加收入、实现社会保障外，最终仍要落实在促进打工者自身的成长上，在制度、政策和公共生活中，提供适宜的文化空间，让打工者以及其他边缘群体自主自由地表达自己的思想和愿望，提升起普遍的自尊、自立、自强意识。只有这时，真正的关心和尊重才会产生。

刘忱：《弱势群体“春天里”的呐喊》，《人民论坛》2010年第12期(上)

调查中，我们设置了“奋斗是‘屌丝’逆袭的必然选择”的语义认同题项，统计发现，持“完全不赞同”的占9.6%，持“不太赞同”的占21.0%，持“一般赞同”的占27.7%，持“有点赞同”的占21.8%，持“完全赞同”的占19.9%。可见，认同个人奋斗的青年是超过不认同比例的，并且全样本的认同均值达到3.22分，处于1—5级评分的正向区间。进一步统计发现，在对奋斗的价值认同上：男女青年并无差异；年龄上差异显著，80后更愿意通过奋斗改变命运，《奋斗》中的80后群像也许是最好的榜样；单位性质上的差异显著，其中民营企业和自由职业者的认同度均没有超过中间值(3分)的结果传递出体制性信息。无论如何，相信自己、怀抱梦想、脚踏实地，自信与奋斗应该成为青年群体消解弱势、激发潜势、彰显优势的积极选择。

表5.18　不同群体对“奋斗是‘屌丝’的逆袭选择”认同度差异

变　量	变量水平	M±SD	F
性　别	男	3.23±1.31	0.226
	女	3.21±1.20	
年　龄	70后	3.20±1.27	4.239*
	80后	3.28±1.22	
	90后	3.11±1.29	
单位性质	国有、集体企业	3.39±1.25	6.335***
	民营企业	2.24±1.19	
	个体自由职业	2.72±1.23	
	三资、港台企业	3.23±1.22	
	机关、事业单位	3.27±1.28	
	在校学生	3.03±1.34	
	其他群体	3.03±1.10	

续表

变　　量	变量水平	M±SD	F
家庭社会地位	中上层	3.08±1.29	0.679
	中　层	3.21±1.26	
	中下层	3.27±1.21	
	下　层	3.25±1.30	
	说不清	3.22±1.29	

（二）社会层面：构建情感支持体系，加强社会心理建设

客观现实是情绪情感产生的根源，从这个角度看，通过打通流动通道梗阻、破解体制机制瓶颈、建立社会公平正义等举措来根治社会问题、加强社会建设，才是消解青年弱势感受的治本之策。

更多的研究者从社会层面提出了对策，突出地表现在公平正义制度建设上。李强指出，“弱势心态”的蔓延是公民对社会公平正义的呼唤。为了合理地解释什么是公平正义，我们首先要区分两种不同性质的社会流动或弱势化。一种可称之为“在合法竞争中发生的弱势化”。另一种可称之为“制度障碍型的弱势化”。这种弱势化不是在合理的竞争之中发生的，所以也可以称之为“非竞争型的弱势化”。这种弱势化的特点是，从一开始就将一部分社会成员排斥在外了。换言之，在跑步比赛起跑点的时候，就排斥了一部分人，不许他们参加比赛，或者让他们后跑。显然，这种“制度障碍型的弱势化”是不公平、不正义、不合理的。[①]有人指出，弱势心理导致民众心理畸形的背后，是社会运行机制的畸形。权力不透明、权利不平等、规则不公平，才是弱势心理产生的根源。因此“减弱”的“强心针”就是，公正分配、公平竞争、公开权力。还有人指出，弱势心理蔓延是一种社会情绪的流露，但这种普遍性的情绪的症结主要不在于“心态”问题，而是对现实利益“失守”的彷徨与无奈的反映。因此，我们仅从心理矫正的视角来强调如何引导和教育民众“淡定”和“自律”，自觉降低个人生活预期，为和谐社会建设做贡献显然是不够的，而且这种主观强制性的外在心理干预可能会导致社会情绪的放大性反弹，并引发严重的社会危机。解决利益“失守”问题，在于进一步加强与创新社会管理，建构和完善“弱势”民众的利益“把守”机制。我们认为，倡导并建立社会的公平正义，关键在社会治理中，要充分认识到青年发展是一个国家最核心的竞争力，要站在国家未来发展战略的高度，为青

① 李强：《“弱势心态”蔓延的根由》，《北京日报》2011年4月18日。

年发展制定前瞻性政策和兜底性政策。

除此以外，构建情感支持体系、开启社会心理建设同样是消解青年弱势感的社会层面举措。研究者认为，社会支持按照来源和性质可分为两大类：以社会组织和社会制度为支撑的正式的社会支持和以社会网络为支撑的非正式的社会支持。前者如劳动就业制度、劳动工资制度、社会保障制度、社会福利制度等等构成的社会支持网络；后者如家庭、家族、邻居、朋友、同事等圈子构成的社会支持网络。前者需要一定的社会契机才能够实现，而后者在一个温情的社会中则很容易实现。后者正是一种情感支持。很多研究业已表明，情感支持是社会支持中的重要方面，青少年发展离不开情感支持，情感支持有助于实践柔性化的社会管理（郑杭生、黄家亮，2012）。为青年群体建构情感支持路径，不仅可激发该群体情感正能量，防止情感性深层次社会断裂，从而消解青年群体的弱势感受，而且有益相互关爱的社会风气传播，有助和谐、公正、友善的价值共识形成。

研究者认为，当一个国家的人均 GDP 达到 3 000 美元的时候，社会的问题，人的问题，心理的问题是非常明显的，在此之前大家关心的是生计，在此之后大家关注的是心理。因而，加强社会心理建设、发掘青年潜势心理，应该成为社会建设中一个新的话题。

第六章　生态的认知与体悟

生态环境与人类的生存休戚与共，而公众对生态环境的认知和体悟水平是一个地区，乃至国家环境保护状况的重要前提。青年所处的知识层次及其影响作用对于建设和谐的可持续发展的社会关系重大，是世界不断向文明演进的不可缺少的一个群体。青年的生态环保意识必然受到组织和社会的影响，为了改善生态环境，提高环保意识，世界各国纷纷采取各种环保政策及措施、加强环保的宣传和教育。历史赋予青年以新的使命，要求他们把长期以来所形成的道德规范从社会领域扩展到自然领域，更加科学地认识人类和自然的关系以及人类在生物圈中的正确地位。当代青年是生态环境保护的重要力量，有效开展青年生态文明教育，培养青年积极健康的环保意识、环保法制意识等，对于青年参与生态文明建设具有重要影响和作用。

第一节　关于环保政策的青年态度

保护环境是中国长期稳定发展的根本要求，能否实现可持续发展依然是中国面临的严峻挑战。环境保护是指人类为解决现实或潜在的环境问题，协调人类与环境的关系，保护人类生存环境、保障经济社会的可持续发展而采取的各种行动的总称。环境保护涉及的范围广、综合性强，涉及自然科学和社会科学的许多领域。环保的方式主要包括行政、法律、经济、科学技术、宣传教育、民间自发环保组织等。政府在人类社会发展进程中同时扮演着保护环境与破坏环境的双重角色，负有不可推卸的环境责任。环境保护是政府必须发挥中心作用的重要领域。导致资源破坏和环境污染的两大重要原因是市场失灵和政府失灵，这两方面原因都同发展和政府有着密切的关系。所以，环境保护在很大程度上依赖于政策的出台，也是国家长期坚持做的一项民生工程。罗曼·罗兰说："标志时代的最灵敏的晴雨表是青年人。"这个对未来有着敏锐直觉的年轻群体，主导着中国社会发展的方向。因而，青年对于政府出台的环保政策的态度，便尤为重要。特别是城市青年，将成为环境治理的主要推动者，也将是城市环境改善、公共设施建设和项目技术的最大买家群体。

一、有关环境保护的主要政策

（一）环保政策出台的国内外背景

随着人类对环境认识的深入，环境是资源的观点越来越为人们所接受。空气、水、土壤、矿产资源等，都是社会的自然财富和发展生产的物质基础，构成生产力的要素。由于空气污染严重，国外曾有空气罐头出售；由于水体污染、气候变化、地下水抽取过度，世界许多地方出现水荒；由于人口猛增、滥用耕地、土地沙漠化，使得土地匮乏等。由此我们可以看到，不保护环境，不保护环境资源，就会威胁到人类社会的生存，也关系到国民经济能否持续发展。工业发达国家在20世纪初，只注重发展经济，不顾环境保护，以牺牲环境为代价谋求经济的发展。当污染形成公害，引起广大人民的强烈反对并影响到经济的顺利发展时，才被迫去治理，付出了高昂的代价。其被后人称为走了一条"先污染后治理"的发展道路。这种发展方式，不但使国民经济发展缓慢，甚至会破坏国民经济发展的物质基础。另一方面，人类不按照环境科学规律办事，肆意破坏生态环境，也必然遭到环境的报复。

环境保护是由于生产发展导致的环境污染问题过于严重，首先引起发达国家的重视而产生的，利用国家法律法规约束和舆论宣传而逐步引起全社会重视，由发达国家到发展中国家兴起的保卫生态环境和有效处理污染问题的措施。1962年美国生物学家蕾切尔·卡逊出版了一本书，名为《寂静的春天》，书中阐释了农药杀虫剂DDT对环境的污染和破坏作用。由于该书的警示，美国政府开始对剧毒杀虫剂进行调查，并于1970年成立了环境保护局，各州也相继通过禁止生产和使用剧毒杀虫剂的法律。由于此事，该书被认为是20世纪环境生态学的标志性起点。

1972年6月5日至16日由联合国发起，在瑞典斯德哥尔摩召开"第一届联合国人类环境会议"，各国政府代表团及政府首脑、联合国机构和国际组织代表参加，讨论当代环境问题，提出了著名的《人类环境宣言》，是环境保护事业正式引起世界各国政府重视的开端，中国政府也参加了这个会议。此次大会之后，"环境保护"这一术语被广泛地采用。如苏联将"自然保护"这一传统用语逐渐改为“环境保护”；中国在1956年提出“综合利用”工业废物方针，20世纪60年代末提出“三废”处理和回收利用的概念，到20世纪70年代改用“环境保护”这一比较科学的概念。

中华人民共和国的环境保护事业也是从1972年开始起步，北京市成立了官厅水库保护办公室，河北省成立了三废处理办公室，共同研究处理位于官厅水库畔，属于河北省的沙城农药厂污染官厅水库问题，促使中国颁布法律正式规定在全国范围内禁止生产和使用DDT。

1973年成立国家建委下设的环境保护办公室，后来改为由国务院直属的部级国家环境保护总局。在2008年全国“两会”后，环保总局升格为“环保部”，并对全国的环境保护实施统一的监督管理。各省（区、市）也相继成立了环境保护局（厅），并设立环保举报热线12369和网上12369中心，接受群众举报环境污染事件。政府的环境保护部门主要职责是执行各级人民代表大会制定的控制污染物排放政策，鼓励开发污染物排放控制技术以控制污染，保护和改善环境。

改革开放以来，中国逐步形成环境保护法律体系。1973年中国的第一个环境标准——《工业“三废”排放试行标准》诞生。截至1998年底，中国历年来共发布国家环境标准412项，现行的有361项，其中环境质量标准10项，污染物排放标准80项，环境监测方法标准230项，环境标准样品标准29项，环境基础标准12项，历年共发布国家环境保护总局标准（即环境行业标准）34项。与此同时，中国共颁布了环境保护法律6部、与环境相关的资源法律9部、环境保护行政法规34件、环境保护部门规章90多件、环境保护地方性法规和地方政府规章900余件、环境保护军事法规6件，缔结和参加了国际环境公约37项，初步形成了具有中国特色的环境保护法律体系，成为中国社会主义法律体系中的一个重要组成部分。尤其是，为适应经济发展和环境保护的客观需要，1995年和1996年，全国人大常委会分别通过关于修订《大气污染防治法》和《水污染防治法》的决定。1997年3月，修订后的《中华人民共和国刑法》增加有关“破坏环境资源保护罪”的规定。中国环境保护法的基本原则是：经济建设与环境保护协调发展；预防为主、防治结合；污染者付费；政府对环境质量负责；依靠群众保护环境。2002年10月，《中华人民共和国环境影响评价法》颁布，为项目的决策、项目的选址、产品方向、建设计划和规模以及建成后的环境监测和管理提供了科学依据。1989年12月26日七届全国人大常委会第十一次会议通过中国第一部环境保护法律——《中华人民共和国环境保护法（试行）》。后经2014年4月24日十二届全国人大常委会第八次会议修订，并于2015年1月1日起正式实施。

环境问题是中国21世纪面临的最严峻挑战之一，保护环境是保证经济长期稳定增长和实现可持续发展的基本国家利益所在。环境问题解决得好坏关系到中国的国家安全、国际形象、广大人民群众的根本利益，以及小康社会的全面实现。为社会经济发展提供良好的资源环境基础，使所有人都能获得清洁的大气、卫生的饮水和安全的食品，是政府的基本责任与义务。

2013 年 3 月 5 日，在十二届全国人大第一次会议上国务院总理温家宝所作的《政府工作报告》指出，要顺应人民群众对美好生活环境的期待，大力加强生态文明建设和环境保护。生态环境关系人民福祉，关乎子孙后代和民族未来。要坚持节约资源和保护环境的基本国策，着力推进绿色发展、循环发展、低碳发展。要加快调整经济结构和布局，抓紧完善标准、制度和法规体系，采取切实的防治污染措施，促进生产方式和生活方式的转变，下决心解决好关系群众切身利益的大气、水、土壤等突出环境污染问题，改善环境质量，维护人民健康，用实际行动让人民看到希望。

根据《环境保护法》的规定，环境保护的内容包括保护自然环境、防治污染和其他公害两个方面。也就是说，要运用现代环境科学的理论和方法，在更好地利用资源的同时，深入认识、掌握污染和破坏环境的根源和危害，有计划地保护环境，恢复生态，预防环境质量的恶化，控制环境污染，促进人类与环境的协调发展。中国重视环保还比较晚，各级政府的重视程度还有差距，能够称得上环保政府的并不多见，所以环保政策的有效制定和出台刻不容缓。

（二）上海出台的主要环保政策

上海环境保护工作于 20 世纪 70 年代初起步。上海市历届政府始终坚持可持续发展的战略，高度重视环境保护和建设。20 世纪 90 年代以来，环保投入逐年增加，尤其是 1998 年以来，每年环保投入超过 100 亿元，2000 年以来每年环保资金投入占当年 GDP 的 3%以上。1994 年 12 月 8 日上海市十届人大常委会第十四次会议通过《上海市环境保护条例》，根据 1997 年 5 月 27 日上海市十届人大常委会第三十六次会议《关于修改〈上海市环境保护条例〉的决定》修正，2005 年 10 月 28 日上海市十二届人大常委会第二十三次会议修订，自 2006 年 5 月 1 日起施行。从“十五”到现在的“十二五”期间，上海市已实施了六轮环保三年行动计划。环保三年行动计划的实施对上海市环境质量的改善起到了重要的作用。

在水环境治理方面，上海实施了一系列重大环境综合整治工程，包括工业污染整治、重点污染源废水排放在线监测、中心城区截污治污、苏州河环境综合整治工程、污水处理厂升级改造、郊区城镇污水处理厂和收集管网建设等，使工业废水排放受到有效控制，城市水环境也得到有效改善。通过苏州河环境综合整治一期和二期的实施，2005 年苏州河主要支流中心城区已基本消除黑臭，滨河景观绿带逐步形成，大部分水质指标达到Ⅴ类或Ⅳ类标准。

在大气污染治理方面，上海相继启动了一系列治理工程，包括燃煤炉灶清洁能源改造、浦东地区天然气转换、运输扬尘污染控制、秸秆焚烧管理、机动车污染控制、扬尘和烟尘控制区建设等，使城市大气环境污染得到较为有效的控制，但在废气总量控制上还需要加大力度。虽然废气排放总量在增加，但废气中二氧化硫的浓度有一定程度的下降，这与近年来上海在电厂脱硫、推进工业企业清洁生产和循环经济试点示范等方面的努力密不可分。

在固体废物处置方面，政府也采取了较大的控制力度，包括加强生活垃圾处置设施建设、工业固废和放射性废物处置设施建设以及推进重点行业固体废物减量化、生活垃圾分类收集和资源化利用、建成浦西江桥和浦东御桥两个大型垃圾焚烧厂、完成老港填埋场三期扩建工程等。这些措施在一定程度上有效遏制了固体废弃物的产生。虽然目前上海市工业三废排放得到较为有效的控制，但生活、农业等广泛的非点源污染排放由于治理的复杂性，总体上呈加剧趋势。如何控制非点源污染，是今后上海市环保工作的重点和难点。

1.《上海市大气污染防治条例》

2014年7月25日，上海市十四届人大常委会第十四次会议审议通过《上海市大气污染防治条例》，这部历时9个多月的大气污染防治地方立法终于尘埃落定。《条例》对2001年的实施办法从名称、结构、制度等各方面进行全面更新。作为上海市现行有效地方性法规中条文数量最多的一部，《条例》共8章108条，其中推动长三角区域大气污染防治立法协作和实行最严格的责任追究制度是两大亮点。

新的《条例》主要有以下几方面的总体特点：第一，名称及体例形式的变化。本次修改将法规名称由原来的《上海市实施〈中华人民共和国大气污染防治法〉办法》修改为《上海市大气污染防治条例》。《条例》不再与特定的上位法的篇章结构一一对应，立法形式更灵活，更全面，使法规内容更贴合上海实际需要。第二，条款数量大幅度增加。原《办法》共7章53条，而《条例》共设8章108条，条文数翻了一倍，增幅达到103%。新增条文针对性较强，例如，法律责任一章新增35个条文，占新增条文数的六成以上(62.5%)；另一处新增条文集中的是第六章"长三角大气污染防治协作"，9个条款全部系新增。第三，体现全社会共同责任。环境保护工作是一个系统工程，关系到每个人的身体健康。单靠政府或者某一部门难以有效保护环境，需要全社会的共同参与。《条例》从政府、企业、社会(组织和公众)三个层面，建立政府统领、企业施治、公众参与的大气污染防治机制。强化政府在"环境质量、环境信息公开和环境应急"等领域的责任。强调企业是大气污染治理的责任主体，要求企业加强内部管理，采用先进的生产工艺和治理技术，防止和减少大气环境污染。发挥社会组织的作用，鼓励和支持相关社会组织和个人参与大气污染防治工作。在分清政府、企业和社会各自责任的同时，对政府各部门的大气污染防治职责作具体细化的规定。明确环保部门对上海大气污染防治实施统一监督管理，并负责《条例》的组织实施。发展改革、经济信息化、规划国土等部门负责能源结构调整、产业结构调整和产业布局优化工作。公安交通、海事等部门负责对机动车、船污染防治。建设、绿化市容、房屋等部门负责扬尘污染防治。其他部门根据各自职责负责相关的大气污染防治工作。第四，制度设计更注重可操作性。《条例》直面环保管理和执法中的具体环节。例如，为了更好地应对当前上海扬尘污染，将上海过去在扬尘防治方面的规定进行了梳理，把核心制度综合起来纳入《条例》，并根据近年来实际情况予以完善，形成扬尘污染防治新的依据。《条例》主要的制度创新有：

(1) 法律责任设置上凸显"最严格"。为落实党的十八届三中全会精神，体现最严格的责任追究制度。《条例》以下方面对法律责任进行了加强：一是大幅度提高罚款限额。加大处罚力度确有利于加强当前的环境执法及污染治理工作，《条例》在不违背上位法的前提下，大幅提高罚款限额，如将无证排污这一严重污染大气环境的行为的罚款幅度提高到5万元以上50万元以下。二是用足立法授权，规定按日连续处罚制度。新的环保法针对违法排污行为规定了按日连续处罚制度，大幅加重了环境违法者的法律责任，环保法还授权地方性法规可以根据环境保护的实际需要，增加按日连续处罚的违法行为的种类。《条例》充分运用国家立法授权，规定更严格的按日连续处罚制度，以营造加大处罚力度的氛围。三是规定"双罚制"，对大气污染追究个人责任。对违法单位的责任人员进行处罚是《条例》的一个创新，《条例》共对五类行为设定个人责任：(1)违反《条例》规定发生环境污染事故的行为；(2)违反规定超标排污的；(3)违反规定无证排污的；(4)违反规定超总量排污的；(5)违反规定拒不执行重污染天气下临时管控措施的行为。以上规定也是为了进一步加强对大气环境违法的惩处力度。四是扩大行为罚的适用范围。行政处罚理论和立法实践一般是根据违法行为造成的社会危害结果来设定处罚，但环保执法中，一些违法行为的危害结果不是立即显现，或者难以立即确认，因此，原办法规定违法行为发生即可进行处罚的"行为罚"。例如，机动车排放明显可见黑烟即可予以处罚的制度。实践证明，对冒黑烟这类行为，行为罚比结果罚更能够提高执法可操作性。因此，《条例》将行为罚的适用范围进一步扩大。机动船、锅炉、窑炉冒黑烟等行为，可适用行为罚。五是强调行政责任与刑事责任相衔接。为了在大气环境行政违法责任追究与刑事责任追究之间形成全面对接的长效机制,《条例》对此作了专门规定。

(2) 推动建立长三角区域大气污染立法协作。大气污染防治的规律表明,这是一项长期的、跨区域的系统工程,单靠一两个城市从本地污染源上控制是不够的,必须建立区域大气环境保护合作机制,共同防治。《条例》在国家"大气污染防治行动计划"(国十条)的基础上,对区域大气污染防治协作作了专章规定,以进一步推动长三角三省一市大气污染联防联治,主要内容有:一是推进三省一市在节能减排、污染排放、产业准入和淘汰等方面环境标准的逐步对接;二是强化大气环境信息共享及污染预警联动、信息通报和应急协调;三是采取有效措施推进秸秆禁烧;四是推动建立和完善以流动源为重点的区域协同监管;五是推动建立可能对相邻省、市大气环境产生影响的重大项目的信息通报机制;六是推进大气污染防治方面的信息共享和科研合作。

(3) 多种手段推动大气污染综合防治。大气污染成因复杂,防治工作也应当从多个角度、采取多种手段来推动综合防治。遵循这一思路,《条例》有针对性地增加了一些有别于传统防治手段的综合制度措施。一是第三方治理。为了贯彻党的十八届三中全会精神,在环境治理领域要坚持"谁污染谁付费"原则,推行"第三方治理",《条例》规定了"第三方治理"制度,对有治理能力和治理意愿的排污者,鼓励但不强制其委托第三方治理机构;对缺乏治理能力的排污者,必须委托第三方治理机构。同时强调,接受委托的第三方机构应当遵守相关法律、法规和技术规范,确保治理成效。《条例》还专门增加第三方机构未按照要求实施污染治理以及弄虚作假的法律责任的规定。二是引入经济制裁。为了避免单纯依赖行政制裁手段,本次立法尝试引入经济制裁措施加大违法企业的运营成本。例如,《条例》借鉴近年来有关部门针对高耗能企业、落后淘汰设备等制定的差别电价政策,规定有关部门共同研究探索,针对严重违反大气污染防治法律、法规的单位,适时出台阶段性差别电价政策。三是规定排污许可并探索排污交易。排污许可是实施大气污染综合治理的基础制度,《条例》对此给予明确规定。在此基础上,为了发挥好市场机制的作用,促进排污单位主动治理,《条例》还对排污交易制度作了原则规定。四是规定公用企业配合执法义务。为了提高执法效率,《条例》对相关公用企业配合环保执法的义务作了规定。对市或者区、县人民政府对排污单位作出责令停业、关闭决定的,以及市或者区、县环保部门对排污单位作出责令停产整治决定的企业,供电单位应当予以配合,停止对排污单位供电。

2.《上海市社会生活噪声污染防治办法》

2012 年 11 月 26 日,市政府第一五七次常务会议通过《上海市社会生活噪声污染防治办法》(以下简称《办法》),自2013年3月1日起施行,是针对当前社会生活噪声领域存在的突出矛盾专门制定的规章。

近年来,社会生活噪声污染逐渐成为社会关注的热点问题。尽管《噪声防治法》、《上海市环境保护条例》和《上海市固定源噪声污染控制管理办法》都对社会生活噪声有所规范,但由于制定时间较早,且规定得比较原则,难以适应当前社会生活噪声污染防治的需要。《办法》全文共22条,明确了公园等公共场所噪声、住宅小区装修噪声等噪声污染认定标准问题,对社会反响强烈的商店室内外使用音响设备行为进行了规范,创设了住宅小区公用设施噪声、车辆防盗报警装置噪声等相关污染防治规定。主要修订内容为:

(1) 针对噪声矛盾突出的公园等公共场所,规定多层次防治措施。人们在街道、公园、广场等公共场所开展健身、娱乐活动,对于提高居民身体素质,丰富居民文化生活有着重要作用,但目前在少数公共场所,这些活动造成了较严重的噪声污染,达到了干扰他人正常生活的程度,甚至引发了不少社会纠纷。为了平衡各方利益,在满足健身、娱乐活动现实需求的同时,尽量减少噪声污染对周边居民正常生活的影响,《办法》拟从以下三方面加以规范:一是规定22时至次日6时,在毗邻噪声敏感建筑物的公园等公共场所,禁止开展使用乐器或者音响器材的健身、娱乐等活动,为居民夜间安静休息提供保障。二是除上述时段外开展健身、娱乐等活动的,禁止使用带有外置扩音装置的音响器材。但依据国家有关规定经文化行政管理部门、公安机关等有关行政管理部门批准的文艺演出等活动除外。这样既保证偶然开展的演出活动正常进行,又避免带扩音装置的音响器材产生高噪声影响居民的日常生活。三是对于噪声矛盾突出的公园等公共场所,规定公园管理者等主体可以通过制定噪声控制规约来防治健身、娱乐等活动噪声。

(2) 禁止一些噪声污染严重的商业经营业态,对商店室外使用喇叭、商业促销活动等产生的噪声作出规范。市民反映比较集中的商业经营活动噪声污染主要有三类:一是从事金属切割、石材和木材加工等易产生噪声污染的商业;二是沿街商店的经营管理者在室内外使用高音量的音响器材招揽顾客;三是在广场等公共场所使用音响器材的商业促销活动。为防治上述噪声污染,《办法》作出以下对应规定:一是在噪声敏感建筑物集中区域内,不得从事金属切割、石材和木材加工等易产生噪声污染的商业经营活动。二是沿街商店的经营管理者不得在室外使用音响器材招揽顾客;在室内使用音响器材招揽顾客的,其边界噪声不得超过国家规定的社会生活环境噪声排放标准。违反该规定的由公安机关处以罚款。三是规定在噪声敏感建筑物集中区域内,不得举行可能产生噪声污染的商业促销活动。在其他区域举行使用音响器材的商业促销活动,产生噪声干扰周围居民生活的，要求环保部门采取噪声控制措施。

(3) 对住宅小区公用设施噪声加以防治，并保障居民对住宅声环境的知情权。住宅小区内供水、供电、通风等公用设施排放噪声影响居民日常生活的现象比较普遍，但因缺乏明确的法律规范和噪声排放标准，给防治工作带来了困难。为此，《办法》明确住宅小区公用设施噪声排放适用环保部颁布的《社会生活环境噪声排放标准》。对于新建住宅，建设单位应当保证公用设施噪声排放达到标准；对于既有住宅小区，业主大会可以采取措施使公用设施达标排放。为了保障新建商品房业主的知情权，避免购买后引发噪声纠纷，《办法》还规定，房地产开发企业应当在住宅销售合同中明示住宅小区内有关公用设施以及配套商业用房的噪声污染防治情况；毗邻建筑物内有噪声源对住宅小区产生影响的，应当一并明示。

(4) 限制产生噪声的住宅装修活动时间，为业主规约等民间约定提供法律支撑。当前，住宅装修活动比较频繁，因装修活动噪声引发邻里纠纷的现象较为常见。为了防治住宅装修活动噪声，营造安静和谐的社区，《办法》作出如下明确规定：一是每日 18 时至次日 8 时以及法定节假日(不含双休日)全天，不得在已交付使用的住宅楼内进行产生噪声的装修作业。二是在其他时间进行装修作业的，应当采取噪声防治措施，避免干扰他人正常生活。三是住宅小区业主管理规约可以根据实际情况，约定严于前款规定的限制装修的时间。四是有居民投诉装修噪声干扰并经居民委员会、业主委员会或者物业服务企业证实的，或者有其他证据可以证实该噪声干扰他人正常生活的，由公安机关处以 200 元以上 500 元以下的罚款。

(5) 规定多种纠纷解决途径，积极促进社会和谐。当前，因噪声引发的社会纠纷有不断增长的趋势，建立便利、高效的噪声纠纷解决机制显得十分必要。为此，《办法》规定了三个层次的噪声纠纷解决体系：一是充分发挥调解功能。不仅规定环保部门等行政机关的调解职责，还明确居民委员会、村民委员会设立的人民调解委员会参与邻里之间噪声纠纷调解工作。二是提升行政处罚效率。通过规定禁止行为、明确排放标准以及设定噪声污染认定方式等，提升行政处罚可操作性，从而有利于及时制止和处理噪声纠纷。三是提示民事侵权责任。除了明确行政救济途径外，《办法》还提示当事人可以通过民事方式解决纠纷，如依法向人民法院提起诉讼等。

二、上海青年对于环保政策的态度

(一) 对于环保政策的知晓度和认同度情况

调查问卷以环境保护 9 个主要方面的政策为维度，将青年对环保政策的知晓度和认同度分为1分(不了解/不认同)、2分(不太了解/不太认同)、3分(一般了解/一般认同)、4分(比较了解/比较认同)、5分(非常了解/非常认同)。通过问卷分析,将知晓度和认同度3—5分的占比相加,显示受访青年对现行主要环保政策的知晓度和认同度呈现正相关的关系,知晓度和认同度排名前三的皆为公共场所禁烟(占92.6%/93.8%)、垃圾分类(占87.5%/91.6%)、水污染防治(占81.3%/91.4%);知晓度和认同度排名后三的也一致,是新能源汽车补贴(占70.3%/87.9%)、土壤环保和污染治理(占67.2%/87.9%)、对煤层气发电给予税收政策支持(占57.8%/81.5%)。由此数据可见,青年对环保政策的知晓度越高,则认同度也相应越高。

表6.1 受访青年对环保政策的知晓度和认同度(%)

环保主要政策	知晓度(3—5分)	认同度(3—5分)
新能源汽车补贴	70.3	87.9
垃圾分类	87.5	91.6
公共场所禁烟	92.6	93.8
水污染防治	81.3	91.4
对煤层气发电给予税收政策支持	57.8	81.5
土壤环保和污染治理	67.2	87.9
大气污染防治(治霾措施)	76.7	89.2
森林防火	70.8	89.7
噪声污染防治	73.0	89.1

在青年知晓度和认同度排名前三的环保政策中,以5分非常了解为维度,与性别、政治面貌进行交叉分析。分析数据显示,在政策知晓度方面,对于“公共场所禁烟”和“垃圾分类”这两项环保政策,选择非常了解的女性青年分别占68.1%和45.0%,均高于男性青年的61.3%和41.0%;而对于“水污染防治”这一项环保政策,34.8%的男性青年表示非常了解,略高于女性青年的33.2%。与政治面貌进行交叉分析后发现,对于“公共场所禁烟”和“垃圾分类”,中共党员中分别有67.4%和45.2%的人表示非常了解,均高于共青团员的61.8%和40.7%、民主党派的33.3%和33.3%、群众的66.2%和43.8%;而对“水污染防治”,选择非常了解的共青团员占36.0%,皆高于中共党员的31.9%、民主党派的0.0%、群众的33.4%。

表 6.2　不同性别/政治面貌青年对环保政策的知晓度(5 分非常了解)(%)

	性　别		政　治　面　貌			
	男性青年	女性青年	中共党员	共青团员	民主党派	群众
公共场所禁烟	61.3	68.1	67.4	61.8	33.3	66.2
垃圾分类	41.0	45.0	45.2	40.7	33.3	43.8
水污染防治	34.8	33.2	31.9	36.0	0.0	33.4

在政策认同度方面，对于“公共场所禁烟”、“垃圾分类”和“水污染防治”这三项环保政策，女性青年中选择非常认同的分别占 74.5%、61.7%和 64.9%，均高于男性青年的 64.4%、53.8%和 58.9%。与政治面貌进行交叉分析后发现，对于“公共场所禁烟”，民主党派人士中 83.3%的人表示非常认同，高于中共党员的 73.0%、共青团员的 68.7%、群众的 67.2%；对于“垃圾分类”，共青团员中有 59.1%的人非常认同，略高于共产党员的 59.0%、民主党派的 16.7%、群众的 55.9%；对“水污染防治”，中共党员中非常认同的占 65.7%，高于共青团员的 61.6%、民主党派的 33.3%、群众的 59.4%。

表 6.3　不同性别/政治面貌青年对环保政策的认同度(5 分非常认同)(%)

	性　别		政　治　面　貌			
	男性青年	女性青年	中共党员	共青团员	民主党派	群众
公共场所禁烟	64.4	74.5	73.0	68.7	83.3	67.2
垃圾分类	53.8	61.7	59.0	59.1	16.7	55.9
水污染防治	58.9	64.9	65.7	61.6	33.3	59.4

进一步调查显示，不同职业青年对“公共场所禁烟”、“垃圾分类”、“水污染防治”的知晓度和认同度也存在着些许差异。在政策知晓度上，对于“公共场所禁烟”，未就业或无业人员中有 69.3%的人非常了解，管理层和政府机构、国有企事业单位普通工作人员或公务员中 67.5%的人非常了解，这三个职业群体知晓度较高，而在行政领导层、体力劳动者和自雇佣者中非常了解“公共场所禁烟”的比例较低，分别为 47.1%、48.9%和 52.9%；对于“垃圾分类”，在校中学生中有 57.2%的人非常了解，管理层和自雇佣者中分别有 50.6%和 50.0%的人非常了解，这三个群体知晓度较高，而在家庭主妇、专业人员和体力劳动者非常了解“垃圾分类”的比例较低，分别为 0.0%、35.0%和 36.6%；对于“水污染防治”，行政领导层、在校中学生和管理层中分别有 47.1%、43.5%和 41.0%的人

非常了解，知晓度较高，而在自雇佣者、体力劳动者和技术人员中非常了解的比例较低，分别为26.5%、29.3%和29.4%。

在政策认同度上，对“公共场所禁烟”，家庭主妇中100.0%，在校中学生中78.6%和政府机构、国有企事业单位工作人员/公务员中73.1%的人表示非常认同，这三个群体认同度较高，而在行政领导层、体力劳动者和技术人员中非常认同“公共场所禁烟”的比例较低，分别为44.4%、54.4%和62.0%；对“垃圾分类”，在校中学生、家庭主妇和私企、三资企业公司普通职员中非常认同的比例较高，分别有73.6%、66.7%和63.2%的人非常认同，而在行政领导层、自雇佣者和未就业或无业人员中非常认同的比例较低，分别有35.3%、50.0%和50.8%；对“水污染防治”，在家庭主妇、在校中学生和政府、国有企事业单位工作人员或公务员中非常认同的比例较高，分别有100.0%、71.0%和66.9%的人非常认同，而在行政领导层、体力劳动者和技术人员中非常认同的比例较低，分别是50.0%、51.9%和53.0%。通过以上对不同职业青年的数据分析，可以得出一个大致结论，即政府、国有企事业单位工作人员或公务员中，对“公共场所禁烟”非常了解和非常认同的比例较高，行政领导层和体力劳动者中的知晓度和认同度较低；在校中学生中，对“垃圾分类”和“水污染防治”非常了解和非常认同的比例较高；技术人员和体力劳动者中，对“水污染防治”的认同度较低。

表6.4 不同职业青年对于环保政策的知晓度和认同度(5分非常了解)(%)

	公共场所禁烟		垃圾分类		水污染防治	
	知晓度	认同度	知晓度	认同度	知晓度	认同度
行政领导层	47.1	44.4	41.2	35.3	47.1	50.0
管理层(经理、厂长、总监等)	67.5	62.5	50.6	54.2	41.0	60.2
专业人员(教师、医生、律师等)	60.6	68.9	35.0	56.0	31.8	61.1
技术人员	64.0	62.0	44.6	54.4	29.4	53.0
政府、国有企事业单位工作人员/公务员	67.5	73.1	44.8	58.3	34.9	66.9
私企、三资企业公司普通职员	66.8	73.0	42.8	63.2	36.6	64.8
体力劳动者	48.9	54.4	36.6	52.6	29.3	51.9
自雇佣者	52.9	67.6	50.0	50.0	26.5	55.9
在校中学生	66.0	78.6	57.2	73.6	43.5	71.0
在校大学生	61.5	66.2	38.5	55.3	27.5	54.9
家庭主妇	66.7	100.0	0.0	66.7	33.3	100.0
未就业或无业	69.3	67.4	40.3	50.8	28.9	57.8

（二）获得环保政策信息的途径及对其认知和接受的原因

当被问及“获得环保政策信息的途径”时，37%的受访青年选择电视，其次是通过政府的宣传工作获得，占23.7%，书和杂志占20.1%、环保网站占17.8%，其他途径占1.4%。也就是说，超过六成的青年依然是通过传统媒体和途径来获取环保政策的信息。

表6.5　青年获得环保政策信息的途径(%)

获得环保政策信息的途径	占比
电　　视	37.0
书和杂志	20.1
环保网站	17.8
政府的宣传工作	23.7
其　　他	1.4

在问卷调查中，进一步问及受访青年“认知和接受环保政策的原因”时，有41.5%的人选择环保事件的影响，有35.3%的人选择宣传教育力度，有21.6%的人选择政策的可行性，选择其他的占1.5%。由数据可见，只有两成的青年人是因为政策的可行性而认知和接受环保政策的，近八成的青年人是由于环保事件或宣传教育力度的影响而认知和接受环保政策的。对于青年人来说，环保政策的社会推广方式和宣传力度显得尤为重要。

表6.6　青年认知和接受环保政策的原因(%)

认知和接受环保政策的原因	占比
政策的可行性	21.6
宣传教育力度	35.3
环保事件的影响	41.5
其　　他	1.5

环境保护不仅仅是政府及其少数职能部门的任务，每个社会成员都应积极参与。环保作为实现可持续发展的重要条件之一，已成为世界各国的共识。为了能做到这一点，最常用的技术方法是进行教育与宣传，特别是对青少年进行环保教育，从小培养环保意识和行为。提示技术与教育和宣传，因在相关行为出现前使用，在环境心理学中常合称为先导策略，其应用意义在

于鼓励或阻止某些行为。提示是人们行为活动之前，将提示物呈现在人们面前，以便以此对人的行为产生影响。提示物包括文字、图示或声音等，让人们对已知道的事情和将要发生的行为加以注意。已有的研究认为使用提示技术时应注意：使用正面劝告；使用具体明确的提示；使用肯定句提示；将提示和强化结合起来则效果更佳。有关部门在设立各种环保提示栏或宣传广告词的时候，应充分利用心理学的这些研究成果，以达到事半功倍的效果。例如，在德国，环保已深入人们的日常生活，大多数人能一丝不苟地按照规定去做，为了不让分类垃圾这项义务工作枯燥乏味而令人厌烦，柏林市政府在街头将垃圾箱更新换代。这些崭新的垃圾箱会"说话"，每收到一份垃圾，就会发出"谢谢"或"真好吃"的声音。大部分行人都将这种新型垃圾箱当作好玩的设施，尽量把垃圾投入"聪明"的箱子里。孩子们更是对其情有独钟，捡拾垃圾不亦乐乎。

环保政策是保护环境的有效保障。在保护环境方面，不能仅仅依靠说明、指导来规劝人们怎样做，同时必须建立一套完善的法律法规，使人们的环境行为有法可依。加强执法力度，利用法律法规的威慑力，通过对有关行为发生后的奖赏，支持和鼓励保护环境的行为；通过责罚与批评，抑制和消除危害与破坏环境的行为。健全完善的奖惩机制，能够有效地根据人们行为的意义、作用、性质、影响力的大小对各种行为作出及时反馈，扬善惩恶，从而提高环保行为的发生率，减少破坏环境行为的发生率，逐渐塑造全体国民环保行为。强制与激励并重，日本政府在环境保护方面有效发挥了引导作用。以汽车产业为例，一方面，实行严格的准入制度，对轿车、公交车、摩托车等制定了严格的尾气限制标准，不达标的新车一律不予注册登记；另一方面，实行优惠的激励措施，实施低排放车认定制度，通过认证的车辆可享受不同幅度的车辆购置税和车辆使用税优惠，地方公共团体购置天然气燃料、混合动力车等低公害车辆还可得到政府补助金。

（三）对政府在环保政策方面工作的评价及参与环保的意愿

在此次对青年的问卷调查中，当被问及"您认为政府在环保政策这方面做得怎么样?"时，认为"做得还不够"的青年占比最高，为54.0%；感到"做表面功夫，一点实质性的改变也没有"的青年占36.1%；表示"很好，已经很不错了"的青年仅占9.0%，其他占0.9%。也就是说，九成的上海青年对政府在环保政策这方面的工作并不满意。

表 6.7 青年对政府在环保政策方面工作的评价(%)

对政府制定环保政策工作的评价	占比
很好,已经很不错了	9.0
做得还不够	54.0
做表面功夫,一点实质性的改变也没有	36.1
其　他	0.9

当前,我国走的是一条赶超型工业化道路,资源短缺和环境污染问题日益严重,复合型、压缩型环境问题凸显,环境保护的艰巨性、挑战性前所未有。在发展过程中,我们与国外发达国家曾经面临的环境问题有相似之处。外国的一些成功经验和做法,对我国环境保护和资源节约工作具有一定借鉴意义。

首先,树立法律权威。近年来,我国高度重视节能环保工作,出台了一系列法律法规及政策。目前,我国已经制定实施《水污染防治法》、《大气污染防治法》、《固体废物污染环境防治法》、《可再生能源法》、《节约能源法》、《清洁生产促进法》、《环境影响评价法》、《排污费征收使用管理条例》、《取水许可和水资源费征收管理条例》等一系列有关环境保护和资源的法律规定。此外,国家发改委、财政部、环保部等部委也出台了一系列配套政策。然而,法律规定的实施效果差强人意,化工厂不按规定排污、火电厂脱硫设施不达标、垃圾污水得不到有效处理等问题还比较普遍。因此,有必要进一步加强节能环保法律规定宣传,树立法律权威,加强执法力度,加大违法成本,真正发挥法律的制约和规范作用。

第二,注重政策细节。我国当前已经具备环境保护和资源节约的制度框架,但是政策的可操作性、可实施性还有待加强。细节决定成败,一些细节的疏漏就可能导致政策难以发挥作用。例如,我国对垃圾也进行了可回收、不可回收的分类,但是分类不够细致,并且对于哪些属于可回收、哪些属于不可回收没有详细说明,居民没有学会分类,导致垃圾分类失去了实际意义。街道上设置可回收、不可回收两种垃圾桶也只成为形式。因此,注重政策细节和政策衔接,才能较大程度地提高政策效果。

第三,开展社会合作。环境保护和资源节约是全社会的一项系统工程,因此,有必要调动社会各方面力量,发挥社会各方面积极性,共同做好环境保护和资源节约工作。加强公益协会建设,充分发挥协会在开展环保节能宣传、组织环保节能活动方面的作用。支持基础科学研究,有针对性地鼓励科研院所开展环境保护、资源节约方面的科学技术研究,给予必要的政策和资金支持。加强对企业的引导,既要鼓励企业创新技术,生产资源节约型、环境友好型产品,也要推动企业加强社会责任意识，主动参与和开展环境保护和资源节约的社会活动。

第四，完善教育方式。近年来，我国开展了一系列环境保护和节约能源的宣传教育活动，如早在2007年国家发改委等部委就发布《关于印发节能减排全民行动实施方案的通知》，教育部发布《关于开展节能减排学校行动的通知》，节能环保的理念正逐步深入人心。今后，可以进一步创新宣传教育方式，通过形式多样、寓教于乐的途径，特别是利用博物馆、展览馆、科技馆等公益场所开办体验式教育，促使公民加强环保意识，促使环境保护和资源节约成为人们生活工作的一项基本准则和行为习惯。

此次问卷调查中，当青年被问及“您会积极响应国家的环保政策，参与到环保的行动中来吗？”时，依次得出的顺序为：“会，不仅自己做到，还会带动周围的人都保护环境”占47.3%，“自己本身会切实做到保护环境”占41.0%，“如果环保政策不会损害自身利益，我会参与”占7.0%，“有强制措施时会，不然看自己心情”占4.7%。可见，在青年一代的思考中，尽管对政府在环保政策方面的工作不满意，但作为环保的社会一分子，大多数青年人还是会积极响应环保政策，主动参与到环保行动中来。

表6.8　青年参与环保行动的意愿(%)

参与环保行动的意愿	占比
会，不仅自己做到，还会带动周围的人都保护环境	47.3
自己本身会切实做到保护环境	41.0
如果环保政策不会损害自身利益，我会参与	7.0
有强制措施时会，不然看自己心情	4.7

虽然我国环境保护政策公众参与制度的立法已初具规模，但是这种参与更多地集中在环境影响评价的参与方面，公众并未成为环境保护的独立主体，具体表现在几个方面：

首先，公众参与环境保护的范围不够广泛。公众参与的范围逐渐从深度和广度上扩展是环境立法的趋势，众多西方国家均规定公众可以参与到涉及对人类环境有重大影响的公共项目中去，而在我国的各类环境保护活动中，公众可以参与的范围相对较小。如《环境影响评价公众参与暂行办法》中仅规定对环境可能造成重大影响、应当编制环境影响报告书的建设项目可以由公众参与，忽视了国家立法、政策以及替代方案等宏观战略层面的公众参与。而恰恰是这些方面很容易对环境造成巨大的危害。

其次，公众参与的途径不够系统全面。公共参与作为一项制度在很多国家的政策和法规中明确规定了公众参与的方式和内容，中国在环境法中鼓励公众参与，但是并非强制，因而行政机关的公开方式和公开过程缺乏强制性色彩，这对公众参与的积极性会产生很大影响。如举行听证会和论证会，公众对信息的公开晨读和公开内容了解不深，因此很难作出合理的判断，提出合理的建议。

第三，缺乏利益受损的救济方式。权利的存在必然对应着救济的存在，没有最后法律保障的权利是无法实现其目的的。因此，许多国家相继规定保护环境公共利益免受损害的公益诉讼制度，而中国在这方面几乎是一片空白，环境公益诉讼制度迟迟没有出台，导致一些地方的环境公益诉讼屡战屡败，导致公众缺乏参与和监督的积极性。

第四，公众参与的受重视程度有限。中国的环境立法着重强调政府在环境保护中的作用，在环境保护方面赋予了政府广泛的权利和职责，而对公众参与的地位没有足够的重视。公众的反馈意见不仅是行政民主的重要体现，也是国家的环境政策能否顺利进行和发挥正确作用的重要因素，只有重视公众的意见和参与，才能在最大程度上贯彻我国的环境保护政策。

联合国《人类环境宣言》中明确指出："保护和改善人类环境是关系全世界各国人民的幸福和经济发展的重要问题，也是全世界各国人民的迫切希望和各国政府的责任。"因此，中国应该立足于本国的基本国情，按照公共参与制度的国际趋势，努力改进和完善中国环境保护政策中的公众参与制度体系的构建。

提高公众的环境保护意识。公众参与制度的建立，首先必须建立在公众强烈的环境意识这个基础之上，这是制度建设的前提。首先要加强宣传和教育，使公众认识到环境问题的严重性和紧迫性，其次要建立起一套具体的制度来确保公众环保意识的提高。

拓宽公众参与的途径和范围。中国目前之所以公众参与的积极性不高，很重要的原因就是公众没有获得参与的机会和途径，公众没有参与的法律依据，参与的范围也很小。同时中国的环境立法中关于公众参与的规定大多数是原则性的，缺乏可操作性。只有从政策上和法律上给予公众各种保障，公众才有充分参与的可能性。

法律上规范公众参与的权利受损救济机制。当前，中国在环境保护当中一个很大的问题是公众对于侵害环境公共利益的行为没有权利救济的方式，虽然有民事诉讼和行政诉讼，也只是能够解决私人利益受到损害的状况。当关系到大众生存的公共环境利益受到损害时，则缺乏有效的救济途径。因此，应尽快出台关于环境公益诉讼的规定，从法律层面保障公众的权利救济途径，促使更多的公民参与环境保护。

[延伸阅读]

1. 大妈戴无线耳机跳起“无声广场舞”

记者　叶松丽

《新闻晨报》讯　10月15日上午9点，长宁区泉口路虹康绿地休闲广场上，近30名穿着靓丽的大妈在快乐地跳舞。然而，现场很安静，听不见音乐声。原来，她们用上了“静舞音响”：一台带无线发射装置的播放器和无线耳机。跳舞的大妈们表示，戴上耳机跳舞，不再担心扰民，她们没有了心理压力，舞步也更轻快。

广场舞“消噪神器”由一台音乐播放器、一个无线信号转换射器和无线耳机组成。正在现场调试的工作人员董先生说，工作原理其实很简单：播放器将声音通过转换器转为声波发射出来，大妈戴的耳机接收信号，还原成声音播出。除了戴耳机的人，别人是听不到声音的。

记者看到，董先生将便携式调频发射器的传输线插进一个手机的耳机孔中，点击播放。手机上显示音乐正在播放中，但是记者听不到一点声音，而广场上的大妈们却“闻声起舞”。记者从一个大妈手里接过耳机，将频率调到指定波段，马上就听见了音乐声。

董先生说，这次试用的“静舞音响”是由上海市老年基金会无偿捐赠的。上海市老年基金会相关工作人员表示，广场舞噪音扰民已经成为社区矛盾的一个焦点。为了推动申城广场文化活动健康有序开展，9月12日，市老年基金会举行“静舞音响”公益捐赠、发放仪式。据称本次获赠的25套“静舞音响”设备价值约10万元，是由苏州一家医疗器械有限公司捐赠的。市老年基金会又增购175套，发放给各区县分会代表。

正在跳舞的孙大妈说，虽然戴耳机跳舞有些繁琐，但是，为了不影响附近居民，这是最好的选择。

记者在现场随机采访时，有居民说跳舞的音乐声音没了，太安静，不热闹，他们反而不适应。不过更多的受访者表示，这种“静默”跳舞，不扰民，既可以让社区大妈老有所乐，也让周围居民对她们更加宽容。柏万青也表示，支持不扰民的广场舞。“让退休在家的人们走出来，参加一些集体文化活动，有利于身心健康，也有利于社区和谐。将这样的静噪装置在广场活动中推广，有利于改善目前广场舞大妈的负面形象。”

2. 闸北区先行研究积累经验　上海探索构建环境宜居指标体系 包括水环境、大气环境等 8 个一级指标和 47 个二级指标

记者　蔡新华　见习记者　刘　静

上海市日前积极探索构建中心城区“环境宜居区”指标体系，结合中心城区的特点，确定了水环境、大气环境、土地土壤环境、声和辐射环境、生态环境、生活宜居与低碳化水平、物质循环与资源承载能力、环境管理水平 8 个一级指标和 47 个二级指标，通过对指标说明、确定依据、来源、计算方法、历程分析、与国内外城市比较、与发达国家对比和目标设定八个方面对每个指标进行了研究。

作为中心城区的上海市闸北区近年来在环境宜居区进行了十分有益的探索，积累了丰富的创建经验，形成了较为成熟的模式，因此，闸北区环保局主动请缨，担当了中心城区“环境宜居区”指标体系的研究工作，历经两年，在上海市环保局的支持和不少生态环境专家的共同参与下，完成了中心城区“环境宜居区”指标体系的建立，得到了上海市环保局的首肯。

中心城区环境宜居意义重大

中心城区大多是一个城市的政治和行政管理中心、交通运输中心、信息与科技中心和人才密集之地。宜居城市是城市环境、居住、交通、社会文明等要素的综合反映，对城市宜居性水平进行分析和评价，将有助于建设环境宜居城市。而中心城区通常是一个城市政治、经济、文化中心，大多是政治和行政管理中心、交通运输中心、信息与科技中心和人才密集之地，因此，加强中心城区的环境宜居建设意义重大，对整个城市具有辐射作用。

根据《上海市主体功能区规划》（以下简称《规划》），上海市中心城区以外环线以内地区作为中心城范围，包括黄浦区、徐汇区、长宁区、静安区、普陀区、闸北区、虹口区、杨浦区和浦东新区。宝山区和闵行区也纳入都市功能优化区。

根据《规划》，这部分地区重点加强区域内的统筹协调，优化提升综合服务功能，增强高端要素的集聚和辐射能力，进一步改善城区环境和生活品质。

参与项目的专家们认为，环境宜居区指标体系的建立，体现了“多介质环境质量、生态环境、生活的宜居性和环境管理绩效”等因素，设定了权重，并以上海市闸北区为例，对宜居现状进行了验证，对于推动中心城区的环境宜居性建设有较强的指导作用。

指标体系构建科学合理

综合了亚洲银行提出的城市环境宜居指数，一些体现中心城区的特有指标也被列入体系中。

华东理工大学教授修光利参与了本次项目的研究策划，据他介绍，宜居城区的8个一级指标是综合了亚洲银行提出的城市环境宜居指数确定的。亚行的指标体系包括了水环境、水资源、大气环境、土地土壤环境、声环境、生态环境、生活宜居、环境管理这8个方面。而上海中心城区具有其特殊性，一是尺度小，二是通常工业污染源少，三是大部分为建成区，供水、供电等体系都已经生成，因此，将水资源指标调整为物质循环与环境承载能力指标；同时将生活宜居调整为生活宜居与低碳化水平。

每一项一级指标下面的二级指标又是如何确定的呢？

据修光利介绍，一部分二级指标是根据已有的国家级评选及现有的城市指标体系来设定的。比如，在水环境二级指标中，地表水功能达标率、城市污水处理率、单位工业增加值的废水排放量、地下水环境质量监控网络等指标，本身就包含在环境宜居城市指标体系、国家环境保护模范城市考核指标、上海环境友好型城市、宜居城市指标、优美乡镇指标中。

“另外，城考、生态文明考核等已有的指标也成为了二级指标的重要来源，比如重点工业企业废水排放稳定达标率等。”修光利告诉记者。

同时，一些体现中心城区的特有指标也被列入进体系中。比如智能化地面公交系统指标，属于宜居城市指标中生活便利度中交通类范畴，而交通是一个城市或地区的枢纽，表征这一地区的经济发达能力和前景，体现交通便利性，反映推进低碳化工作的基础条件，同时也有利于减少机动车尾气的排放，能够体现中心城区人流汇聚，客货运发达的特点。

此外，据专家介绍，在研究过程中，项目通过指标说明、确定依据、来源、计算方法、历程分析、与国内外城市比较、与发达国家对比和目标设定这八个方面，来对每个指标进行研究。

对指标权重开展问卷调查

排在第一位的是大气环境，其次是水环境、土壤和土地环境、声和辐射环境、生态环境。生活宜居与低碳性和环境管理居后。在具体的研究过程中，项目对上海市闸北区环境方面的专家进行了网上电子问卷和纸质版问卷调查，从而对各级指标的重要性进行了排序，以测算环境宜居各个指数的权重。

问卷统计结果显示，环境宜居指标中排在第一位的是大气环境，其次是水环境、土壤和土地环境、声和辐射环境、生态环境。生活宜居与低碳性和环境管理两个方面居后。

据介绍，这一结果与环境宜居城市的指标权重有一定的一致性，但也有所不同。亚洲开发银行城市环境宜居指数中，权重最大的是大气环境0.17，生活宜居性的权重是0.16，水环境是0.14，水资源（等同于本项目的物质循环和承载力）是0.14，环境管理是0.13，生态环境是0.10，固体废物（土壤）是0.08。

“两个指标体系之间的区别是与指标设定的二级指标相关的，比如在亚行的指标体系中，固体废物主要针对处置率，并没有纳入土壤环境质量，因此权重较低。此外，上海市最近几年雾霾污染的严重性大大引起了公众的关注，这也是大气环境排在首位的主要原因。”修光利告诉记者，“同时，中心城区没有考虑到农村地区，环境污染问题相对比较集中也是这两个体系有所区别的原因。

对水环境指标各因子的权重调查可知，污水处理率、地表水功能达标、地下水监控相对比较重要，而企业的排放达标情况相对略低。

对大气环境指标各因子的权重调查可知，公众对于空气优良率非常关注，接近20%的比率。其次是扬尘，这说明扬尘控制对于中心城区来说比较重要。重点企业的排放、总量控制完成率以及排放强度下降率也值得关注。公众对于清洁能源替代和机动车检验率并不重视。

第二节　青少年学生生态文明观调查

青少年是国家未来的主人，青少年的生态文明观现状及其未来发展和变化会对国家生态文明建设状况起到决定性作用。如何让青少年掌握生态文明建设的系统知识，在日常生活中学会与自然和谐相处，这将是个规模宏大的长期工程，对上海这座国际化大都市而言，也是个引领未来的重大课题。因此，面向青少年学生开展生态文明观养成教育显得尤为重要。

一、研究背景及研究现状

在我国，尽管明确提出“生态文明”这一概念的时间并不长，但有关敬重生态环境和保护自然资源的观念却久在人群中传播。最初传递的"生态"之含义，主要是指生物学意义上的自然生态，后来逐步地发展出社会学意义上的系统生态的内涵。随着相关社会实践活动的不断进展，生态文明观的主要内容也变得越来越丰富。从历届党代会对生态文明建设逐步重视和明确的历程可以看出，我党对生态文明的认识经历了早期以节约资源为主到当前注重全面协调政治、经济、社会、文化和生态文明五大要素的关系，生态文明观的作用和地位在不断提升。在这种背景下，有关生态文明观的传播和扩散显得特别重要，尤其是对广大青少年开展生态文明观的养成教育，更是意义重大。

"养成教育"通俗地说，就是青少年在早期形成好习惯的训练与后期实现理性提升的过程。在对青少年生态文明观的塑造中引入"养成教育"这一概念的意义在于，能够更全面有效地探讨如何将生态环保的知识与规范传授给青少年，并引发其自身对生态文明的思考，进而促发自觉的生态文明意识与行为。"教育本身具有生态性，人才的成长同生物体的成长相似。"所谓"生态性"，其中之一就是要认识到"教育对象"的生命性。养成教育的对象是"人"，是有生命意义的有机体，是在不断成长变化的个体，在不同的发展阶段有着不同的表现形态，有着不同的发展需求，是一个动态变化的存在。"生态性"包含着相互作用的意义。任何的生命体都不是独立存在的，都是在与其他事物或者生命体的"关系"中不断成长与发展的。可见，在培养青少年生态文明的同时，回归教育本身的生态性，这本来就是相辅相成、相互促进的一项极富意义的工作。

然而，通过文献检索可以发现，目前对生态文明养成教育的研究还较局限，为数不多的相关性研究也集中在高校德育领域，对学生生态文明教育情况的梳理和研究极少。整体而言，生态文明观养成教育还处在萌芽阶段，现有研究成果也缺乏对该主题的系统讨论和持续关注。

二、研究思路

本书一方面通过问卷调研、焦点小组等方法了解上海市青少年学生生态文明观的现状，掌握当前青少年学生在生态环保常识、生态文明意识、生态文明行为等方面的基本情况；另一方面，通过对上海市教委德育处、市教研室研究人员，上海部分绿色学校、生态学校教师的访谈，结合当前已有的环境教育、可持续发展教育现状，了解当前上海各类学校对学生开展生态文明教育的基本情况。将受教育者和教育者两方面的认识、理解与做法相互结合加以分析，探讨上海市青少年的生态文明观教育进一步改善的可能性，进而提供符合上海实际的对策和建议。

在问卷调查方面，以上海学生群体为调查对象，采取分层抽样，进行自填问卷调查。参照上海市2012年上海学生群体的基本情况进行抽样，样本数定为2 200份，兼顾性别比例、学校性质、分布年级。其中，初中750份、高中300份（古美高中、顾村中学、西南位育中学）、职业中学/技工学校80份、中等专业学校170份（公用事业学校、城市建筑工程学校、信息管理学校、工业技术学校、商业会计学校）、大学900份（上海交通大学、同济大学、上海财经大学、上海对外经贸大学、上海中医药大学、上海海事大学）。学生年龄分布为11—21岁之间。回收问卷2 031份。

表6.9　问卷调查的样本结构

变　量	变量水平	人数	占比(%)
性　别	男	1 003	49.4
	女	1 028	50.6
独生子女	是	1 573	77.4
	否	457	22.5
教育程度	初中及以下	671	33.0
	高中	296	14.6
	职高/中专/技校	242	11.9
	大专	18	0.9
	本科	783	38.6
	研究生	21	1.0

三、上海青少年学生生态文明观现状及相关教育状况

（一）上海青少年学生生态文明观现状

1. 生态环保类基础常识知晓状况

问卷调查发现，上海青少年学生在环保常识方面的基础素质较好，而生态学知识较为薄弱。例如，能正确选择细颗粒物“PM2.5”是指环境空气中空气动力学当量直径小于等于2.5微米的颗粒物的学生达到75.7%，对“洗涤剂中会造成类似太湖蓝藻、淮海赤潮等水污染的物质”能正确选择答案的达到70.7%。当然，在整体素质较高的同时，也存在一些盲点，如明确知道他们日常学习过程中使用最多的中性笔的笔芯属于可回收类的不到一半，为40.2%，噪声超过40分贝会影响人的正常睡眠的仅占33.8%。可见，目前环境常识在学生中普及率

较高是与大气污染和水污染相关的知识，而固体废弃物和噪声污染的相关信息普及率还有待提高。与此同时，与自然界中看得见、摸得着、听得见的微观要素(大气、水、固废和噪声)相比，较为宏观的生态系统对学生而言似乎更加陌生。如对“地球最大的生态系统——‘生物圈’是由什么构成的”这个问题，能完全正确选择“大气圈”、“水圈”、“岩石圈”的比例不到20%，甚至还有16%的学生会选择“城市圈”。可见，学生有关生态学知识方面的储备较少，导致这样结果的原因一方面可能是由于基础课程尚未涉及生态学领域；另一方面则是由于我们目前的媒体宣传中少有与此相关的活动或信息。生态学的常识是形成系统生态文明观的基础，因此，这将是培养学生树立正确的生态文明观最需要加强的内容。

2. 生态文明素养水平

学生对生态环境保护过程中新出现的一些专有名词，如“光化学烟雾”、“热岛效应”、“碳排放权”、“排污税”等，选择“一般熟悉”的比例较大，对曾在多个外企和高校上演过的“地球1小时”，绝大部分学生非常熟悉。而对在发达国家已经实行多年的“3R”(Reduce Reuse Recycle)政策，“不熟悉”的高达50.3%(见表6.10)。可见，学生对代表时尚和潮流的新鲜事物的兴趣远远高于平淡的环保术语，这迫使我们必须好好思考应该如何结合青少年学生的特点开展生态环保教育活动。相比较诸多网络流行语而言，如何能让代表着生态环境保护类的名词也能成为一种时尚，需要我们进一步探索。

表6.10 学生对部分专有名词的熟悉程度(%)

		不熟悉	一般熟悉	非常熟悉
(1)	“光化学烟雾”	40.4	46.4	13.1
(2)	“热岛效应”	22.0	48.5	29.3
(3)	“碳排放权”	34.8	46.8	18.2
(4)	“排污税”	38.2	46.2	15.1
(5)	“地球1小时”	9.7	35.1	55.0
(6)	“3R”(Reduce Reuse Recycle)	50.3	31.8	17.5

在人与自然关系的探讨中，学生对“人与自然对立且统一，人在开发自然、利用自然时应尊重、顺应、保护自然”的观点，选择非常赞成者超过半数，赞成和非常赞成者占83.7%。对“水、大气、土壤都是可再生资源，可以不断被人类使用，所以不用担心”、“人类通过不断开发高新技术，可以解决生态失衡问题”的

观点,“不赞成”和“非常不赞成”者占绝大多数,这表明学生没有人类中心主义的思想。对“人与自然对立且统一,人在开发、利用自然时应尊重、顺应、保护自然”、“生态文明建设不是单纯的环境保护,而是涉及经济、政治、文化和社会的综合性问题”这些官方说法,绝大部分学生能够理解和赞成。可见,学生对国家在生态文明建设方面的核心观点是认同和接受的。但是我们也应看到,对“生态文明建设不是单纯的环境保护,而是涉及经济、政治、文化和社会的综合性问题”这一说法,将近有30%的学生选择“不清楚”、“不赞成”和“非常不赞成”。这说明有必要加强有关生态文明内涵的宣传教育,加深青少年对生态文明建设的理解。

表6.11　学生对人与自然关系的理解(%)

		非常不赞成	不赞成	不清楚	赞成	非常赞成
(1)	水、大气、土壤都是可再生资源,可以不断被人类使用,所以不用担心	48.2	43.2	5.0	2.5	0.9
(2)	是由于人类过度的生产活动,导致了大自然的生态失衡	4.5	8.0	10.7	53.9	22.8
(3)	人与自然对立且统一,人在开发、利用自然时应尊重、顺应、保护自然	5.1	3.4	7.9	31.8	51.9
(4)	人类通过不断开发高新技术,可以解决生态失衡问题	10.8	35.0	29.1	20.4	4.7
(5)	生态文明建设不是单纯的环境保护,而是涉及经济、政治、文化和社会的综合性问题	4.2	4.3	19.7	41.7	30.1

在对人与自然之间辩证统一关系的认识上,绝大部分学生能够认识到人与自然的统一在于实践。对“城市远不如乡村,实现人与自然和谐相处的最好方式是回到田园时代”的观点,学生持“赞成”和“非常赞成”观点的比例仅为16.2%。在城市发展与生态保护关系的平衡方面,对“城市不需要那么多房子和硬化路面,应增加绿化、景观等类型的用地”的观点,“赞成”和“非常赞成”的比例接近60%。对“城市里应该鼓励公交车或者骑自行车出行”的观点,“赞成”和“非常赞成”的意见高达84.4%。这说明,大多数学生对城市建设秉持“以人为本”和“绿色生活”理念,这对上海未来城市生态环境的建设,或许能有很好

的启发和帮助。学生对“家庭和社区应该设立严格的垃圾分类规则并督促我们执行”的观点表示“赞成”和“非常赞成”的比例为84.2%。同时，2013年11月发布的《上海市生活垃圾分类减量状况调查报告》中的调查结果显示，76.4%的在校学生认为上海应加快推进垃圾分类，仅次于机关工作人员，排在第二位。这两个结果都表明学生群体在垃圾分类方面的意识和意愿都很强烈。学生赞成“学校将生态文明课程设为必修课、设定必修学分，组织我们开展生态文明公益服务、志愿服务活动”比例将近70%。这表明，学生在主观上非常愿意参与上海的生态文明建设，无论是在家里还是学校。

表6.12　学生对人与自然之间辩证统一关系的认识(%)

		非常不赞成	不赞成	不清楚	赞成	非常赞成
(1)	城市远不如乡村，实现人与自然和谐相处的最好方式是回到田园时代。	10.8	51.6	21.5	13.1	3.1
(2)	城市不需要那么多房子和硬化路面，应增加绿化、景观等类型的用地	4.2	15.9	21.0	44.6	14.3
(3)	城市里应该鼓励公交车或者骑自行车出行	3.2	3.5	9.0	45.2	39.2
(4)	家庭和社区应该设立严格的垃圾分类规则并督促我们执行	3.0	3.1	9.7	45.1	39.1
(5)	学校将生态文明课程设为必修课、设定必修学分，组织我们开展生态文明公益服务、志愿服务活动	5.7	8.5	17.6	46.1	22.1

3. 对上海生态环境的态度

青少年学生对上海的生态环境感到“非常满意”和“满意”的分别为4.8%和36.3%，感到“不满意”和“非常不满意”者分别为36.4%和5.6%。可见，学生们对上海生态环境的整体评估是喜忧参半，还有17%的学生表示“不清楚”。

在被问及“你认为目前上海市最严重的环境污染”问题时，选择大气污染的占46.4%。可见，今年上海多次出现的雾霾天气，引起了学生对当前大气污染的关注和警惕。这种显性污染相比相对隐形而持久的固体废弃物污染来说，通常更能引起人们的注意。因为，学生选择“固体废弃物污染”的比例仅为9.4%。

这表明，在诸多环境要素中，学生对固体废弃物污染的意识还不够，这与之前在生态环保类基础知识问题中，关于固体废弃物回收常识的调查结果一致。在此，结合前面对“家庭和社区应该设立严格的垃圾分类规则并督促我们执行”表示赞成和非常赞成高达84.2%的意愿结果，可以表明：上海可以考虑将推进固体废弃物有效回收的举措提上议事日程，并可选择在学校中率先试点。

有24.5%的青少年学生认为目前上海市最严重的环境污染是噪声污染，而在《生态文明与当代青年——2013上海青年发展报告》中，在回答“你最关心的环境污染问题”时，选择“水污染”的占21.9%，选择“空气污染”的更是占71.8%，选择噪声污染仅为2%。二者对比不难发现，青少年学生选择噪声污染的比例较高。分析原因：青少年学生正处在生长发育期，他们对于周围声音的敏感度高于已经习惯了噪声环境的中青年群体，他们的日常学习和生活需要更加安静的环境。2011年世界卫生组织和欧盟合作研究中心公布的《噪音污染导致的疾病负担》的报告引起全世界再一次关注噪声污染，这份报告认为噪声污染已成为仅次于空气污染的第二大环境污染因素。在欧盟有《2002欧洲噪音指令》，在英国有2005年出版的世界上最大的官方噪声地图——《伦敦道路交通噪声地图》，北京市在2009年绘制了首张噪音地图。2013年上海市环保局、市公安局、市绿化市容局、市城管执法局联合印发了《关于加强社会生活噪声污染监管工作的通知》，许多城市正在噪声污染控制方面进行积极的探索和尝试。如何还给青少年一个安静的学习环境和睡眠环境，也应成为上海城市生态文明建设需要考虑的问题。

在接下来的分析结果中，出现了一个很有趣的现象，在被问及“你认为目前上海最严重的生态问题”是什么的时候，选择“气候变暖”和“垃圾围城”的比例基本相同，分别为33.3%和33.1%。学生在这里对“垃圾围城”的选择与上一个问题中选择“固废污染”9.4%的统计结果似乎很不一致。但分析下来，出现这种矛盾的现象恰恰证明了在生态常识测验中已经明确的一点，即学生基本上对于宏观生态知识了解甚少且不太关注。在他们看来，这里的“垃圾围城”更多是与环境污染相关的概念，而非人类过度消费自然资源而打破生态平衡的代名词。可见，学生了解和关注的更多是污染现象，对生态系统失衡相关问题的意识还较模糊。垃圾围城在今天已不再是简单的环境污染问题，上海老港填埋场从1985年兴建至今，一、二、三期工程已经实施封场和生态修复，四期从2005年开始使用，目前已严重超负荷运转，老港五期仍在建设中。学生在这方面的关注和相应意识显然还与事态的严重程度不相称。

令人欣慰的是，在被问及“你认为上海的生态文明建设最需要从哪方面努力?”时，48.9%的学生选择了“市民行为”，这说明在过去30年环境教育和可持续发展教育中，上海市对于青少年学生主动参与环境保护意识培养已见成效。在“市民行为”、“政府工作”、“企业责任”和“学校教育”中，27.7%的学生选择了政府工作，14.5%选择了企业责任，这说明，学生已经逐渐开始理解生态文明建设是一个综合政治、经济和社会诸多要素的系统工程。当然，结果显示只有7.9%的学生认为应该从学校教育着手。可见，绝大部分学生依然认为上海生态文明建设应该从自己做起、从政府政策着手。分析原因，一方面，在他们看来，学校更多是联系自己、社会和政府的桥梁与平台，而非是能够直接参与生态文明观普及和上海生态文明建设的核心力量；另一方面，学校教育所指向的是更为长远的规划与发展，这与当下急需推进的生态文明建设事业之间存在时间和周期上的差异。同时也告诉我们，在学生心中，学校教育不能告诉他们关于生态文明的全部，他们需要的是来自社会更为丰富和真实的信息和资源，而这正是需要我们通过整合资源努力实现的全员育人。生态文明原本就是一个系统性的工程，生态文明观的培养更是一个需要全社会与家庭和学校联动的过程。

表6.13　你认为上海的生态文明建设最需要从哪方面努力？

选　项	选择人次(人)	占比(%)
政府工作	565	27.7
企业责任	295	14.5
市民行为	996	48.9
学校教育	160	7.9
其　他	22	1.1

表6.14　不同教育程度的青少年学生对上海的生态文明建设的路径选择(%)

学历 解决路径	初中	高中	职高/中专/技校	大专/高职	本科	研究生
政府工作	26.83	29.39	25.62	27.78	28.35	19.05
企业责任	8.35	13.18	7.85	27.78	21.58	19.05
市民行为	53.35	48.65	59.09	27.78	41.00	47.62
学校教育	9.24	5.41	6.61	16.67	7.54	14.29
其　他	1.64	1.01	0.41	/	0.77	/

与此相类似，在《生态文明与当代青年》的调查报告中，对解决生态安全问题的路径选择，认为应通过“环境法规、政策的制定”，“严格执法”和“环境教育”

的比例为前三。这说明了上海的青年群体对政府和自己在推进上海生态环境改善中的主体作用的认同。

表 6.15　不同教育程度的青年对"解决生态安全问题"的路径选择(%)

学历 解决路径	初中及以下	职高/中专/技校	大专/高职	本科	研究生
环境法规、政策的制定	43.4	44.7	47.7	47.7	37.8
严格执法	27.4	29.1	29.2	33.7	42.3
企业改革	2.4	3.8	2.8	3.7	4.8
技术开发	3.3	5.4	2.7	2.6	4.8
环境教育	15.6	10.3	11.1	8.7	7.4
参与环保组织	6.6	5.6	5.0	2.4	1.0
其　他	1.4	1.1	1.6	1.1	1.9

当被问及"你主要从什么渠道获得生态环境相关的信息?",学生的选择排在第一的是"门户网站、社交平台",其次是"书籍、公共刊物",第三是"学校老师授课","家里父母、亲戚","同学、朋友"。

可见,目前青少年学生获得生态文明知识的途径和渠道,主要是以社会环境为主的网络平台和书籍刊物,这说明学生更多或更愿意通过社会渠道获取生态文明知识,同时也让我们认识到两点:一是要充分利用新媒体平台和各类社会出版物普及生态文明知识,二是要大力拓展学校和家庭的生态文明观教育阵地。

4. 生态行为意愿状况

在问卷中反映出:青少年学生在日常生活中,实现节能环保的行为较为容易,如节约粮食、减少更换手机和电脑、夏天空调温度控制在 26 ℃、反复使用塑料袋、拧紧公共场所的水龙头等都能达到很高的比例。而专门去参加某些组织和活动的特意行为却不能经常做到。当被问及"参加或组织生态文明宣传、志愿活动"的情况时,从不参加和经常参加的各约占 20%,偶尔参加的有近 60%。

表 6.16　学生生态行为意愿状况(%)

		从不	偶尔	经常
(1)	"光盘行动"(注意节约粮食)	7.9	42.3	49.6
(2)	不断更换手机、电脑,不管旧的是否已无法使用	64.0	31.2	4.7
(3)	夏天空调温度控制在 26 ℃以上	12.4	40.6	47.1

续表

		从不	偶尔	经常
(4)	反复使用塑料袋	12.6	38.1	49.3
(5)	拧紧公共场所的水龙头	4.3	22.2	73.5
(6)	参加/组织生态文明宣传、志愿活动	19.8	58.5	21.5

接着对学生参与各类生态文明宣传、志愿活动的行为意愿进行提问，统计结果显示不少学生愿意参与此类活动，如低碳行动、网上废物兑换等。同时，我们看到，仅有50%左右的学生对于举报环境污染现象、了解环境保护法、参与听证会等做法认同，并有行动的意愿。这说明，在青少年学习环保法律、关注参与生态环保类公共政策方面还有许多工作需要做。青少年的法律意识、参政议政的水平和能力，将是未来我国生态文明制度得以完善和落实的重要保障。这为我们怎样全面增强青少年的生态文明意识提供了很好的切入点。

表6.17 学生参与各类生态文明宣传、自愿活动的行为意愿(%)

		肯定不会	不会	无所谓	会	肯定会
(1)	2013年，上海“阿拉环保网”被列为全国首批中小学生环保教育基地。在阿拉环保网上，你可以通过预约方式投递电子废弃物，并积攒积分兑换其他生活用品，你会选择成为它的会员，参与电子产品的回收利用吗？	2.9	8.5	24.6	44.7	19.3
(2)	2012年启动的“酷中国—全民低碳行动计划”的7个“降碳承诺”(每周：一次绿色出行、一次素食晚餐、手洗一次衣服、接一次洗澡水冲厕所、少看一小时电视、少乘一次电梯、少喝一次瓶装水)。你愿意这样做吗？	3.0	7.1	18.5	47.2	24.4
(3)	如果你发现有十分明显的环境污染现象，您会到有关部门举报吗？	3.4	21.1	23.8	39.6	12.1
(4)	你会考虑使用我国环境保护部“12369”环保举报热线吗？	3.9	19.5	27.6	39.9	9.2

续表

		肯定不会	不会	无所谓	会	肯定会
(5)	2013 年 8 月 2 日，《中华人民共和国环保法修正案》(草案二次审议稿)再次在全国人民代表大会网站上公开征求意见，社会公众可直接上网提建议，你会关注吗?	4.3	14.1	28.8	42.5	10.3
(6)	在此类听证会或征求意见会上提意见，你认为会有效吗?	7.7	21.7	22.4	40.4	7.8

虽然青少年学生有很好的主人翁意识和参与生态文明建设的意愿，但在面对大型公共工程项目建设用地选择时，我们仍然看到了“邻避困境”的影子。当被问及“如果在你所居住的城市建设核电站，你会反对吗?”，选择“会”和“肯定会”的占 70.2%，当被问及“如果在你所居住的社区附近建设现代化的垃圾处理厂，你会反对吗?”，选择“会”和“肯定会”的为 54.6%，即绝大多数人不愿将这些能源处理设备建在自己生活的城市或周边，不愿意这些公共工程项目与自己发生直接的关系。

表 6.18　学生面对大型公共工程项目建设用地选择时的意愿(%)

		肯定不会	不会	无所谓	会	肯定会
(1)	如果在你所居住的城市建设核电站，你会反对吗?	5.0	9.7	15.1	36.7	33.5
(2)	如果在你所居住的社区附近建设现代化的垃圾处理厂，你会反对吗?	6.7	21.2	17.4	33.1	21.5

在情境题目“PX 项目”相关的问题中，学生对模糊或笼统类问题的回答显得盲目随意，而对具体问题的选择会显得明确理性。例如，当被问及“你会主动了解与我们日常生活息息相关的环境化学知识吗?”、“你会与周围人讨论此类具有争议的生态环保问题吗?”这两个问题时，选择“会”和“肯定会”的比例分别为 58.8%和 53.7%，而当被问及“你今后会主动关注 PX 项目吗?”的问题时，选择“会”和“肯定会”的为 46.1%。相比笼统和抽象的概念，学生们对具体项目更具感性认知，态度也更为明确。

同时发现，对于学生而言，如果能够事先帮他们分析 PX 项目的背景和优缺点，那么学生对于该项目并非完全抵制。当被问及“你会愿意将PX项目建在你所居住的城市附近吗?”的问题时，选择“肯定不会”和“不会”的占到45.3%，有25.3%的学生选择了“会”和“肯定会”，还有29.4%选择不清楚，表明他们处于犹豫状态。而对“你会参与诸如游行、静坐等群体性事件来抗议PX项目或类似项目吗?”的问题，选择“会”和“肯定会”的仅为20.3%，这相比较媒体报道的全民上下全面抵制该项目的情况而言，似乎有所好转。这说明，如果能够向公众全面充分地说明大型公共项目的背景和优缺点，那么他们在选择是否接受该项目的时候会变得客观理智。也即涉及民生问题的生态环保项目，需要更高要求的透明度。

表6.19　学生对情境题目“PX项目”相关问题的选择(%)

		肯定不会	不会	不清楚	会	肯定会
(1)	你今后会主动关注PX项目吗?	5.0	14.3	33.1	39.1	8.4
(2)	你会愿意将PX项目建在你所居住的城市附近吗?	16.1	29.2	29.4	21.3	4.0
(3)	你会参与诸如游行、静坐等群体性事件来抗议PX项目或类似项目吗?	12.0	34.5	33.3	16.4	3.9
(4)	您会主动了解与我们日常生活息息相关的环境化学知识吗?	3.1	11.1	25.8	49.8	10.2
(5)	你会与周围人讨论此类具有争议的生态环保问题吗?	3.7	12.5	29.0	45.7	9.1

综上所述，上海青少年学生环境保护类基础常识水平较高、生态文明素养较好、生态行为意愿也比较强烈，但学生的生态学知识还比较欠缺、宏观生态系统意识还不强、生态文明意愿转化成实际行动的动力还不足，这些需要我们在今后的教育活动中逐步强化。

(二) 现有与生态文明观养成教育相关的教育活动

1. 环境教育

在我国，2001年，环境教育被正式纳入中小学课程。2005年，《中小学环境教育实施指南》正式发布，围绕如何引导学生关注环境问题，正确认识人与自然之间的关系，如何帮助学生获得人与环境和谐相处的知识和技能，养成有益于环境的情感、态度和价值观等宗旨设计了不同层次的教学内容，针对不同年级的学生提出了相应的活动实施建议。创始于1994年的国际生态学校项目

(Eco-School, ES)是当今世界上面向青少年的最大的环境教育项目。截至2012年,参加到生态学校计划的国家有52个,生态学校共计32 156所。上海自2009年正式启动生态学校建设,截至2014年2月,上海共有4批28所学校获得国际生态学校绿旗荣誉。

2. 可持续发展教育

2003年,《联合国可持续发展教育十年(2005—2014年)》正式出台,在全球推进十年计划的形势下,1998年启动的"中国环境、人口与可持续发展教育"于2006年初正式更名为"中国可持续发展教育项目"。上海普陀区教育局自2005年起参与中国可持续发展教育项目的探索与实践,在可持续发展教育课程体系开发、教师专业发展、学校发展和育人理念及成效等诸多方面成为上海地区可持续发展教育的排头兵。实施以"尊重环境、尊重文化、尊重他人、尊重自我"为主要内涵的循环经济、绿色地球、民族文化、多元文化、感恩教育、传统美德教育、生命美育和青春健康等八大课程推进可持续发展教育项目,在全区已有可持续发展教育实验学校31所、示范学校6所。2011年,上海普陀区成为全国第一个获得"中国可持续发展教育国家试验区"的城区。

3. 环保公益组织开展的教育活动

除了国际环境教育基金会(FEE)、可持续发展教育协会(ISC)等国际非政府组织开展的较为系统的环境教育和可持续发展教育项目外,近些年,我国的环保公益组织在社会、学校倡导并实现了多项较有影响力的公益活动。在上海,1999年成立的"上海根与芽青少年活动中心"长期关注青少年环境教育工作,并在上海市各个大中小学发展了100多个"根与芽小组",在环境教育方面做出了自己的特色。2004年成立的"上海绿洲生态保护交流中心"作为新兴的环保团体,也非常重视青少年的生态道德教育,其"上海市青少年生态道德教育"获得过2005年"中国青年丰田环境保护奖"。目前,"绿洲"积极地在青少年中推行可持续发展教育的各种活动。另外,2000年4月成立的"上海市大学生绿色论坛"(2009年更名为"上海大学生环保社团联盟")也是上海环保教育事业当中一支不可忽视的力量。该论坛是由上海高校绿色志愿者组织和相关专业学生志愿者自主发起的一项长期的活动载体,是上海市大学生绿色志愿者进行交流和信息沟通的重要途径。现有成员协会达20个,覆盖了复旦、同济等18所高校,在进行环保教育活动中起到积极的作用。

在过去的30多年的时间里,这些项目和教育方式在世界各地相互交替开展,吸引越来越多的政府和人群关注,并投入环境教育和可持续发展教育事业,不断丰富和发展教育的内容、形式和体系。新时期即将开展的生态文明教育,内涵更加丰富、内容更加广泛，涉及的专业知识更加多样。更重要的是，生态文明教育对教育者的专业素质和综合知识要求更高，不仅需要有理论知识，还需要有实践经验，能组织带领不同层次、不同级别的学生开展生态文明学习和户外考察。因此，我们要了解、熟悉现有与生态文明教育相关的环境教育、可持续发展教育以及其他形式的教育内容，并在此基础上，积极探索符合上海特色、符合青少年特色的教育方法和途径。

(三) 上海各类学校开展相似教育的途径

目前上海生态文明教育在学校教育中的途径，主要分三种形式：基础型课程、拓展型课程和社会实践活动。

1. 基础型课程

作为可持续发展教育的地方教材，《上海市学生民族精神教育指导纲要》和《上海市中小学生生命教育指导纲要》在推进可持续发展教育过程中发挥着重要的作用。在发布《纲要》的同时，教委还发布《上海市中学各学科贯彻民族精神教育和生命教育教学指导意见》，对如何在中小学各门课程中融入这两项专题教育内容，作了极为全面和细致的整体规划和指导。将小学、初中和高中实现纵向衔接，以分层递进的方式开展教育。在《指导意见(试行稿)》(上下册)中，我们可以看到语文、数学、历史、音乐、美术、科学课程中都有强调启发学生发现自然的美、培养人与自然和谐相处、尊重自然、尊重生命和可持续发展观念等生态伦理方面的教育内容。在地理、生物、化学、劳动技术和科学课程中，着重强调启发学生从城市生活的点滴小事做起来保护环境、具备生态危机意识、掌握基础化学物质的环境属性等。概括起来，与生态文明相关的教学内容遍布在各学科的日常教育中。

2. 拓展型课程

2013 年 3 月，印发《上海市中小学 2013 学年度课程计划及其说明》，其中明确规定“根据教育部和国家有关部委的文件精神，在中小学要开设好廉洁教育、生命教育、健康教育(含青春期教育、心理健康教育、预防艾滋病教育和毒品预防教育等)、国防教育、民防教育、民族团结教育、安全教育、法制教育和环境教育等专题教育”。详细梳理小学、初中和高中的课程计划及其说明，会发现在拓展型课程所列每周至少有一个课时的“专题教育或班团队活动”中，环境教育从小学一年级开始就被列入课程计划中，并一直延续到高二。这说明，在上海，从小学到高中，几乎各个年级都要求开设与环境教育相关的学习内容。就目前该课程计划的落实情况来看，一些做得较好的学校会给学生配备专门的环保教师，并计算其工作量，纳入地理学科中评定职称。但也有学校为提高升学率而用主课挤占“副课”时间，便很少开设此类专题课程。

3. 社会实践活动

在上海青少年学生的课外实践活动中，以环保为主题，或是与环保相关的实践项目十分丰富，有不少学校还有学生环保社团。经过调查，这些学校组织学生开展的实践活动都有以下几点共通之处：一是学校领导的重视和大力扶持，如每年都会给予学生环保活动固定的经费支持；二是明确岗位和抓手，设立专门的指导教师岗位并明确其工作量，如科技总辅导员负责带教学生、校团委书记主管学生环保社团、环保教师主管科技实践项目，各司其职又相互配合；三是以科技创新大赛、全国文明单位评比等契机推进校园生态环境的软件、硬件建设，实现资源的优化配置；四是积极获取社会方方面面的资源，为学生环保实践活动创造机会和平台。

四、相关对策与建议

1. 注重学生认知、体验与实践相结合

养成教育的发展路径需要在实践中不断探索。针对学生对生态文明微观知识的理解明显优于宏观抽象概念的特点和现状，青少年学生生态文明观的培养应坚持遵守认知、体验与实践相结合的原则。生态文明观的形成与学生的学习和生活密不可分，要全面理解生态文明观，就需将认知、体验与实践有机结合。对生态文明观的理论进行系统的学习，从整体宏观出发，系统性地把握生态文明观的深刻含义。通过课堂教学，使学生系统地学习与生态文明观相关的基础理论知识，增强对生态文明观的全面认识和了解。通过多种教育形式，使学生多渠道感悟体会生态文明观的现实意义，理解其深刻含义和价值，将生态文明观内化为自觉的行为准则。通过社会实践，使学生学会运用生态文明观的相关理论指导实践，融入社会，在日常生活和社会交往过程中认知和体验，在认知和体验过程中又不断反思，进而转化为主动的实践。而实践过程又可以反过来指导理论学习，从而使每个环节之间有机结合。由此进入“由实践到理论，由理论到实践”的良性循环，积极主动地参与到生态文明建设的行列之中。

学校不仅要在课堂上教授学生的应知应会，更要注重开辟“第二课堂”，为学生提供更多的实践机会，鼓励和支持他们参与相关主题的社会实践，引导学生组建环保社团或组织各类实践活动，走出学校、走近社会。例如，上海的中小学，尤其是高校环保社团数量众多。在这些社团的带领下，很多学生纷纷加入并不断传递着环保理念，一方面发挥着同学之间的朋辈引领作用，另一方面对上海非官方环保组织的发展有着积极的促进作用。同时，学生利用假期自我组织的社会实践项目，纷纷将目光聚焦于中西部地区的资源开发、经济转型、城镇建设等领域，为学生近距离了解祖国各地的基本情况提供了很好的平台和机会。学生志愿前往各类基层单位和偏远地区挂职锻炼、支边支教等活动，也对学生走进农村、走近社会开辟了途径。这些活动充分调动了学生志愿服务、自觉奉献的积极性。将第一课堂与第二课堂有机结合，开展了丰富的生态活动体验式教育。

2. 鼓励多方联动、拓展各方资源

未来的教育模式应该在形式上更加开放，在内容上更加丰富，在方法上更加多样。政府要积极拓展教育资源，营造良好的合作氛围，搭建学校、环保公益组织、企业、社区合作的平台与空间，鼓励和引导他们相互联手，多方位多渠道开展青少年的生态文明教育活动。同时，政府需要建立相应的机制，保障来自各个领域的生态文明建设者有效参与决策过程，为社会各界支持、配合教育部门和学校开展青少年学生生态文明教育创造良好的体制环境。具体而言，可以包括以下几个方面：一是为学校整合政府部门的资源；二是加强学校与社会组织的合作；三是发挥网络媒体的力量。

(1) 在政府层面，教育、环保部门联手。

生态文明建设是涉及多方责任和利益的系统工程，生态文明教育要求我们必须正视这样的问题并设法解决，这或许需要国家政策层面的推动，但上海也可以积极探索。自2013年5月以来，国家环保部就提出生态文明教育的具体要求。如2013年5月23日发布的《国家生态文明建设试点示范区指标(试行)》第25、26条分别规定："生态文明知识普及率大于等于25%"、"生态环境教育课时比例大于等于10%"。2014年4月，《中华人民共和国环保法修正案》增加"教育行政部门、学校应当将环境保护知识纳入学校教育内容，培养学生的环境保护意识"。可见，把生态环境教育工作纳入各级政府的年度目标考核体系，做到统一谋划、统一部署、统一考核、整体推进，把软指标变成硬任务，已经是一种趋势和必然。显然，由环境保护部门来倡导的教育措施或规范，必须得到教育管理部门的配合与支持。由教育管理部门出面牵头制定的措施和规范应该更能符合学校的实际情况，更能抓住学生的特点。因此，教育部门应积极制定相关政策，强调和突出生态文明建设在学校工作中的重要位置，并结合实际，制定生态文明教育的规划与具体的落实计划。充分发挥教育部门和环保部门的双重优势，整合优质资源，共同探索和投入生态文明教育的师资、队伍和教材建设。

(2) 在学校层面，加强学校与家庭、社区、企业联动。

生态文明建设是一项长期的系统工程，需要全社会的共同参与、协调配合、整体联动。上海市青少年学生生态文明观的培养不能只局限于学校，而应做到学校、社区与企业教育相结合。社区是上海无数家庭细胞的承载体，也是上海开展各类基础文明建设的重要抓手，社区里的各家各户都是上海社会的基本单元，是学生个体道德观、价值理念养成的第一课堂。例如，一些中小学生会利用专题教育活动时间，有组织地定期、定点到社区参加志愿劳动服务和环保宣传。再比如，我国民间环保组织“自然之友”组织的“春泥行动”——厨余堆肥志愿家庭招募活动，让学员把课堂上学到的堆肥技术与社区家庭生活相结合，培养学生在日常生活中的生态环保常识。上海中小学学生基本遵循的是“就近入学”原则，这为学校与社区之间的有效互动创造了最佳的条件。学校组织学生走进社区，让学生参与社区的生态环保建设，再由社区带动家庭，由家庭带动更多的孩子。这些孩子入学后，会更加积极主动地开始上述新一轮的循环，由此良性循环，不断螺旋上升。

在企业方面，早在2007年，上海宝钢股份即获得我国生态学会授予的首个企业生态园区示范基地称号。这些年来，已有许多学生到宝钢参观过他们绿地上的梅花鹿和孔雀。当然，企业在生态文明教育中的作用远不止限于蜻蜓点水式的参观和考察，更多的是与学校之间形成产学研合作，促进人才的培养，形成人才输送的良性机制。如2012年12月，上海城投公司和同济大学携手，共同将青草沙、白龙港和老港打造成为国内外产学研合作、人才培养、节能减排及生态文明建设的示范基地，同时，双方还将以水务板块和环境板块为试点，合作培养“卓越工程师”，为企业输送人才，为高校提供教学实践基地，为科研成果提供实证和转化的应用机会。

(3) 充分发挥网络媒体的积极作用。

在我国，30岁以下的互联网网民占网民总数的54%，从中国网民的学历结构上看，高中、中专技校文化水平以下的网民占到网民总数的79.8%，其中中小学和初中文化水平的网民占网民总数的47.5%，这个庞大的群体今天几乎被涵盖在国家基础教育的范围内，青少年已成为我国网民的主流群体。他们在网络中不断获得信息，通过网络彼此有着非常紧密的联系，这种联系往往还会不断创造甚至引领各类网络信息的发展和转变。要充分利用新媒体平台吸引青少年学生关注生态文明问题，如北京地球村、自然之友都有以各自名称注册的微博，北京地球村的发起人和管理者廖晓义女士也有自己私人的微博。同时，随着“幕课”的推广和普及，我国“幕课”中也有一些关于生态环境类的课程，如CCTV中学生频道好学网的高二生物—生态工程，网易公开课里加利福尼亚大学尔湾分校的公开课“环境心理学”，福建农林大学的“生态文明：撑起美丽中国梦”，河海大学的“当今环境热点问题”，爱课程里北京师范大学的环境科学概论。但到目前为止，这些课程都尚未跻身热门课程之列。因此，我们需要进一步开发和探索，通过充分发挥新兴媒体开放性、交互性、平等性的优势，搭建学生表达意愿、交流思想、分享经验、相互借鉴的平台，促进和加强拥有相同兴趣爱好的青少年和老师之间的沟通，增强生态文明网络教育的吸引力；通过实现广电、电信、移动等多网络运行，电脑、手机、电视等多终端覆盖，文字、图片、视频、音频等全媒体呈现，扩大生态环境教育的覆盖面和影响力。

3. 结合学生自身年龄特点确立相应的教育主题

(1) 在幼儿园及小学教育中强调“走近自然、感受自然”。

早期儿童教育中的生态文明观培养，其教育内容主要以培养儿童与自然之间的情感为主。在教育方式上，多以游戏为主。例如，与家人一起在草地里挖荠菜，夏天伴着知了的叫声乘凉，和伙伴们一同用泥巴和沙土搭建泥房子，一个人静静地观察蚂蚁或蚯蚓的爬行……这种与自然界各种植物、动物的近距离接触，会使人们还在孩童时代就具备一种自己是与自然界的一切相互平等、共生的感觉，从而形成一种潜意识，使人们在面对自然被伤害的时候感到伤心和难过。增加学生与自然接触的时间和机会，每天设置专门的课外活动时间，在老师的带领下开展游戏。还可以在有纪念意义的时间，如世界环境日，专门组织学生开展生态环保活动。当今最受推崇的自然教育家约瑟夫·克奈尔的经典力作——《与孩子共享自然》，被称为“自然教育圣经”，书里集录了作者多年来在辅导孩子“体验自然”的过程中收集和创作的50个游戏。这些游戏除了用充满创造力的方式讲述生态学知识外，还能让人们充分体会在自然中的喜悦、宁静，培养人们对周围世界的爱和尊重，有助于帮助各种性格的孩子以及大人开启心扉，接近自然、感受自然。

(2) 在中学教育中强调“认识自然、了解自己”。

通过分析问卷结果可以发现，初高中生相比较大学生而言，对人与自然关系的认识普遍还比较模糊。因此，中学时期的生态文明观的培养，其教育内容以积累生态环保知识和树立正确的生态伦理观为主，其教育方式以同学自发组织参与的实践项目为主。学生通过课堂学习，逐渐掌握自然演化规律、知晓各种环境要素变化常识。经过知识积累，老师、课外活动的启发，或是突发生态环保类事件的刺激，他们对自然的认识会经历从量变到质变的过程，进而认识和理解自然与人类、自然与自己、自己与他人之间的关系。因此，可以尝试设计开展与此相关的教育活动。由于目前我国中学生的课业压力已非常大，所以不宜在课程里单独设置或添加相关课程，而应以同学自发组织参与的项目式实践活动为依托,促进学生环保习惯和生态文明理念的形成。对中学生而言,同龄人之间的启示和榜样作用往往比家长、教师更为直接和有效。如果一个班级里有几位热心公益或积极参与环保实践活动的同学,那么这个班级其他的同学也会在不知不觉中关注和参与此类活动,并由此形成一个颇具规模的团队;同时,学生之间在微信群、微博、人人网等新媒体上分享的个人状态或经历介绍,往往会使同学之间在短时间里迅速达成意见的趋同,并争相参与其中。这往往比校方或官方出面主办的活动更具影响力和渗透力。

(3) 在大学教育中强调"融入自然、走近社会"。

问卷结果显示,对环保法等政策类问题,本科及研究生中选择"会关注"的比例大于初、高中学生。因此,在教育内容上,大学时期的生态文明观教育,主要是引导大学生实现与自然和谐相处、了解生态文明的公共政策,参与生态文明建设。在教育方式上,大学生相比较中小学生而言,价值观已基本稳定,通过校园整体氛围的感染带领和专业课程的讲授,可以全面提升他们的综合素质。

优美的校园环境能够让学生体会到人与自然和谐相处的幸福感,可以充分发挥良好生态环境的美育功能的作用。通过在学校里倡导环保绿色的生活方式,注重节能减排,节水,节电,节约教具、文具,实行垃圾分类回收,逐渐培养学生珍惜资源、爱护自然的行为习惯。让美好的校园环境感染熏陶每一位即将踏入社会的学子,从他们身上向社会传递出更多和谐的元素和符号。

发挥高校教学科研优势,开设跨学科课程。将生态学、环境学、建筑学等理工科与哲学、社会学、公共政策学等人文社会学科资源相互结合,加强生态环境方面的教学研究力度、生态文明教育师资队伍建设,在学生自我教育以及社会环保公益实践等方面形成共识。高校不仅能够研究调查生态文明相关的问题,同时还可以为学生尤其是具备良好科研素质的学生提供与企业、社会,乃至国际地区和城市相互交流的平台。这可以为学生在未来的就业或创业中更好地传播生态文明知识、参与生态文明建设提供巨大的推动力。

第七章　结语:改革路上青年在成长

党的十八届三中全会作出了全面深化改革的战略决策,对经济、政治、文化、社会、生态、国防、党的建设等方方面面的改革绘出了蓝图、提出了任务。全面深化改革是中国的最大红利,是决定未来中国发展的关键一步,也是决定实现“两个一百年”奋斗目标、实现中华民族伟大复兴“中国梦”的关键一步。当前,全面深化改革已经成为当代青年成长成才的时代背景,影响和决定着青年未来的全面发展。与此同时,青年始终是走在时代前列的先锋群体,是推动社会变革、发展与进步的突击队和有生力量。全面深化改革的时代呼唤着青年,离不开青年的创新创造。正可谓改革召唤青年、青年成就梦想!

一、青年是推进全面深化改革的生力军

近百年来,从倡导思想解放的五四运动,到推动全民抗日的“一二九”运动,从社会主义建设时期踊跃参与“青年突击队”,到改革开放后率先发出“团结起来、振兴中华”的时代强音,再到新世纪“青年志愿者”成为引领社会文明、促进社会建设的新风尚……青年始终是社会中一支活跃的、有生气的力量,一代又一代青年用实际行动担当起历史使命、创造出无愧于时代的业绩。“五四”运动以来一代代青年跟着党投身革命、建设、改革的生动历史和实践说明,青年一直是推动时代前进、推动社会变革的突击队和骨干力量。如今,历史的接力棒已经传递到当代青年手上,深化改革的时代重任已经落在当代青年的肩头,从现在起到21世纪中叶,正是广大青年在校学习和走向社会工作实践的人生黄金阶段。这代青年注定是新一轮改革开放的见证者受益者,也必定是新一轮改革开放的实践者弄潮者。他们的青春历史性地与实现两个“百年目标”紧密结合在一起,振奋人心的“中国梦”,激励着青年为之努力、为之拼搏、为之奋斗。

作为改革开放排头兵和科学发展先行者,上海正在全力推进社会主义现代

化国际大都市建设,“创新驱动发展,经济转型升级”以及中国(上海)自由贸易试验区等全面深化改革举措的实施,为当代上海青年成长进步、施展才华、建功立业提供了难得的历史性机遇。在建设社会主义现代化国际大都市、实现中华民族伟大复兴的“中国梦”的历史进程中,广大青年把个人追求与时代要求融为一体,将中国特色社会主义的道路自信、理论自信、制度自信转化为实践上的自觉、行动上的自强,向全社会传递昂扬向上的青春“正能量”。在“中国梦”的激励和感召下,当代青年活力迸发、智慧涌流,踊跃投身社会主义市场经济、民主政治、先进文化、和谐社会、生态文明建设中,努力成为推进全面深化改革的生力军和骨干力量。

经济改革领域。当代青年围绕上海创新驱动、转型升级以及自贸试验区建设、产业结构调整的重大部署,争做创新创造的追求者、创业发展的开拓者、创优增效的引领者。面向经济建设主战场,广大青年成为推动经济改革发展的生力军。他们密切联系新知识新技术的运用,积极参与“科技启明星”、“挑战杯”、“创新,我们在行动”、青少年科技创新市长奖等科技项目,不断培育自己的创新思维和创新能力;他们聚焦追踪新经济、新业态、新商业模式的发展潮流,力求把创新延伸到新兴产业领域、网络虚拟领域;他们围绕重大工程、核心技术和关键项目,不怕困难、敢想敢试,不断增强创新精神、投身创新实践。在共青团组织的引导帮助下,不少青年树立“创业改变生活,奋斗成就梦想”的理念,抓住国家鼓励创业、支持创新的机遇,转变择业就业观念,利用自身所长,创办小微企业、科技企业,走上了创业之路,更多的青年积极参加“青春耀浦江,建功大上海”青年突击队、青年工程立功竞赛,围绕“青年岗位建功行动”,深入开展“号、手、队、岗”活动,不断提升岗位技能,争先创优,立足本职工作建功成才。

政治建设领域。全面深化改革实现中华民族伟大复兴“中国梦”宏伟奋斗目标的提出,激发了广大青年的政治认同,唤起了他们政治参与的热情。在坚持中国特色社会主义道路、全面深化改革、实现中华民族伟大复兴的“中国梦”的历史进程中,当代青年尤其党团员青年普遍自觉地将“中国梦”作为自己个人梦想的主题,作为自己人生追求的崇高目标,把个人的成长与国家的发展、人民的利益紧密相连,用自己的“青春梦”托举起“中国梦”,在实现中华民族伟大复兴中放飞青春梦想、贡献青春力量。当代青年具有较强的民主意识、公民责任意识,他们普遍关注贪污腐败、食药安全、社会保障、环境污染、社会稳定等公共事务,借助网络新媒体、民主协商等各种途径,以自己特有的方式参与介入公共政策的制定和社会政治的运作,虽然有时情绪过火,利益表达过激,但其政治参与总体上务实而理性。他们积极参加“青春梦·中国梦”五四主题集会,开展

"与信仰对话"、"与人生对话"、"彩虹人生"、"青年看全会·理论与实践的对话"、"追梦之旅"、"为你圆梦"等系列活动,并以实际行动响应"青春建功中国梦"的号召。在不断观察思考、体验实践的政治参与中,当代青年坚定了对中国特色社会主义道路、中国特色社会主义理论体系、中国特色社会主义制度的自信。他们关注改革、理解改革、支持改革,实现国家富强、人民幸福的"中国梦"成为他们共同的理想追求。

文化发展领域。近代以来,上海得开放风气之先,西学东渐、在欧风美雨浸染之下,现代工商业渐次兴起,市场法律制度日臻完善,迅速从一个封闭落后的封建小城一跃而为20世纪上半叶世人瞩目的国际化大都市,全国的莘莘学子、学界名流、文艺精英乃至世界各国的文化人才纷纷汇聚于此,求学学艺、切磋交流、开山立派……五方杂处、华洋并存、古今交融的开放宽松文化环境与氛围,孕育出熠熠生辉的海派文化,占据了全国文化的半壁江山。今天,江南传统文化与西方现代文明交汇所产生的海派文化,其包容创新的精神在当代青年中继续传承,并且发扬光大。全面深化改革中的上海是座充满活力的社会主义现代化国际大都市,其日新月异的城市发展、开放包容的城市文化、追求卓越的城市精神,吸引着来自五湖四海、四面八方有志于创新创造的青年才俊,包括文化"海漂"在内的无数新上海青年,正在为上海的创意文化和文化产业发展,为新海派文化的铸造发挥贡献着青春力量。与此同时,当代上海青年认同中华优秀传统文化,自觉弘扬践行社会主义核心价值观,积极投身城市文明新约、青年风尚节、阅读推广计划、大学生"日行万步"等系列青少年群众文化活动,使"深阅读、雅志趣、简生活"的理念深入人心,形成多元异质又极富青春活力的青年文化,丰富了上海城市精神的内涵,为上海的城市文化生活增添健康向上的青春正能量。通过形式多样的活动载体,广大青年了解了中华民族灿烂的文明,继承和发扬传统美德,增强了民族自尊心、自信心和自豪感。

社会治理领域。党的十八届三中全会明确了推进国家治理体系和治理能力现代化的新目标,对中国特色社会主义制度建设提出更高要求。上海作为改革开放排头兵和科学发展先行者,在社会建设改革领域较早开始"党委领导、政府负责、社会协同、公众参与",从社会管理转向社会治理的实践探索。21世纪以来,随着上海经济社会进入转型发展期,当代上海青年的主体性得到空前释放,青年的流动性和自组织性不断加强,大批青年自组织借助于网络新媒体如雨后春笋般涌现。或官方、或民间、或现实、或虚拟,青年社会参与的方式也日益呈现多途径、多样化的新变化,日益成为参与社会治理、社会建设的重要力量。街道居委活跃着大学生"小巷总理"忙碌的身影。扶贫助弱、环保科普等志愿服务活动中,“小白菜”携手“小青菜”弘扬志愿奉献精神;在“为孩子·留下爱”青年风尚节主题活动中,数千名青年社会组织的青年志愿者,以一场声势浩大的“创意劝募秀”传播公益慈善的社会理念。青年的社会治理参与是一个社会文明素养的风向标。当代青年主动积极的社会治理参与和公益行动彰显着上海这座城市的道德水准、精神风貌和治理水平。

生态保护领域。青年是祖国的未来,民族的希望。当代青年的生态保护理念、生态法制意识以及生态文明观、生态文明行为直接关系到国家的生态文明建设、美丽中国的永续发展,也同样关系到上海“营造生态宜居绿色家园”、“塑造时尚美丽国际文化大都市”。近些年来,在共青团组织的引领下,广大青年先后开展了“美丽上海、青春同行”,保护母亲河,植树护绿,水域文明行等活动,积极参加长三角区域大气污染防治、重点区域环境综合整治等工作,同时参与节能减排行动,推广清洁能源技术使用,自觉抵制高能耗、高排放产品和过度包装商品,践行绿色消费理念,实施“光盘行动”。通过这些我们可以看到,当代青年是生态环境保护的生力军,是上海生态文明建设的积极倡导者和身体力行的参与者。他们秉持“以人为本”和“绿色生活”理念,关心关注生态环保政策法律的贯彻落实,真心赞成认同生态文明教育,热心从事生态文明公益服务,广泛参与资源节约型、环境友好型城市建设,努力让上海的天更蓝、水更清、景更美。

事实证明,青年是值得信赖的一代,是可靠的一代,是在全面深化改革中大有可为、大有作为的一代,他们将会成为推进上海“创新驱动发展、经济转型升级”的全面深化改革,建设社会主义现代化国际大都市的突击队和生力军。

二、在全面深化改革中成就青年的梦想

深化改革、扩大开放正前所未有地影响着这个时代,也前所未有地影响着当代青年。在全球化、信息化浪潮下,青年与世界的交流从未如此深入,青年与时尚的互动从未如此炫目,青年与多元观念的碰撞从未如此激烈,青年对幸福生活的追求从未如此执着。与此同时,在社会问题青年化、青年问题社会化不断加深的趋势下,当代青年在对成长得更好、工作得更好、生活得更好的向往与追求中,也存在着诸多“成长的烦恼”,承受着较大的生存发展压力。作为社会中最积极、最活跃、最有生气的力量,作为全面深化改革的生力军和骨干力量,当代青年的健康成长需要党和政府、社会各界尤其共青团组织的共同关注、关心、关爱。

第一,要进一步引导当代青年坚定中国特色社会主义理想信念和社会主义核心价值观,把个人梦与“中国梦”有机结合起来,用青春梦托起“中国梦”,在实

现"中国梦"的过程中锻炼成才,实现自身的全面发展。

当前,在经济全球化的大背景下,西方发达资本主义国家以其强大的科技和经济实力,向我国推行文化霸权主义和文化殖民主义;国内转型期各种社会矛盾频发,各种纷繁复杂的社会思潮扑面而来,加之后现代文化的传入与大众文化的勃兴,导致部分青年身上不同程度地出现信仰迷茫、精神迷惑、理性思维缺失、国家和民族意识弱化的现象。他们一方面对贪污腐败、社会不公、贫富分化等社会痼疾心怀愤懑,迫切希望全面深化改革的推进,尽快改变"理想很丰满,现实很骨感"的不良社会环境;另一方面却又对契机正在显现、空间正在释放的改革浪潮无感,置身于深化改革之外,面对改革畏手畏脚,甘当看客,甚至自我孤立、自我边缘、自我异化,坐等改革红利的降临,幻想个人理想的实现。这是不切合实际的空想和懒汉作为。事实上,全面深化改革中不论是打破户籍壁垒还是改革考试招生制度,不论是深入反腐还是简政放权,每项改革举措都与每个青年的切身利益相关,都需要拥有冲破思想观念障碍、拆除利益固化藩篱的智慧和担当。

党的十八大报告指出:"中国特色社会主义事业是面向未来的事业,需要一代又一代有志青年接续奋斗。"青年个人梦想的确立是个人生活实践感悟与外在社会引领相互作用的过程,个人梦想的实现更是个人努力与社会发展需求相适应的结果。作为建设中国特色社会主义事业承前启后、继往开来的一代,当代青年个人的前途和命运与国家、民族的前途和命运紧密相连,实现中华民族伟大复兴的接力棒已经交到当代青年手上。在全面深化改革的今天,当代青年应当是倡导中国特色社会主义理想信念和社会主义核心价值观的先锋队,引领改革风气之先的社会先导力量。我们要引导广大青年深入领会全面深化改革的历史重大任务,深刻认识自己在全面深化改革中的时代责任,自觉树立和坚持崇高的理想信念,解放思想,实事求是,理性全面看待改革带来的利益调整以及与青年密切相关的改革举措,要将个人发展与国家需要紧密结合起来,将个人梦想与"中国梦"紧密结合起来,心怀国家和人民,不畏艰难,锐意进取,为祖国和人民建功立业,在报效国家的过程中成就事业、成就个人理想。

习近平总书记曾经指出:"青年一代有理想、有担当,国家就有前途,民族就有希望,实现我们的发展目标就有源源不断的强大力量。"面对伟大改革时代的召唤,当代青年要自觉树立主体意识,全面领会和正确把握深化改革与"中国梦"的内涵,坚持道路自信、理论自信、制度自信,拥护和支持全面深化改革伟大事业。当代青年要具有责任的意识和勇于担当的精神,自觉地把个人成才和国家发展、社会进步联系在一起,养成大局意识和理性智慧,接过前人传过的接力棒,肩负起时代赋予的历史使命,怀揣梦想,大步前行,走在改革前列,勇做改革先锋,努力成为最具创新精神、最富改革活力的强大力量,为推进全面深化改革、实现中华民族伟大复兴的“中国梦”,为上海的“创新驱动发展、经济转型升级”和社会主义现代化国际大都市建设奉献青春、贡献力量。

第二,要在上海“创新驱动发展、经济转型升级”的全面深化改革中,为当代青年提供更多更好的成长机会,搭建更为宽广的发展平台,帮助广大青年成就青春梦想。

如前所述,上海自由贸易区建设、城乡一体化融合协调发展、文化教育体制改革、司法体制改革、国有企业改革以及民生改善和社会治理、基层建设等为上海青年成长进步、施展才华、建功立业提供了难得的历史性机遇。广大青年对上海的创新驱动发展、全面深化改革也充满了信心和期待,超过七成(72.3%)的青年赞成当代青年是推动全面深化改革的中坚力量,充分显示了当代青年进取意识和责任担当意识。但与此同时,我们也要清醒地看到,青年在支持改革、拥护改革、投身改革,成就自己青春梦想的过程中,面临着诸多主客观方面的障碍和困难,需要社会各种力量的扶持帮助,尤其需要共青团组织助其一臂之力。

创业就业方面。上海自由贸易区的创设和互联网经济的迅猛发展在改变青年的消费模式、生活方式的同时,更为青年的就业创业、职业发展提供了良好机遇和广阔空间。上海自由贸易区青年人才需求量大、就业岗位多,自贸区的金融开放改革、政府职能现代性转变,将降低青年创业的门槛和风险。同样,互联网经济的迅猛发展也为青年的就业创业创造了前所未有的便利条件。然而,研究表明,上海自由贸易区的人才需求结构偏向于高端型、复合型人才,符合需求的青年人才并不多。青年创业的机遇条件虽好,但青年创业的意愿却不强,仅有两成不到的青年愿意创业。究其原因,既有青年创业通常面临的资金不足、创业计划不完备、创业团队不成熟等问题,更有当代上海青年较为缺乏创新创业精神的问题。当代上海青年多为独生子女,从小学习生活环境优越,成长过程中受多种因素影响形成了理性务实的人生价值观,养成了精明实惠、循规中矩的“白领”人格,具有这种人格的青年普遍缺少敢为天下先的魄力,冒险尝试的胆识以及敢想敢干、不断创造的勇气。

为此,要积极培养和强化青年的创业精神和创业观念,促使青年创业文化的形成。要完善创业导师制度,通过青年创业国家计划(YBC)、青年创业导师团等载体,搭建引导创业成功人士与创业青年对接辅导的平台,帮助青年选准创业项目,努力培育那些具有市场价值、发展潜力巨大、符合青年实际的创业项目,提高青年创业成功率。同时,要强化金融扶持,优化小额贷款,拓展与金融机构的合作，进一步探索青年创新担保方式，适时推出青年专属信贷产品和金融服务，提高贷款发放的针对性和覆盖面。此外，要以青年创业孵化园建设为中心构建青年创业的综合性服务平台，为创业青年提供政策优惠、辅导咨询、投资融资等链条式服务，进一步优化青年的创业环境。

政治自信和政治参与方面。过去，以GDP为导向的粗放式快速经济增长使社会贫富分化加剧、城乡区域发展不平衡、贪污腐败盛行、环境污染严重，各种社会矛盾和社会问题日益突出，也使广大青年尤其弱势青年未能充分分享经济社会改革发展的成果，社会问题青年化、青年问题社会化的趋势愈益明显。住房、就业、教育等青年民生问题与困难，社会阶层利益的固化，阻碍青年向上的社会流动，让青年感到身心压力巨大，对现实和未来产生困惑与迷茫，在青年政治认同和政治参与上表现出一些值得注意的倾向。在政治自信上，有些青年对西方的宪政民主给予了较高的认同，有些青年认为中国的政治体制不改变，中国的前途始终令人担忧，还有些青年认为“中国梦”与自己关系不大。在政治参与上，当代青年的政治参与意愿虽较强烈，但多立足于个人利益与喜好，政治参与呈现功利化、情绪化倾向，而网络新媒体的介入使一些青年的政治参与呈现无序化、非理性化。此外，部分青年尤其弱势青年中政治疏离、政治参与冷漠现象较为突出。

为了引导帮助广大青年更好地成长，更好地实现青春梦想，我们需要进一步对青年进行“中国梦”为主题的理想信念教育，社会主义核心价值观为核心的“三观”教育，要以抓铁留痕的精神，坚持不懈地帮助引导当代青年树立正确的理想信念观、人生价值观，巩固加强青年对中国特色社会主义的道路自信、理论自信、制度自信。同时要切实关注和解决青年群体的民生利益诉求，注意引导青年理性有序地参与政治，积极有效地应对青年的组织化、网络化政治参与，不断提高青年参政议政的水平与能力。更为重要的是，要深化政治体制改革，大力推进协商民主制度和法治中国建设，为青年参政议政提供更为开放、透明的制度性渠道与空间，提供更多公正、公平、公开的政治实践机会。

传统文化传承与海派文化创新方面。中华优秀传统文化是中华民族的精神命脉，培育和弘扬社会主义核心价值观必须立足中华优秀传统文化。当代青年接触、了解中华优秀传统文化，对于提高青年的人文素养和思想道德境界，激发爱国主义情感，增强民族自尊心和自信心都具有重要作用。当代青年普遍认识到传统文化的重要价值与作用，但对于传统优秀文化的精髓学习不够，涉入不深，在传统优秀文化的传承上存在知行不一、形式主义、跟风炒作、娱乐作秀等现象，在青年中传播弘扬优秀传统文化的有效载体和方法也有所欠缺。为此,我们要充分挖掘中华传统文化中蕴含的丰富思想道德资源,尤其要把其中具有当代价值的文化精神弘扬起来,要注重传统文化传播载体的创新,大力开发富有地方特色、体现青年特征、适应青年需求的优秀传统文化产品,灵活运用动漫、精品讲座、电视节目、微电影等多种艺术形式在潜移默化中影响青年。同时要重视开展体验式、参与式的传统文化传承活动和项目,如中华古诗词大赛、汉字书写大赛、古诗词朗诵比赛等,通过青年喜闻乐见的途径方式使优秀传统文化真正在青年中入脑、入心、入行。

上海历来是中西文化交融之地,吸纳国内外优秀文化成果,传承和发扬上海文化特色,创新和打造新海派文化,是全面深化改革、建设社会主义现代化国际大都市的题中应有之义。来自海内外聚集于上海从事各种文化创意和文化产业的"海漂"们,正是这样一群为了创新海派文化、提升上海文化软实力而努力的人。与纽约、伦敦、东京、北京等国际大都市相比,上海目前的文化产业无论是在创意产品、产业业态、产业环境,还是在产业人才、产业政策等方面都存在较大差距。就文化"海漂"而言,他们的工作环境虽然较为自由,但工作强度和压力非常大,工作节奏快,工作空间狭小。各行业、各领域间缺乏交流、资源整合不足,影响"海漂"的文化产品原创,而政府对中小文化企业的支持力度不足,管控限制较多,这些都不利于上海文化产业的创新发展。对此,我们要进一步关注"海漂"群体,了解他们的群体规模、分布特点、利益诉求与思想动态等情况,致力于培育一个富有活力的"海漂"群体。要在社会主义核心价值观引领下,为从事文化创意的"海漂"创造更为宽松、包容的文化环境与氛围,尊重和支持他们的原创,使他们的文化创造力得到充分施展。同时,要为从事文化产业和文化事业的"海漂"搭建理念、资源、人才交往互动的平台,制定出台相关政策法规,建立相关基金会,支持鼓励中小文化产业的发展,真正让市场机制在上海文化的改革发展中起到决定性作用,使"海漂"们自觉自愿地为上海创意文化和文化产业发展注入更多青春力量,为提升上海文化软实力多作贡献。

社区治理参与和社会阶层认同方面。青年参与社区治理对于青年的自身社会化以及社会组织的构建具有重大意义。当前,"复合治理"和"参与治理"是"社区治理"理念的内核和行动策略的双轨。然而,当代青年在社区层面的"参与不足"影响了参与治理的实现,进而使复合治理也面临结构性倾斜的危机。因此,让青年参与到社区共同体中来,成为让社区从"管理"到"治理"转变的关键。提高青年的参与意愿和能力,可以通过提供面向青年有针对性的社区服务,增强青年的社区认同感,拓宽更新青年社区治理参与渠道等方式进行,以达到充分发挥青年在社区治理、社会建设中生力军的作用。就共青团组织而言,要充分发挥自身在青年社会参与中的枢纽作用，通过培育、动员青年社会组织，推动青年参与社区治理。一方面要积极发现、联系、孵化、培育青年社会组织，探索设立孵育基金和孵化基地，推动形成一批功能明确、运转高效的公益性青年社会组织，以此吸引带动青年参与社会建设、社区治理；另一方面要依托网络空间建设好线上组织动员青年的平台，各类青年社会组织藉此可以发布自己的活动、项目，吸引青年参与，实现组织者与社区治理参与者、志愿者的精准匹配和即时对接等。

社会转型发展时期青年的弱势感普遍存在，解决这一问题对于社会稳定发展、深化改革顺利推进具有重要作用。研究表明，弱势青年因压力突增、群体同质性、空间集中性和优势新媒体技术，他们的弱势感受更易体验、更易感染、更易传播，从而导致弱势情绪共同体的更快形成。收入差距的相对剥夺感、社会比较中的不公平感、面对权力寻租的无助感、社会保障乏力的不安全感、梦想与现实巨大落差的失落感等比较偏差和被剥夺类原因是造成青年弱势感的主要原因。消解青年的弱势感既要靠青年自己树立自信，努力奋斗，也要靠外界的情感支持、公正制度的建立以及社会心理的建设。作为青年利益的代言人和维护者，共青团组织面对弱势感青年、城市边缘青年如“蚁族”、“文化海漂”等弱势青年群体应有所作为，要关注上述城市边缘青年群体的生存状况，走入他们的生活空间，加强沟通联系，帮助职业发展，促进社会融入，帮助他们形成合理就业预期，树立积极的人生导向，努力成为他们想得起、找得到、靠得住的力量。

生态法治意识与生态文明教育方面。当代青年对于环境保护的重要性有着清醒的认识，普遍支持赞同生态文明建设。与此同时青年对于环保政策法律制度的知晓度、认同度存在群体差异，党团员青年、领导层、管理层、体制内单位青年相对其他青年群体对生态环保的政策法律制度知晓度较高，相应的认同度也较高。大多数青年人积极响应政府的各项环保政策，遵守各项法律法规，主动地参与环境保护，但他们对政府在环保政策落实方面的工作不是很满意。要想进一步提高青年的环保法制观，使他们切实提高遵守环保政策法规的主动性和自觉性，需要进一步贯彻落实党的十八届四中全会依法治国的精神，切实在生态环保领域依法办事，全面树立法律权威，同时要广泛开展社会合作，注重环保政策法规实施的细化，完善与改进青少年环保政策法律教育宣传的方式方法。

青少年的生态文明观现状及其未来发展和变化会对国家生态文明建设状况起到决定性作用。因此，面向青少年学生开展生态文明观养成教育显得尤为重要。现有的青少年学生的生态文明养成教育已经取得一些成绩，但是在制度建构、政策保障、行为规范规训和良好习惯养成等诸多方面仍有需要继续改进和完善之处。为了保证青少年生态文明观养成教育的可持续性和有效性，青少年生态文明观养成教育需要科学的思想指导和明晰的理念贯穿，这种指导思想和理念是在党中央有关生态文明建设的精神指导下形成的教育活动理念，这种理念的凝练应该是一个随着教育实践活动不断进展而逐步明晰的过程。在教育理念明确的过程中，需要重视相关的制度建构和政策生成。仅仅有正确理念指导是不够的，还需要有良好的制度保障和政策支撑，包括政策之间的成龙配套，才能保证一整套的工作举措持续有效地实施和开展。更重要的是，需要通过构建必要的活动仪式，训练青少年形成良好的生态文明生活习惯，只有当生态文明观内化为人们的自觉行动时，有关生态文明观养成教育才算真正实现了有效性目标。

改革的号角已经吹响，改革的航船已经起航，改革路上青年正在成长。我们“为青年实践创新搭建更广阔的舞台，为青年塑造人生提供更丰富的机会，为青年建功立业创造更有利的条件”，青年一定会“坚定理想信念、练就过硬本领、勇于创新创造、矢志艰苦奋斗、锤炼高尚品格”，拥护和支持全面深化改革伟大事业，勇担时代赋予的重任，努力成为全面深化改革中最有生气、最富活力的强大、有生力量，为建设社会主义现代化国际大都市、实现中华民族伟大复兴的“中国梦”作出新贡献，在服务人民、奉献社会、建设祖国的生动实践中成就自己的青春梦想！

附录 《改革路上的上海青年》调查问卷

亲爱的青年朋友：

您好！欢迎您参加此次调查！为了全面了解全面深化改革时代背景下上海青年的成长发展与参与改革的状况，我们组织了本次问卷调查。本调查不用填写姓名，答案没有正确与错误之分，其结果输入计算机进行统计处理，您的个人秘密完全受到保护，请您填写自己的真实想法和情况。衷心希望得到您的积极配合，谢谢！

共青团上海市委《深化改革与当代青年》课题组

2014 年 5 月

【第一部分】

1. 您的性别是：(1) 男 (2) 女

2. 您今年________周岁。

3. 您的出生地是？(1) 农村 (2) 乡镇 (3) 中小城市 (4) 省会城市或副省级城市 (5) 直辖市

4. 您的民族是：(1) 汉族 (2) 蒙古族 (3) 回族 (4) 藏族 (5) 壮族 (6) 维族 (7) 其他________

5. 您的宗教信仰具体是什么？(1) 佛教 (2) 基督教 (3) 伊斯兰教/回教 (4) 天主教 (5) 道教 (6) 民间信仰 (7) 东正教 (8) 犹太教 (9) 印度教 (10) 无宗教信仰 (11) 其他________

6. 您的政治面貌是:(1) 中共党员 (2) 共青团员 (3) 民主党派 (4) 群众

7. 您目前的户籍情况是:(1) 上海户口 (2) 上海居住证 (3) 外省市城镇户口 (4) 外省市农村户口

8. 您的婚姻状况是:(1) 未婚,单身 (2) 未婚,有恋人 (3) 已婚,未育 (4) 已婚,已育 (5) 曾婚

9. 您的教育程度(在学情况)是:

(1) 初中及以下 (2) 高中/职高/中专/技校 (3) 大专/高职 (4) 本科 (5) 研究生

10. 您目前所在单位的性质是:

(1) 国有、集体企业 (2) 民营企业 (3) 个体自由职业 (4) 三资企业、港澳台投资企业 (5) 政府机关或事业单位 (6) 在校学生 (7) 其他________

11. 您目前从事的职业是:

(1) 领导层 (2) 管理层(经理、厂长、总监等) (3) 专业人员(教师、医生、律师等) (4) 技术人员 (5) 政府机构、国有企事业单位的普通工作人员或公务员 (6) 私企、三资企业公司普通职员(包括业务员、基层主管) (7) 体力劳动者 (8) 自雇佣者 (9) 在校中学生 (10) 在校大学生 (11) 家庭主妇 (12) 未就业或无业

12. 您目前的家庭平均月收入(税后)大概有________元。

13. 您是否独生子女:(1) 是 (2) 否(兄弟姐妹人数共________人)

14. 与周围人相比,您家社会地位状况属于:

(1) 上层 (2) 中上层 (3) 中层 (4) 中下层 (5) 下层 (6) 说不清

15. 您目前居住在________?

(1) 单位/学校宿舍 (2) 独立租赁 (3) 与人合租 (4) 父母/配偶父母的房子 (5) 自购房 (6) 保障性住房 (7) 生产经营场所 (8) 其他________

16. 您目前的住所属于下列哪种类型?

(1) 工人新村 (2) 老式/新式里弄 (3) 多层/高层公寓 (4) 洋房/别墅 (5) 棚户/简屋 (6) 工地/工棚 (7) 农民私房 (8) 其他________

17. 您在目前住所已经住了多久? ________年。

【第二部分】

1. 您对全面深化改革是否关注？

(1) 非常关注 (2) 比较关注 (3) 一般关注 (4) 不怎么关注 (5) 完全不关注

2. 您对于全面深化改革是否有信心？

(1) 非常有信心 (2) 有信心 (3) 一般 (4) 没有信心 (5) 非常没有信心

3. 您认为全面深化改革背景下上海转型发展面临的重大压力是:【可多选】

(1) 外来人口压力 (2) 各类利益矛盾带来的压力 (3) 土地征用、拆迁安置带来的压力 (4) 就业和社会保障的压力 (5) 多元文化带来的压力 (6) 生态环境问题压力 (7) 其他________

4. 您认为中国全面深化改革会对世界产生怎样的影响？

(1) 促进全球经济繁荣 (2) 增进中国在国际事务中的地位 (3) 会引起其他国家的恐慌 (4) 说不清

5. 您最期待出台的改革是:【可多选】

(1) 收入分配制度改革 (2) 养老、医疗、住房等社会制度改革 (3) 教育制度改革 (4) 户籍制度改革 (5) 国有企业改革 (6) 垄断行业改革 (7) 行政体制改革 (8) 司法体制改革 (9) 立法制度改革 (10) 金融体制改革 (11) 财税体制改革 (12) 土地制度改革 (13) 社会管理体制改革 (14) 其他________

6. a. 您对青年创业的前景持何种态度？

(1) 非常乐观 (2) 比较乐观 (3) 一般 (4) 不太乐观 (5) 很不乐观

b. 您认为创业需要具备哪些主要条件________【限选三项】(请将序号填在横线上)

(1) 有一个很好的创业团队 (2) 拥有一个很好的创业计划或赢利模型 (3) 有良好的政府政策环境支持 (4) 具备创业所需的各种能力 (5) 社会、家庭的支持 (6) 资金充足 (7) 有专门创业指导机构 (8) 个人的创业激情 (9) 有一定的社会关系 (10) 其他(请注明:________)

c. 上述条件中，您认为阻碍青年创业的主要原因是？(请您排序后将序号

填在横线上）

第一障碍________ 第二障碍________ 第三障碍________

7. 您对以下观点是否赞同？请在相应空格内打“√”。

	完全赞同	比较赞同	说不清	不太赞同	完全不赞同
既得利益集团是全面深化改革的最大障碍					
全面深化改革的出发点和落脚点应是民生保障和改善					
全面深化改革给青年带来的机遇大于挑战					
全面深化改革是一个渐进的过程，而不是激进的过程					
青年是推动全面深化改革的中坚力量					
共青团组织在全面深化改革中大有可为					
全面深化改革可能会导致社会不稳定					
我对政府未来反贪污腐败工作充满信心					

8. 如果 0 分表示一点也不好，10 分表示非常好，您给自己目前的身体健康状况打几分？________分

9. 一方是独生子女的夫妇可生育两个孩子，您会不会生？

（1）会，改善人口老龄化问题 （2）不会，养孩子成本太高 （3）不符合政策 （4）没想好

10. 对于“渐进式”延迟退休年龄政策，您是否支持？

（1）支持，“渐进式”让人容易接受 （2）不支持，还是不能解决养老金缺口等问题 （3）无所谓

11. a. 如果您在职业发展过程中遇到困难，您通常向谁求助？第一求助________第二求助________

b. 事实上，解决职业困难过程中对您帮助最大的是________；对您帮助最小的是________

（1）家人或朋友 （2）社会工作者 （3）各级工会、共青团、妇联 （4）领导 （5）同事 （6）政府相关职能机构 （7）媒体 （8）网络 （9）其他________

12. 您认为当前最突出的问题是：（　　）【可多选】

（1）贫富差距 （2）教育 （3）医疗 （4）养老保障 （5）住房保障

(6) 国有资产流失 (7) 腐败 (8) 社会诚信 (9) 公民权利得不到充分保护 (10) 政府权力得不到有效监督 (11) 其他________

13. 闲暇时间,您从事最多的活动是:( )【可多选】

(1) 听音乐 (2) 上网 (3) 看电视 (4) 打游戏 (5) 学习 (6) 和同学或朋友一起聚餐 (7) 旅游 (8) 运动健身(如打球、瑜伽等) (9) K歌 (10) 睡觉 (11) 其他________

14. 如果0分代表一点都不幸福,10分代表非常幸福,请您对这一年来的幸福程度打个分,您觉得可以打________分?您觉得影响您生活幸福度的主要原因有哪些?( )【限选3项】

(1) 健康状况 (2) 睡眠质量 (3) 经济状况 (4) 学习成绩 (5) 工作情况 (6) 环境状况 (7) 住房问题 (8) 休闲娱乐 (9) 人际交往 (10) 其他________

【第三部分】

1. 您认为自己对自贸区了解程度为( )

(1) 完全不了解 (2) 比较了解 (3) 有一定了解 (4) 不了解

2. 您认为自贸区会为您提供( )机会?【可多选】

(1) 职业发展 (2) 创业 (3) 投资理财 (4) 购物 (5) 其他________

3. A. 如果有机会您会选择在自贸区就业吗?

(1) 会 (2) 不会 (3) 说不清楚

B. 如果选择(2),原因是( )【可多选】

(1) 自身技能不够 (2) 配套设施不足 (3) 薪酬无吸引力 (4) 前途不确定 (5) 对自贸区还不够了解 (6) 其他

4. A. 如果有机会您会选择在自贸区创业吗?

(1) 会 (2) 不会 (3) 说不清楚

B. 如果选择(1),请选择理由( )【可多选】

(1) 自贸区提供的创业机会更多 (2) 自贸区创业成本更低 (3) 自贸区政府办事效率更高 (4) 自贸区金融开放度更高,金融服务更为便利 (5) 自贸区政策更加优惠 (6) 其他________

5. 您平均每月用于网络购物的金额是________。

(1) 500元以下 (2) 501—1 000元 (3) 1 001—3 000元 (4) 3 001—

5 000 元 （5）5 001 元以上

6. 您在网络消费中最看重________。

（1）商品评价 （2）售后服务 （3）便捷性 （4）产品质量 （5）品牌 （6）客服 （7）其他

7. 您在日常生活中选择以下哪种方式进行理财________。

（1）股票 （2）保险 （3）储蓄 （4）基金 （5）“宝宝”类网络理财产品 （6）其他________

8. 您一年中用于投资理财的金额是多少________。

（1）5 000 元以下 （2）5 001—10 000 元 （3）10 001 元—50 000 元 （4）50 001—100 000 元 （5）100 001 元以上

9. 您是否尝试过网络创业________。

（1）是 （2）否

10. 如果您选择网络创业，您会基于何种原因________。

（1）高收益 （2）低门槛 （3）市场前景好 （4）创业风险低 （5）其他

11. 如果您选择网络创业，您会选择的方式是________。

（1）开办网站 （2）开设网店 （3）网络写手 （4）网络歌手 （5）网络代购 （6）APP 程序开发员 （7）其他________（请注明）

12. 您觉得在网络创业过程中最需要何种支持________。

（1）技术支持 （2）政策支持 （3）资金支持 （4）平台支持 （5）其他________

【第四部分】

1. 请用三个词描述您所理解的“中国梦”。【限选 3 项】

（1）复兴 （2）富强 （3）有尊严 （4）幸福 （5）希望 （6）信心 （7）力量

（1）____________ （2）____________ （3）____________

2. 您理解的“民主”包括？【可多选】

（1）公众言论自由 （2）公共事务的管理“公平、公开” （3）选举过程公开透明 （4）民众可通过信访、舆论等方式举报、监督制度 （5）消除特权阶层 （6）决策前充分调研，决策时民主集中 （7）一定级别以上的官员财产公开 （8）其他

3. 您认为，一个优秀的公务员必须具备以下哪几项能力？【限选3项】

(1) 懂业务 (2) 懂法律 (3) 懂经济 (4) 懂政策 (5) 懂人心 (6) 懂社会 (7) 懂管理 (8) 懂包装 (9) 有正气

4. 您主要通过何种方式进行参政议政？【限选3项】

(1) 参加合法的社会团体和青年组织 (2) 通过公开的新闻媒介发表意见 (3) 通过网络论坛发表意见 (4) 给领导人或政府部门写信提建议 (5) 参加学生会或工会等群众组织的选举 (6) 参加人大选举 (7) 网络“翻墙”追踪时政新闻 (8) 其他

5. a. 您在网上参与社会热点问题讨论在您的上网时间中所占比例是：

(1) 低于5% (2) 5—10% (3) 10—20% (4) 20—30% (5) 高于30%

b. 对于同一公共事件有不同报道，您更倾向于相信：

(1) 主流媒体(电视、报纸、官方或大型网站等) (2) 自媒体(民间微博、微信号等) (3) 不好说

c. 您参与网上社会热点问题讨论的原因是：

(1) 事关个人利益才发言 (2) 国家兴亡，匹夫有责 (3) 凑个热闹，无聊说说 (4) 有话要说，一吐为快 (5) 通过网络参与是无奈之举，因为其他有效渠道太少 (6) 心情不好，借机发泄 (7) 我不在网上讨论这些事情 (8) 其他

6. 以下观点和说法您同意吗？请在相应数字上划“√”。

内　　容	非常同意	比较同意	说不清	不太同意	很不同意
(1) 网络是便捷有效的沟通平台，网上参与主要是积极意义	5	4	3	2	1
(2) 网络增加了青年表达不满的渠道	5	4	3	2	1
(3) 我认同公知或网络大V的言论或观点	5	4	3	2	1
(4) 普通公民也有能力影响政府的决策	5	4	3	2	1
(5) 我认同个人独立参选人大代表的行为	5	4	3	2	1
(6) 我会参与网络“扒粪运动”，监督政治人物和政府活动	5	4	3	2	1
(7) 网络上虚假的东西多，对现实产生的负面影响更多	5	4	3	2	1

续表

内　　　容	非常同意	比较同意	说不清	不太同意	很不同意
(8) 青年有学习中国特色社会主义理论的必要	5	4	3	2	1
(9) 中国特色社会主义制度比西方民主制度更为优越,更适合中国国情	5	4	3	2	1
(10) 只有走中国特色社会主义道路才能实现中国繁荣富强	5	4	3	2	1

7. a. 如果你所居住小区业主委员会进行改选,你的态度是?

(1) 关心并积极参与 (2) 关心但不参与 (3) 一点也不关心 (4) 无所谓

b. 如果你所在学校或公司进行学生会或工会选举,你的态度是?

(1) 关心并积极参与 (2) 关心但不参与 (3) 一点也不关心 (4) 无所谓

c. 如果你所在区、县进行人大代表的选举,你的态度是?

(1) 关心并积极参与 (2) 关心但不参与 (3) 一点也不关心 (4) 无所谓

【第五部分】

1. 请问您怎么看待中国的传统文化?

(1) 传统文化博大精深、源远流长,应该以继承发扬为主 (2) 有精华也有糟粕,接受时要有所扬弃 (3) 在现代,传统文化已经过时 (4) 不关心,也没有什么认识

2. 您有没有去看传统戏剧的经历(京剧或其他地方戏剧)?

(1) 经常去看 (2) 偶尔去看 (3) 去看过一两次 (4) 从不去看

3. 以下哪些节日对您来说最重要?【限选 3 项】

(1) 春节 (2) 端午节 (3) 清明节 (4) 元宵节 (5) 元旦 (6) 中秋节 (7) 重阳节 (8) 圣诞节 (9) 万圣节 (10) 愚人节 (11) 感恩节

4. 您认为当代青年传承传统文化状况较差的主要原因是( )

(1) 认为不重要 (2) 内容枯燥乏味,看不懂 (3) 学习形式单一

(4) 宣传不够 (5) 缺乏有效学习渠道

5. 对传统文化的未来,您觉得( )

(1) 乐观 (2) 不乐观 (3) 说不清

6. 您更乐于接受的传统文化学习方式是( )

(1) 名家讲座 (2) 参加民俗活动 (3) 旅游、探访文物古迹 (4) 传统文化题材电影、电视剧、动画片 (5) 传统文化课程 (6) 业余时间学习传统技艺 (7) 网络宣传 (8) 课外书籍阅读 (9) 其他________

【第六部分】

1. 关于您目前居住的社区有如下几条陈述,您的看法分别是?请仔细读完每一条后逐一勾选。

内　　容	非常同意	比较同意	说不清	不太同意	很不同意
(1) 我为能生活在这个社区而自豪	5	4	3	2	1
(2) 街坊邻里值得信任、彼此关系和睦	5	4	3	2	1
(3) 总体来看,我对社区提供的服务是满意的	5	4	3	2	1
(4) 我了解所在社区的具体事务(如财务开支、人事变动、建设规划等)	5	4	3	2	1
(5) 我愿意参加社区组织的各项活动	5	4	3	2	1
(6) 我可以为社区提供志愿服务	5	4	3	2	1
(7) 我希望为社区治理献策出力	5	4	3	2	1
(8) 青年应该成为社区治理的主体	5	4	3	2	1
(9) 如果条件允许,我希望在这里长期居住	5	4	3	2	1

2. 请非上海户籍青年回答,您想将户口转为上海户口吗?

(1) 想,且符合落户条件 (2) 想,但很难符合目前的落户条件 (3) 无所谓,有没有上海户口都一样 (4) 不想,我要回老家 (5) 不想,我要到其他城市落户

3. a. 根据您的知识和判断,您觉得下列主体在社区治理过程中分别应该发挥多大作用?(5 分表示应发挥“巨大作用”,0 分表示“不发挥作用”,请您依

次打分并填写在各行空格中。）

b. 根据您的观察和感受，您对下列主体实际开展的工作满意度分别如何？（5分表示“非常满意”，1分表示“很不满意”，请您依次打分并填写在各行空格中。）

	功能大小（0—5分）	满意度（1—5分）
（1）社区党组织（包括街道/乡镇行政党组、居民区党委、综合党委等）		
（2）社区行政部门（包括社区事务受理中心、文化活动中心、卫生服务中心等）		
（3）社区团组织（包括基层团委、青年中心、青少年事务社工站等）		
（4）居（村）民委员会		
（5）业主委员会		
（6）物业管理公司		
（7）青年社会组织/自组织		

c. 在过去一年里，您向上述任何一个或多个社区治理主体提过意见或建议吗？

（1）提过，且意见被采纳 （2）提过，但意见未被采纳 （3）没提过 （4）记不清

4. 您希望所在社区提供哪些服务？【限选3项】

（1）继续教育、就业培训等服务 （2）子女托管、教育服务 （3）信息咨询 （4）法律援助 （5）计划生育服务 （6）维修服务 （7）医疗保健服务 （8）养老、托老等服务 （9）家政服务 （10）其他________

5. 近来有不少年轻人到居（村）委会等社区治理岗位上工作，您对此的看法是？【可多选】

（1）年轻人在基层工作能得到很大锻炼 （2）年轻人能为社区工作注入新鲜血液 （3）年轻人到基层工作不值得、浪费人才 （4）年轻人找不到工作才会到社区就业 （5）其他________

6. 当您对社区治理有想法或建议时，您一般会通过下列哪些渠道表达诉求？【限选3项】

（1）直接找社区党政干部 （2）居民代表大会提案 （3）社区论坛/QQ群/微信群等网络平台 （4）社区团组织 （5）业委会 （6）物业管理公司 （7）青年社会组织 （8）社区人大代表或政协委员 （9）新闻媒体 （10）上

级党政部门 (11) 其他________

7. 您对以下关于个人社会身份描述的认同度如何？请在相应的方框中打"√"。

	1. 完全不认同	2. 不太认同	3. 说不清	4. 有点认同	5. 完全认同
我是弱势群体					
我是"屌丝"					
我是"房奴"					
我是"月光族"					
我是"愤青"					

8. 以您的理解，弱势群体的弱势最突出地表现在(　　)，其次表现在(　　)。

(1) 经济收入 (2) 政治权利 (3) 文化教育 (4) 发展机会 (5) 社会地位 (6) 社会认同 (7) 其他________

9. 导致您身边一些青年产生弱势心理感受的原因中，第一是________；第二是________；第三是________。

(1) 收入与预期差距大 (2) 生存与工作压力大 (3) 社会不公平，感到被剥夺 (4) 社会保障体系不健全 (5) 缺乏社会支持和关爱氛围 (6) 诉求表达受限 (7) 缺乏家庭或单位背景 (8) 不被尊重和理解 (9) 流动通道阻塞，发展机会受阻 (10) 弱势群体有共同语言 (11) 其他________

10. 对于以下描述是否赞同？请在相应的方框中打"√"。

	完全不赞同	不太赞同	一般赞同	有点赞同	完全赞同
弱势感在青年群体中有蔓延趋势					
自居"屌丝"的青年就是弱势群体青年					
奋斗是"屌丝"逆袭的必然选择					
有弱势心理，不代表就是真正的弱势群体					
某种意义上说，青年群体就是弱势群体					

11. 请用0—10分客观地评估以下各种感受的大小，其中"0"分表示这种感受一点不强烈，"10"分表示这种感受非常强烈。

(1) 您对当前社会现状的认同感：________分 (2) 您体验到的总体安全

感：________分 （3）您感受到的社会公正感：________分 （4）您觉得自己的个人价值感：________分 （5）您对社会发展的信心感：________分 （6）您对自己未来的希望感：________分。

【第七部分】

1. 您对以下环保政策的知晓度和认同度如何？【1分代表最低，5分代表最高】

	知晓度（1—5分）	认同度（1—5分）
新能源汽车补贴		
垃圾分类		
公共场所禁烟		
水污染防治		
对煤层气发电给予税收政策支持		
土壤环保和污染治理		
大气污染防治（治霾措施）		
森林防火		
噪声污染防治		

2. 您平时会通过哪种方式获得环保政策信息？（ ）【可多选】

（1）电视 （2）书和杂志 （3）环保网站 （4）政府的宣传工作 （5）其他________

3. 环保政策为青年所认知和接受的原因？（ ）

（1）政策的可行性 （2）宣传教育力度 （3）环保事件的影响 （4）其他________

4. 您认为政府在环保政策这方面做得怎么样？（ ）

（1）很好，已经很不错了 （2）做得还不够 （3）做表面功夫，一点实质性的改变也没有 （4）其他________

5. 您会积极响应国家的环保政策，参与到环保的行动中来吗？（ ）

（1）会，不仅自己做到，还会带动周围的人都保护环境 （2）自己会切实做到保护环境 （3）如果环保政策不会损害自身利益，我会参与 （4）有强制措施时会，不然看自己心情

后记 *Afterword*

《改革路上的上海青年——2014 上海青年发展报告》由共青团上海市委组织完成，由上海青年管理干部学院、团市委研究室、上海市青少年研究会具体策划和实施。

本报告在团市委书记班子的直接领导和编委会的指导下，在团市委机关各部门和基层团组织的鼎力支持下，历时半年完成。

本报告由团市委书记夏科家、副书记王宇最后审定。

杨亚琴（上海社科院智库科研处处长）、鲍晓华（上海财经大学国际经济贸易系教授）、肖巍（复旦大学马克思主义学院教授）、郝宇青（华东师范大学政治学系教授）、江鹏（市委宣传部机关团委书记）、王贤卿（复旦大学马克思主义学院教授）、宋佩玉（上海师范大学马克思主义学院教授）、曾燕波（上海社科院青少年研究所研究员）、童潇（华东政法大学科研处副处长、副教授）、高天（复旦大学团委书记）、吴敏华（闵行团区委书记）、李国麟（市人大常委会机关团委书记）、周胜洁（《青年报》记者）等领导和专家参与了报告的结题评审，并提出了许多宝贵意见。

上海青年管理干部学院青年研究中心主任陈宁，中心顾问黄洪基，研究人员赵文、陈宁、周颖、邓蕾、陆烨、方慧、任园、王惠、李秦秦、毕晓敏、卢洁洲等进行了问卷的总体设计，并撰写了报告；赵文、方慧撰写了第一章和结语，潘蒙红、杨亚男、卢洁洲撰写了第二章，陆烨、任园撰写了第三章，王惠、李秦秦、周颖、许妍撰写了第四章，邓蕾、陈宁撰写了第五章，毕晓敏撰写了第六章。

本报告由上海青年管理干部学院青年研究中心、团市委研究室负责统稿。在课题实施和本书出版过程中，上海人民出版社给予了大力支持和帮助，在此表示诚挚的谢意。

本报告编写过程中，难免存在错误和疏漏，竭诚欢迎广大读者批评指正，以便我们更好地改进今后的研究工作。

鸣 谢 单 位

团上海市浦东新区委
团上海市长宁区委
团上海市普陀区委
团上海市闸北区委
团上海市虹口区委
团上海市黄浦区委
团上海市静安区委
团上海市闵行区委
团上海市嘉定区委
团上海市金山区委
团上海市青浦区委
团上海市奉贤区委
中国福利会团委
上海市卫生和计划生育委员会团委
复旦大学团委
同济大学团委
东华大学团委
上海出版印刷高等专科学校团委
上海师范大学团委
上海邦德职业技术学院团委
上海市城乡建设和交通团工委
上海航天局团委
中国移动通信集团上海有限公司团委
上海市市级机关团工委
中国(上海)自由贸易试验区管理委员会团工委
上海市公安局团委
上海市司法局团工委

上海市绿化和市容管理局团委
上海电气（集团）总公司团委
上海建工集团股份有限公司团委
上海城建（集团）公司团委
上海市城市建设投资开发总公司团委
上海机场（集团）有限公司团委
上海申通地铁集团有限公司团委
上海市人大常委会机关团委
上海市高级人民法院直属机关团委
上海市人民检察院直属机关团委
上海市政协机关团支部
上海市阳光社区青少年事务中心

图书在版编目(CIP)数据

改革路上的上海青年:2014 上海青年发展报告/共青团上海市委员会编.—上海:上海人民出版社,2015

ISBN 978-7-208-12779-1

Ⅰ.①改… Ⅱ.①共… Ⅲ.①青年工作-研究报告-上海市-2014 Ⅳ.①D432.6

中国版本图书馆 CIP 数据核字(2015)第 021310 号

责任编辑　鲍　静

封面设计　谢定莹

改革路上的上海青年

——2014 上海青年发展报告

共青团上海市委员会 编

世 纪 出 版 集 团

上海人民出版社出版

(200001　上海福建中路 193 号　www.ewen.co)

世纪出版集团发行中心发行　　江阴金马印刷有限公司印刷

开本 720×1000　1/16　印张 15.75　插页 5　字数 267,000

2015 年 2 月第 1 版　2015 年 2 月第 1 次印刷

ISBN 978-7-208-12779-1/D・2622

定价 48.00 元